哲学新课题丛书

Noncognitivism in Ethics

〔美〕马克·施罗德 著　　张 婉 译

伦理学中的非认知主义

图书在版编目（CIP）数据

伦理学中的非认知主义/（美）马克·施罗德（Mark Schroeder）著；张婉译. --北京：华夏出版社，2017.1
书名原文：Noncognitivism in ethics
ISBN 978-7-5080-8983-6

Ⅰ. ①伦…　Ⅱ. ①马…　②张…　Ⅲ. ①伦理学－研究
Ⅳ. ①B82

中国版本图书馆 CIP 数据核字(2016)第 238467 号

伦理学中的非认知主义

作　　者	[美] 马克·施罗德
译　　者	张　婉
责任编辑	罗　庆
出版发行	华夏出版社
经　　销	新华书店
印　　装	三河市少明印务有限公司
版　　次	2017 年 1 月北京第 1 版 2017 年 1 月北京第 1 次印刷
开　　本	880×1230　1/32 开
印　　张	10.75
字　　数	280 千字
定　　价	45.00 元

华夏出版社　地址：北京市东直门外香河园北里 4 号　邮编：100028
网址:www.hxph.com.cn　电话：（010）64663331（转）
若发现本版图书有印装质量问题，请与我社营销中心联系调换。

目　录

致　谢

本书得益于我对非认知主义八年有余的认真思考,因此在很大程度上有赖于我早先的工作。以下几处尤为如此:第六章和第七章在某些地方严重倚赖《什么是弗雷格 - 吉奇问题》(“What is the Frege - Geach Problem?”)这篇论文;第八章遵循《道德真理》(“The Moral Truth”)的构思;第九章源自《怎样不去避免愿望式的思考》(“How Not to Avoid Wishful Thinking”);第十章建立在《混合型表达主义的优与缺》(“Hybrid Expressivism: Virtues and Vices”)中所作论证的基础上。此外,其他章节也部分得益于我的如下论文或专著:《适合表达主义者的表达关系》(“Expression for Expressivists”)、《表达主义者如何能够且应该解决他们的否定句难题》(“How Expressivists Can and Should Solve Their Problem with Negation”)、《表达主义框架下的“真”》(“Expressivist Truth”)、《“支持”》(Being For),以及我与杰克·罗斯(Jake Ross)合作的《可反性或分歧》(“Reversibility or Disagreement”)一文①。

我在这个写作项目上的工作因以下机遇而成可能:一是,我曾参加在耶路撒冷希伯来大学高等研究所筹办的“道德心理学与道德实在论工作组”,该活动由大卫·伊诺克(David Enoch)组织,并得到南加州大学艺术与科学学院的进一步慷慨赞助;二是,南加州大学的副教授带薪休假项目为我提供了又一个学期的支持,并好心允

---

① 原文中,该文题目为《反思·分歧·不变性》(“Reflection, Disagreement, and Invariance”)(未发表草稿),但该论文获得发表的终稿题为《可反性或分歧》(“Reversibility or Disagreement”)。——译者注

许我将此休假延期至我得到终身教职(tenure)之后。另外,一些材料的早期手稿公开于2006年秋季我在南加州大学开办的“表达主义”研究生讨论班,并因之受益;而最早的想法则在我于2006年春开办的马里兰大学帕克分校“表达主义”研究生讨论班中经受了检验。

此外,我要特别感谢以下诸位,他们为我提供了动力、重要想法,或者在某些情况下的大量反馈;他们是:Andrew Alwood, Be Birchall, Daniel Boisvert, Mark Budolfson, David Copp, JamieDreier, Billy Dunaway, David Enoch, John Eriksson, Stephen Finlay, Ryan Hay, Jeff King, Matt King, BarryLam, Mike McGlone, Tristram McPherson, IndrekReiland, Michael Ridge, Jake Ross, Johannes Schmitt, Scott Soames, David Sobel, JussiSuikkanen, Mark van Roojen,两位为出版商匿名审稿的审稿人,以及我肯定有所遗漏的别的人。特别要感谢的是Andrew Alwood, Daniel Boisvert, Mark Budolfson, John Eriksson, Matt King和Tristram McPherson为本书原稿多达三分之二的部分提供了非常有用的反馈,Justin Snedegar还为本书编排了索引。不过,若我未能尽称他们的帮助,书中出现了不妥之处,自然责任在我。另外,如果没有JamieDreier的鼓励,我可能根本不会开始本书的写作;劳特里奇出版社的Tony Bruce如此包容我,且乐意考虑和支持我试验性地附上练习题,对此我尤为感激。最后,我最深的感谢要献给我的妻子——Maria Nelson,感谢她予我以时间、支持、理解、鼓励,以及,最重要的,愿为我忍受那么一点儿哲学之累。

序　言

1968年,厄姆森(J. Q. Urmson)的《伦理学的情感理论》(*The Emotive Theory of Ethics*)出版。他自称在书中对情感理论抱以"向往而不信随"的态度。彼时,非认知主义传统在英语哲学界已兴四十年之久,而对于厄姆森眼中非认知主义理论化的最初浪潮——情感主义(emotivist)观点——所面临的一系列问题,这本书却是唯一一本以全书篇幅对其进行批判性而又富于同情的讨论的著作;而且,这种情形一直延续到今天。然而,厄姆森的书在很大程度上是那个时代和处境的产物。尽管书中一些最重要的论见——譬如,对情感主义观点之间的差异、非认知主义观点背后动机的大致种类的讨论,以及对最早的情感主义在最终意义上所面临的基本问题的探讨——依然成立,但是其讨论的其他部分如今就显得有些脱节了,而且,他对于近四十年来学界所关注的主要话题或一笔带过,或只字不提:这些话题包括我们今天所理解的表达主义(expressivism)的发展、围绕真之紧缩论(deflationism about truth)而生的问题以及在处理弗雷格－吉奇问题中的各种进展。

然而,尽管近八十年来非认知主义在关于道德的哲学思考中居于中心地位,却无有取厄氏之作而代之者。把各种非认知主义理论所引发的诸多话题、疑难汇集起来的现有论著,都是出自某种特定理论的拥护者之手。而这可能带来如下两点不良后果:一是,这些论著会主要关心各个作者分别提出的特定版本的非认知主义;二是,有时候这些作者可能倾向于根据自己的表述需要来组织非认知主义所面临的问题,从而阻碍我们清楚了解这些问题的全貌。

在我看来，当我们要将这些论著拿做教学之用时，以上两种后果就会展现出各自的重大缺陷。不单如此，当我们作为元伦理学研究者的共同体，需要就我们现今所处之境和所成之事达成和整合一个共享的理解时，同样的缺陷也会清晰地暴露出来。这里，“共享的理解”在起码的意义上是指对不同观点之相对成本、相对优势的评估，在理想意义上则指对尚待完成的工作的更清楚认识。

我在写这本书时抱着一个显然太过雄心勃勃的希望：希望这本书可以同时服务于教学和整合这两个目的。它会是一个有主见的、批判性的对该领域研究的导引，但大体上会对各种非认知主义理论抱以同情态度。我希望它对每个人——从未窥门径者，到专业研究者——都有用处。若它未能在人尽赞同的意义上整合该领域的研究，我愿它至少能为这种整合的可能样态提供一幅清楚而连贯的图景。这样，它或可提供一种背景性工作，以益于别的工作以相媲美的，甚或更好的方式描画出这个研究领域的状貌。本书的主旨在于，使读者充分参与其中，一起尝试弄明白如何使非认知主义取得成效。

无论如何，这本书都不意在面面俱到地涵盖所有与非认知主义相关的重要问题——这与使本书对大多数学生而言晓畅易懂的目标可谓鱼与熊掌不可兼得。那些在本书主体部分未得详尽讨论的重要主题包括“潜行的极小主义”①（“creeping minimalism”）问题、“道德态度问题”（the“moral attitudes problem”），以及讨论非认知主义和心灵依赖性（mind - dependence）之间关系的文献的许多方面。然而这本书是自成体系的，而且我相信无论如何，如果能先对我做了讨论的问题有更好的理解，将大大有助于理解那些我未及讨论的问题。因此，我的目标并非是要做到巨细无遗，而是旨在帮助读者

① 所谓“潜行的极小主义”问题，是指极小主义真理观可能导致非认知主义与伦理实在论之间失去差别。——译者注

获得思考的工具，以考虑非认知主义在理论化的过程中可用的资源。我尽我所能地好好组织了这样一些论题——在我看来，如果我们想要了解非认知主义的前景、了解什么是实现这前景的当务之需，这些论题是最为重要的。同时，我对另一些论题的阐述有时却极为简略。这样做是为了让初学者少分心，而且我希望熟悉该领域的读者在意识到这些问题时能适当地予以谅解。

“劳特里奇哲学新问题系列丛书”(The Routledge New Problems of Philosophy series)对“交叉学科”(interdisciplinary)给予了广泛关注，尤其是，它特别关注有关哲学如何与其他学科相互关联的新著作。在这本书里，我也间或提到非认知主义的议题与各种语言学相关议题如何勾连在一起，但是用大卫·伊诺克(David Enoch)和拉尔夫·维吉伍德(Ralph Wedgwood)贴切的术语来说，我在本书中的主要关注点却明显是交叉子学科(inter - sub - disciplinary)性质的，因为此书跨越了我们分别在语言哲学、心灵哲学、形而上学、认识论、逻辑学、规范伦理学周边树起的——有时是人为树起的——子学科藩篱。事实上，本书的大多章节恰是围绕着以上诸领域对非认知主义提出的问题安排的。就像在这些子学科本身之间做出区分的方式一样，这种安排方式有时也多少显得不自然，但是我希望这能使大家注意到本书主题的交叉子学科性质。我个人认为，正是这点使得这个主题激动人心且有着乐观的前景——因为，有的是地方供我辈求索，以做出进展。

我前面提到，自厄姆森至今，已复悠悠四十年。我希望我写的这本书在不久的将来也会被视为特定时代和处境的产物。若果真如此，那将是因为我们已在该领域取得了某种明显进展——或至少，已对要害问题有了更好的理解。我写作此书，就是希望对我们现今处境的更清楚认识——即便是多少尚有争议的认识——会帮助我们更快到达那硕果可期的未来。

教师须知

本来,非认知主义及它所面临的问题就是困难重重且理论要求颇高的论题。比如,对弗雷格－吉奇问题的充分领悟就需要不少对哲学逻辑和主流语义学理论的先行理解。所有这些都使得向本科生讲解这些论题成为难事,而且任何教师要想从相关文章中选取材料加以教授,都必需先做大量费力的基础工作,而这还仅仅是为了提供必要的背景知识。我写这本书的首要目标之一就是尽力使这些材料可为本科生理解,为此,我在书中对学生需要知道的逻辑和语义学背景观点做了解释,并尝试在课文中逐步解释和引入新的、不为学生熟知的术语和符号。但即便如此,书中还是会出现很多新的概念和符号,对尚未学过(比如)逻辑课程的学生来说尤为如此。同时,书里的材料也还是不好对付的。但我的愿望是,理解这些材料所需的东西至少都可以在本书中找到;我还希望我随时附上的解释一方面能让学生更加熟悉书中内容,另一方面又不至于使已学过逻辑导论课程的学生感到烦赘。

本书第一章是一般性的导论,从勾勒大体状貌,到介绍元伦理学的问题,再引入非认知主义的论题;收入这章是为了让本书自成体系,而如果读者已经熟悉元伦理学的论题,或使用本书的教师想在课程中分门别类地讨论这些论题,大可安心跳过此章。在本科高年级课程中,如果有两周的课时来教授非认知主义,则教师可以让学生第一周阅读本书第二章和文献 Stevenson(1937),第二周阅读本书第三、四章;或者,也可以选择跳过较早的非认知主义观点,直接进入表达主义,并结合一些补充读物阅读本书第四章和第六章。

如果相应的本科生课时更长,那么既可以深读本书而不辅以补充读物,也可以放慢步调,进行更多的补充阅读。除此之外,本书也欢迎教师对教学内容做出更多的灵活选择;例如,在很多情况下,若学生哲学背景不够扎实,那么为了减轻学生因一下子面对太多不同看法而带来的负担,跳过第二章 5 - 6 节对黑尔观点的介绍可能更好。另外,一些打算通过其他材料介绍表达主义的教师可能会发现本书第三、六、七章中关于弗雷格 - 吉奇问题的材料也能为他们的课程服务。应该指出的是,本书第七章是全书中最具挑战性的一章,可能不适合多数本科生使用,而第八章在某种意义上以第七章为基础。所幸,即使跳过了第七章和第八章,也不会影响第九到第十一章内容的学习。

当我用本书给研究生授课时,我的进度大概是每周讲一章,同时基本按照每章末“拓展阅读”一节中的建议,让学生通读里面的首选文本材料,并选读其他材料。如果教师要将非认知主义仅仅作为研究生元伦理学课程里的一个专题来讲授,进度可以稍快些,并减少基本材料的阅读量;比如,可以在第一周结合艾耶尔和史蒂文森的相关文献学习第二、三章,第二周结合 Gibbard(1990)和 Horgan and Timmons(2006)这些文献学习第四、五章,第三周结合书中第四章提到的 Gibbard(2003)和第六章提到的 Blackburn(1984)学习第六、七章;这样,只需三周就可以完成第二到第七章的学习。如果教师有四周的课时可用,那么可以把上面第三周的工作量分摊到两周来上:在上述 Blackburn(1984)的基础上添加 Hale (1993)或 van Roojen (1996),组成现在第三周的内容;在上述 Gibbard(2003)和本书第七章的基础上添加 Unwin(2001)和 Dreier (2006),组成现在第四周的内容。这样,无论课时长短,都可以涵盖这个领域最核心的主题。

值得一提的是,书中每章后都补充了拓展阅读的书单(我尽量选列了当代读物),以供更深入的研究使用;此外,我还补充了一系列供教学使用的练习,并根据题目难度和考察目的做了分类。在这些练习中,有些是对正文讨论的自然拓展——比如,我在某一章中讨论了某种非认知主义理论应当汲取的教训,那么相应的练习就会要求读者将这一教训应用到另一种理论上。还有一些练习则旨在引入新的、更复杂的难点,因为我在正文中省去了它们,以照顾哲学背景薄弱的读者。除此之外,另一些练习则会对特定的非认知主义理论提出新的问题或反驳,或开创富有潜力的探索路线。

为确保读者能轻松挑选出自己感兴趣的练习,我把所有题目都按照由易到难的次序分成了四个级别:E(Easy,简单的),M(Medium,中级的),D(Difficult,困难的),A(Advanced,拔高的)。在很多情况下,"D"和"A"级别的题目预设读者具有本书未及涵盖的背景性哲学知识。大体而言,"E"和"M"级别的练习题适合本科生,"M"到"A"级别的练习则适合研究生。另外,除了难易程度的循序渐进,题目的侧重点也各有不同,我在每个题目前面也会分别做出标记:有的练习检验学生对课文的理解(Comprehension),有的练习提供对课文内容的限制(Qualifications),有的练习是对课文内容的延伸(Extensions),有的练习则展示对课文的发散扩展(Branching out),还有的练习会提出新问题(New problem);当然,有的练习题可能适合不止一个名号,不过无关宏旨。我为部分练习提供了不完整的参考答案或提示;在有必要的地方,我还尝试阐明我们能从练习中领受到的教益(moral)。我知道这些练习定然远非完美,但我希望对读者而言,它们至少能提供从"知道"(别的哲学家已对这些论题说过些什么)到(亲力而为)"做"(自己的哲学)的起步垫脚石;全然跳过它们将会错过很多内容。

献给 Maria

1

元伦理学的问题

1.1 元伦理学是什么?

每年,多达三十万女孩要经受一道被称为“阴部扣锁”(infibulation)的程序,世界卫生组织称之为“Ⅲ型”外阴切除。[1] 在这道程序中,外阴组织被从她们的外阴生殖器割除,阴唇被缝合,之后外阴部便不复存在,只留一个很小的开口,供尿液和经血流出。多数情况下,阴部扣锁由一个乡村接生婆操持,且没有麻醉设施。就我们所知,这道程序对健康百害无益:它能带来细菌感染、伤口暴露、周期性膀胱和泌尿系统感染,并会增加 HIV(艾滋病)传播的风险。同时,它极大增加了分娩中的风险:WHO(世界卫生组织)在 2006 年一次研究中发现,与从未经过任何外阴切除手术的女性相比,阴部扣锁会使妊娠胎儿的死亡风险增加 55%,使剖腹产环节的风险增加 31%,使产后大出血的风险增加 69%。[2] 不仅如此,在分娩过程中,这样的婴儿需要人工复苏的可能性比一般婴儿高出 66%,平均体重比正常值低九个百分点。[3]

很多人——你可能也是其中之一——相信不出于任何医疗原因就把自己青春期前的女儿送去做这种处理是错的。其中,大多数人还相信,对别人在他们自己孩子身上实施这种程序的做法听之任之是错的,正因此,WHO 长期以来一直在设法阻止类似这样的程序。然而,人们对此事的看法并不都像上面一样。有些人不仅相信阻止别的父母对女儿进行阴部扣锁是错的,而且认为家长送自己女儿接受这种程序应该被许可,甚至认为这是他们的职责所在。每年都有好几十万家长选择让自己的女儿接受这种程序,更有数百万计的家长选择让女儿接受不这么极端的外阴切除术。

在这个例子中,令人们意见产生分歧的,就是些道德问题:让自己女儿接受阴部扣锁是不是错的,以及允许别人送他们女儿接受阴部扣锁是不是错的。我们都熟悉道德问题,且起码对其中一些持有某种看法。有些道德问题似乎较容易回答——比如,人们大多认为,为盗窃一个无辜平民收藏的 DVD 而冷血地将收藏者杀掉显然是错的。你不大可能找得到一个在这个道德问题上与你意见相左的人,除非他没把这当真。但在别的时候,即便一个道德问题的答案看起来很明显,你也可能会发现有人与你看法不同。比如,你发现每年都有三十万之多的少女被她们好心的父母自愿送去做阴部扣锁术,而她们的父母相信这样做没有什么错的地方。虽然你可能认为这样做错之昭昭,他们却显然不这么想。(也许你跟那些父母一样,不认为送女儿做阴部扣锁术明显是错的——但那样的话,你就跟大多数人意见相反了!)

类似这样的情况倾向于激起一种存在的瘫痪(existential paralysis),在哲学圈子里,我们叫它"对元伦理学的兴趣",原因我们稍后再叙。面对上面这个例子,你可能首先想到的是:或许阴部扣锁这件事对我们而言是错的,而对他们而言并无不妥。如果你没这样想过,那你肯定遇到过一些这样想的人。这种想法认为,错误是相对的——也就是说,一种行动并非简单地在绝对意义上非对即错,亦即,行动本身并无对错——而是相对于某个人、某个文化群体或某时某地而言的。这种看法可能主张,阴部扣锁对我们的时代和处境而言是错的,而对北苏丹(northern Sudan)的时代和处境来说则完全没问题。在北苏丹,经历过形形色色外阴切除程序的女性估计多于90%,其中,做阴部扣锁的是家常便饭。[4]“错误是相对的”这种想法是道德形而上学(the metaphysics of morality)中的一个论题。它关心当我们在谈论、思考一个道德问题,或对之看法不一致时,所谈论、思考、看法产生分歧的是什么——在道德相对主义者看来,这种对象是相对的,而非绝对的。

如果你不认为错误是相对的,那你接下来很可能会好奇:为什么你那么确信阴部扣锁是错的,而别人却那么确信它不是错的,甚至还认为它是为人父母的职责呢?究竟是什么让你不光觉得事情看起来显然如此,而且还对这种看法如此确信?毕竟,在持相反观点的人们看来,显然正确的是另一种答案。那么,你凭什么认为,对你而言显然为真的看法跟对他们而言显然为真的看法比起来,能更好地指引通向真理的道路?如果你特别喜欢反思,你可能会在考虑这些时想道:你的生长环境和社会处境实际上决定了你会认为阴部扣锁的做显然是错的,而假如你在北苏丹长大,你很可能就会相信相反的观点。但这些省察注定会加深你的困惑,因为如果你的想法只不过是你的成长环境和社会处境的产物,那么你怎能真的知道阴部扣锁是错的?如果你曾琢磨过以上这些问题中的任何一个,那你就是在思考道德的认识论(the epistemology of morality)了——道德认识论关心我们是否以及如何知道或能够知道道德问题的答案。

哲学家们把这些关于道德形而上学与认识论的问题划归到“元伦理学”(metaethics)领域;之所以叫它“元伦理学”,是因为很多人相信元伦理学问题不是伦理学之内的问题——即,它们自身并非道德问题——而是关于道德问题的问题——所以,它们是“元”问题。虽然并不是所有人都同意这种界定元伦理学的方式,但无论如何,我们是有“元伦理学”这个名字。除了道德形而上学与认识论,元伦理学还关心道德思想[1](moral thought)与道德语言(moral language)方面的问题。又因为形而上学、认识论、心灵哲学(也可说是关于思考的哲学)和语言哲学被称为哲学的“核心领域”,所以元伦理学也可以被刻画为:当我们在哲学的“核心领域”问到关于道德这个主题的问题时,结果会是什么。

本书就落在“元伦理学”这个名头之下,因为它首要关注的是道德语言。不过,为理解哲学家们为什么会被关于道德语言的一些理论所吸引——我们在后面章节中将会遇到这些理论——重要的是认识到这些关于道德语言的问题坐落于其他相关问题之中:道德实在(道德形而上学)、道德知识(道德认识论)、道德思想(心灵哲学)。事实上,关于道德实在论和道德知识的问题更容易理解,所以我们下面先来了解它们。

1.2 核心问题之一:形而上学与认识论

刚才在谈论“对存在判断的无力感”时,我们已经遇到了一个有关道德形而上学的问题——错误是相对的还是绝对的。但还有其他的、更核心的道德形而上学问题。其中最大的一个是:道德问题是关乎什么的?答案当然是,它们是关乎道德的——即,关于孰是孰非。但道德又是什么东西呢?试比较,如果我们感兴趣的问题是糖是否可溶于水,我们就可以回答得更加头头是道。粗略地说,糖可溶于水意味着糖具有这么一种属性:如果你把一些糖放进水里,那么在其他条件都正常的情况下,糖会溶解。虽说要回答“有关溶解性的问题是关乎什么的”的话,这并不是个振奋人心的答案,但好歹它是个答案。然而,对于元伦理学来说就不一样了:元伦理学者

---

① 本书中出现的“道德思想”(moral thought),一般都指“关于道德问题的所思所想”,而不是某种关于道德问题的思想体系。——译者注

们——那些从事元伦理学方面思考的人——在讨论“道德问题是关乎什么的”这个问题到底有没有答案时分歧很大,唯一能让他们达成共识的也就是“它们是关于孰是孰非的”这种没太大意思的答案;而且,即使他们一致认为存在某个有意义的答案,也很难一致地说出这个答案到底是什么。

关于这个问题,很多人的一个主要顾虑在于,他们注意到道德不是个很科学的主题。物理学家、心理学家、生物学家和化学家在是非对错方面没太多可以奉告的——至少,他们学科特有的实验或理论无助于回答这个问题。而且,很难说什么样的实验有可能告诉我们那些最重要的道德问题的答案。所以,那些相信科学是我们寻找世界真相的最佳向导的人们就会对道德问题满怀焦虑,认为我们只有两种选择:道德问题所关乎的,要么其实最终可由科学帮助阐明,要么充其量只是些虚无缥缈或不科学的东西。

然而问题是,很难理解道德问题怎么可能是关乎某些科学可助阐明的东西的。据报导,在布基纳法索(Burkina Faso),有些人相信婴儿会因在出生过程中接触母亲阴蒂而致死[5];而科学研究可能会揭示这根本就是错误的信念。这样,科学研究可能有助于解决这个问题:在一个女性准备生育之前,不以外科手术方式切除她的阴蒂是否是错的。但只有在以下条件下——只有当我们事先知道,如果婴儿会因接触母亲阴蒂而致死,如果一个拥有完整阴蒂的女性在分娩中会因婴儿接触阴蒂而遭受高风险,那么在一个女性生育之前,不以外科手术方式切除她的阴蒂就必定是错的——这类科学研究才有助益。但是,在我们关心的是问题里,是道德问题在前,科学研究在后,这样,相似的推理就会表明道德知识不可能完全出自科学——其中有些必然来自其他地方。而这又反过来令很多人觉得道德问题不可能真的关乎某些科学可助阐明的对象,因此如果它们竟是关乎任何东西的话,也只能是些虚无缥缈之物。当然,多数元伦理学者并不认同这个结论,但也有很多学者或多或少为之忧虑。

除了上面这个道德形而上学问题，我们在第一节还遇到了下面这个问题，它是道德认识论里的主要问题之一：我们是怎么知道我们关于道德的知识的？注意，不要把“我怎么知道？”和“我是否知道？”这两个问题混为一谈，这点很重要。正如当你按一下饮水机上的出水按钮，看到水从出水口流出，并因而完全相信饮水机工作正常，却依旧对它是怎么工作的充满好奇一样，你会发现你虽然对孰是孰非知道些什么，却依然好奇你是怎么知道的。“我们怎么知道孰是孰非”是道德认识论中的核心问题。

然而，虽说“我怎么知道”和“我是否知道”是两个不同的问题，而且我们可以在深信后者的答案为“是”的同时仍对前者心怀不解，但这两个问题间却有着更深的联系，以至于对前者的困惑可以让我们不再那么确信后者的答案。很多哲学家相信，要回答“我们如何知道孰是孰非”这个问题异乎寻常地困难。因此一些特别有感于这个问题之难的人们发现，到头来自己又会对“我是否知道”充满疑问。

那么，为什么这个问题会显得异乎寻常地困难？为弄明白这一点，我们可以拿它与“你怎么知道你面前有本书”这个问题做个比较。光学、解剖学、神经科学、认知心理学都为我们回答这个问题做出了贡献。首先，一些光线从书上反射到你眼中。然后，它们在你的视网膜处与两种感光器——即我们所知的视杆细胞和视锥细胞——相遇，并被视网膜反射出去。在那里，你的视杆细胞和视锥细胞会因不同波长和强度的光而受到特定模式的刺激，与此刺激模式相应的信号便经由你的视神经最终传导到你的视觉皮质，于是你看到了书样的形状。这只是整个故事的一部分，而且只是非常粗略的讲述，但这些学科和相关科学会帮助把这个故事补充完整，所以，可见科学家实际上很知道该怎么回答“你怎么知道你面前有本书”这个问题。

回到我们的道德问题，令人犯难的是好像没什么类似的故事可以解释你怎么知道送某人八岁大的女儿做阴部扣锁是错的。你可以看到面前这本书具有书的形状、纸页上有我们在书里使用的印刷文本，所以你能看出面前有一本书；但阴部扣锁之为错误却不能——至少表面上不能——被我们看到。不仅如此，我们也听不见、尝不出、摸不着、嗅不到它的对错。那么，我们又怎能知晓这个问题的答案？更何况，通过告诉我们在一般意义上到底是什么致使我们持有某些道德看法，人类学、进化生物学、灵长类动物学、社会心理学、脑成像研究等领域的最新成果愈发加深了这种忧虑——这些研究多数得出以下结论：我们之所以持有某些想法是由进化决定的；我们自认为可以为我们持有这些想法找到的理由，其实不过是事后(post hoc)的理性建构：我们的道德思考远为更多地被情感所驱动而非被任何类型的推理或反思驱动。[6]

当科学对我们道德看法的来源做出这种解释时，它至少初看起来与科学对"我面前有本书"这个信念的来源的解释形成了鲜明反差。这么一来，我们就很难理解科学方法怎么可能弄明白任何东西——更别提孰是孰非这种道德问题了。而这也使很多一开始对"我们怎么知道"这个问题感到困惑的人们反过来对"我们是否知道"这个问题也感到困惑了。

1.3　核心问题之二：心灵与语言

到目前为止，我们已经介绍了一个道德形而上学中的主要问题，以及一个道德认识论中的主要问题。我们还需介绍分别来自心灵哲学和语言哲学的两个重要问题。这两个问题在某种程度上比道德形而上学和道德认识论中的问题有更高的理论要求，所以你可能从没想过或听说过它们。但它们是哲学家们深感困惑的问题，所以至少值得我们稍加了解。所幸，这两个问题彼此密切关联，我们可以把它们放在一起讨论。

在介绍这两个问题之前，让我们首先回顾之前的一个说法：我们把道德实在理解为道德问题所关乎(about)的对象。所以，当你和一个北苏丹人在送女儿做阴部扣锁是对是错这件事上发生分歧的时候，你们的分歧是关乎(about)某事的。如果你决定到苏丹与这个人争论一番，那么你们就将谈论(talk about)此事；如果你在夜深人静时自己寻思，那么你就是在思考(think about)此事。正如我们可以奇怪你怎么能够知晓(find out about)这件事——即，你怎么知道(know)孰是孰非——一样，我们同样可以奇怪你怎么能够谈论它、思考它。“你怎么能够谈论它”就是语言哲学中的一个问题，“你怎么能够思考它”则是心灵哲学中的一个问题。这两个问题听起来很相似，而事实上它们也确实密切关联。

那么，哲学家们为什么会对这两个问题深感困惑呢？需要注意的是，在我们能够谈论和思考的事物中，绝大多数都是我们已经直接或间接地亲知(acquainted)了的。举例来说，你对你面前这本书有一些看法(比如，你可能觉得它卖弄学问，也可能认为它晦涩难懂，这取决于你的相关哲学背景)，而且，你对这本书是直接亲知的，因为你可以直接看到它。另外，你能够谈论尤利乌斯·恺撒，并对他有自己的看法，这并不是因为你直接亲知他这个人，而是因为你从别人那里听说过他，而别人又是从其他的别人那里听说的，其他的别人又是从其他的其他的别人那里听说的……直到上溯至那些直接亲知尤利乌斯·恺撒的人们。所以说，你对尤利乌斯·恺撒是间接亲知的。

可以说，直接或间接的亲知，或至少类似的东西，对某些事物之所以能够成为我们可思可想的对象起着重要作用。比如，我就可以通过给你一些信息，让你能够想象一个你以前从来不可能想象的东西——那便是，除非你是极少数特殊者，你从来都没有能力对我孩提时的小狗“巧克力条”有所思、有所言。但读完上面这句话之后，你现在就有能力对“巧克力条”有所思、有所言了；因为我刚刚告诉了你这个名字，而这个名字是我和我的家人过去对“巧克力条”的称呼，我们亲知它和它的诸般呆萌模样。这样看来，对某人或某事物有所言思的能力并不能无条件获得，而直接和间接的亲知就是尝试明述这种所需条件的一种方式。我们看到，在上面所举的三个例子——你面前这本书、尤利乌斯·恺撒、“巧克力条”——中，莫不如此。

但是，很难想象是非对错怎么会是我们能够亲知的事物，无论是直接亲知还是间接亲知。毕竟，如果你看不出、听不见、尝不了、摸不着、嗅不到它们，那么怎么可能有任何人以正确的方式亲知它们呢？类似的想法让一些一开始怀疑“我们怎么能够对孰是孰非有所言思？”的哲学家到头来又开始对更深的问题感到忧虑：“我们到底是不是能够对孰是孰非有所言思？”当然，不是所有哲学家都担心这个问题，但若对“怎么”一类问题的难以回答加以反思，确实会使人转而担心“是不是”类型的问题。

到目前为止，我们已经遇到了四个问题，它们分别来自道德形而上学、道德认识论、关于道德语言的哲学、关于道德思考的哲学，也就是哲学的“核心领域”在应用于伦理时产生的四个分支。这四个问题分别是：道德问题关乎什么？我们是怎么知晓这一点的？我们何以能够谈论它？我们何以能够思考它？由于哲学家在思考非伦理学的许多话题时，比如在思考数学、因果性、物质对象时，也会遇到从哲学的“核心领域”生发的类似问题，所以我将把它们统称为核心问题（core questions）。

在这本书里，我们主要关心的是有关道德语言的理论。至少有一些哲学家被这些理论深深吸引，而要了解其中的一个重要原因，注意到以下这点就足够了：每一个核心问题都包含一个预设（presupposition），即该问题假设为真的观念，如果这个观念不是真的，相应的问题也就失去了意义。在以上四个关于道德的问题那里，每个问题都基于这样一个前提：道德问题确实关乎某些事物。如果道德问题其实并不关乎任何事物,那么就不存在它们关乎什么的问题了;同理,我们怎么知晓、何以谈论和思考这些事物的问题也将不复存在。因此,鉴于这些核心问题很难得到令人满意的回答,一些哲学家转而开始青睐这种看法:这些问题的预设实际上是假的——实际上,道德问题根本就无关任何事物。如果事实的确如此,我们就不需要再回答这些困难的核心问题了——我们能简单地避开它们。在这本书里,我们就将研究包括这点在内的主要想法会产生的后果。

由于哲学家在思考许多不同话题的过程中也会产生对核心问题的类似疑问,所以有时候,在哲学的其他领域里也会出现和元伦理学领域中相似的思潮(move)。就像有些元伦理学家为避开元伦理学中核心问题的预设,而论断道德问题其实无关任何事物一样,一些数学哲学家为了避开数学中核心问题的预设也做出过相似的论断:数学问题其实无关任何事物,或至少,数学问题并不真的关乎数。在其他话题方面也有着相似的观点,这里我不再一一赘述。由于这种思想模式发生在如此多不同的地方、不同的哲学领域,它还有一个常用的名字:非描述论(nondescriptivism),在这本书里,我将在同样的意义上沿用这个名字。概而言之,对某一主题的非描述论观点认为,该主题中的问题其实并不关乎任何事物——至少不像其核心问题所预设的那样。换句话说,它们不“描述”任何东西,这也正是“非描述论”得名的由来。

1.4 动机问题

哲学中有很多种非描述性理论,它们分别关心不同的主题。虽然对不同哲学领域的非描述论来说,核心问题构成了它们普遍的(general)或独立于特定领域的(domain - neutral)动因,但关于某些话题的描述论还有其自身特殊的(special)或局限于特定领域的

(domain - specific)动因。比如,元伦理学中最重要的一个问题就是动机问题(the motivation problem),有关它的具体内容我稍后再叙。动机问题使得许多哲学家认为有关伦理问题的非描述论一定是真的;但在数学哲学或研究因果性的哲学领域中却不存在动机问题。所以,动机问题为我们之所以相信非认知主义提供的理由是特殊的或局部的(topical),因为它利用了道德问题不一般的特性——这些特性只存在于道德问题中,而不在数学问题里。所以,可以说,支持我们接受伦理非认知主义的有两种理由:一种是独立于特定领域的,即通过拒斥核心问题的预设来避开核心问题,这也可以用来支持数学等领域中的非描述论;另一种则是局限于特定领域的,比如动机问题就是元伦理学领域特有的问题。

我们可以从如下观察开始思考动机问题。假设你正在和一位朋友讨论他是否应当给 CARE 捐款(CARE 是一个优秀的国际性扶贫组织[7])。他自己的看法是不应该捐款给 CARE。他可能认为把钱捐给 Oxfam[8] 能更有效地发挥对扶贫的作用,也可能认为资助他所拥护的政党才有意义;又或者,他可能就是认为自己有权随心所欲花自己的的钱,而且更乐意把钱花在豆奶拿铁和无糖脆饼上。

不管他原本怎样想,你之所以要跟他谈论这件事,部分原因是你希望能够说服他,并希望这种说服会带来他行为的改变。比如,假设你确实说服了他,让他认为你说的是对的,认为他应当捐钱给 CARE,那么如果接下来刚好有位 CARE 的代表前来敲门募捐,你会希望你的朋友不再无动于衷,而是慷慨解囊。换句话说,既然他已经认定给 CARE 捐款是他应当做的事,那么他就至少应该有某种捐款的动机。在你说服他之前,他可能对此漠不关心,但在你说服他之后,你会期望他不再漠然。如果你的朋友实际上并没有产生捐款的动机,你很可能会怀疑他对你的赞同是不是一种敷衍——或许,他表示赞同只是想让你放过她。

到现在为止,我讲的故事都显得平淡无奇。我们注意到的只是，我们一般会期望人们对他们认为自己应当做的事情怀有至少一点付诸行动的动机。但到现在我还没有触及真正的问题——真正的问题是，这种现象似乎表明，道德信念与其他种类的信念是非常不同的。比如，假如你在和朋友讨论“隐者居”是不是有甜甜圈那么大的洋葱圈卖，那么虽然你可能会期望你的朋友产生在“隐者居”吃午饭的动机，但这取决于他是不是对超大号的洋葱圈情有独钟。如果他确实爱吃这种东西，那么听完你的建议后他可能会产生去“隐者居”吃午饭的动机，但如果他一想到这么大个儿的洋葱圈就反感，那么他反而会产生找别的地方吃饭的动机。所以一般而言，当你让你朋友相信了一些关于非道德的一般事物的情况时，你并不会同时期望他产生做特定事情的动机（当然，你也不会期望他承认你所说的都是对的）——他有动机去做的事情取决于他愿想或喜好的是什么，或者他厌恶或渴望的是什么。然而，道德问题却不一样。如果你说服了你的朋友，让他同意他应当给 CARE 捐款，那么你会期望他产生做这件事情的动机，即便他并没有一种特殊的欲望去做他应当做的事。

这么看来，道德信念与非道德信念似乎至少在其所拥有的动机属性上有不同之处。从有文字记载的最早哲学思考开始，这一事实就吸引了哲学家们的注意。比如，动机内在主义（motivational internalism）就认为，道德信念与动机之间存在特殊联系，在这点上它不同于非道德的信念。不过，并非所有人都认为动机内在主义是真的；不少哲学家相信我上两段试图引出动机内在主义的推理有不靠谱的地方。他们相信，如果对道德信念之所以能激发人相应行动的原因做出更认真的思考，就会发现道德信念与非道德信念之间其实并不存在那么大的区别。这些哲学家所接受的观点被称为动机外在主义（motivational externalism）。

虽然在动机内在主义是真是假这个问题上存在着很大争论，但毕竟有些人认为它是真的。而且，这些人接下来又开始思考它为什么是真的。所以,即便你跟那些动机外在主义者一样怀疑我上文提到的捐款和洋葱圈二例之间并无任何深层差异,你还是可以假设接受我的说法,即道德信念与非道德信念之间的确存在深层的不同。那么,我们接下来想要知道的便是:为什么?

对此最有影响力的答案是:因为道德信念与非道德信念分属两种不同的心理状态,所以道德信念与动机之间存在特殊联系,而非道德信念与动机之间却没有。这个答案的拥护者们通常还会同时说明这两种心理状态是如何不同的。按照他们的说法,非道德信念关乎某些事物,它们就像地图,可以告诉我们相关地形的情况。在这里,"地形"就是非道德信念所关乎之物的隐喻。而道德信念却不是什么地图,它们更像是我们的目标,是地图上我们想要抵达的目的地。按照这种说法,一般的、非道德的信念不对应任何它们激发行动者去做的事情,因为即使我们知道了自己在地图上的位置,接下来要做的事情还是取决于我们试图抵达的目的地。相反,道德信念则对应某件它们激发行动者去做的事,因为有某个道德信念也就意味着你把某个特定目的地作为你的目标。

在我刚刚粗略勾勒的画面里,有些心理状态就像关于世界的地图,另一些则像我们行路所向的目标。这种看法有时被称为休谟式动机理论(the Humean Theory of Motivation)。之所以这么称呼它,是因为大卫·休谟早在十八世纪就以令人信服的方式描绘出了这幅画面[9]。有时,我们会用另一个隐喻来描述本质上和这幅画面一致的看法,那就是适配方向(direction of fit[10])。按照这种隐喻,有些心理状态尝试去与世界相匹配,如果它们不为了匹配世界而改变自己,其尝试就宣告失败。相反,另一种心理状态则尝试让世界与自己相匹配。这两种心理状态之间的区别就像我下面描述的采购员的购物单和侦探的记事单之间的区别:采购员按照购物单来采购物品并放入购物车,而侦探则跟踪这个采购员并尝试记录都有什么被放进了购物车。两个人的单子都与购物车上的东西相匹配,但侦探是通过改变自己的记事单来匹配车上的东西,采购员则是通过改变购物车上的东西来匹配自己的购物单。

以上是对"为什么道德信念与动机之间有特殊的联系,而非道德信念与动机之间却没有"这个问题的最具影响力的回答。用休谟式动机理论中的术语来说,非道德的信念就像侦探的记事单,其适配方向是"将心灵匹配到世界"的,因为这些信念试图去匹配世界之所是,即,去描画出世界的图样。而道德信念却与动机之间有着特殊的联系,因为它们就像采购员的购物单,其适配方向是"将世界匹配到心灵"的,也就是说,道德信念试图让世界来匹配它们自己。这些都只是隐喻性的说法,但它们都很有用,因为它们提供了一幅粗略的画面,而不同的理论可以用不同的方式丰富它。

1.5 伦理学中的非认知主义

到现在为止,我们已经掌握了足够多的背景知识,可以对动机问题与非描述论(我们在上一节遇到过这种观点)之间的关系做一说明了。如果道德信念与非道德信念在这一点上存在差异——即,道德信念并不描画任何事物的图样,因为世界中并不存在任何它们尝试去匹配的东西——那么我们可以很自然地说,道德信念无关任何事物。毕竟,从直觉看来,一个信念所关乎的事物就是它尝试去匹配的东西。这样看来,以上对"动机内在主义为什么是真的"这一问题的回答实际上与我们避开核心问题的尝试采取了相同的策略——否定相关问题的预设。它们都蕴含这样的想法:至少在某种意义上,道德信念其实并不关乎任何事物。

这意味着,避开核心问题的策略与回答"动机内在主义为什么是真的"这一问题的最有影响力的方式虽殊途而同归——它们都通向非描述论。而关于道德的非描述论又常因为与动机问题之间的关系而被称为非认知主义。如果"认知"意味着"与信念有关",那么非认知主义的看法就是:道德思考不同于一般信念;或至少,不同于普通非道德(non - moral)信念。在这个意义上,道德思考是“非认知”的,这也是“非认知主义”得名的由来。

在过去七十年或更久的时间里,哲学家们为“非认知主义”这个术语下了很多种不同的定义。有些哲学家对它的定义是“道德语句不可能为真也不可能为假”;有些哲学家的定义是“不存在‘道德信念’这种东西”;还有的哲学家把它定义为一种特殊版本的表达主义(表达主义是一种特定的理论,我们将在本书第四章遇到它)。所以,当你在阅读有关“非认知主义”的其他书或文章时,你会发现不同作者对这个词的用法经常各不相同。好在,人们对“谁被视为非认知主义者”这一点还是有大致共识的——多数哲学家都同意,艾耶尔、史蒂文森、黑尔、布莱克本、吉伯德(A. J. Ayer, Charles Stevenson, R. M. Hare, Simon Blackburn, and Allan Gibbard)的理论都是“非认知主义传统”的一部分。既然我们没有更好的名字来称呼这一传统,我在本书中就暂且用“非认知主义”来指称以上列举的哲学家为代表的这个传统。

我们在第二章就会开始与这些理论家的观点相遇。到那时候你会发现,他们看法完全一致的地方不是很多。不过,他们在下面这点上看法却颇为一致:他们都认为,我们不必为核心问题感到忧虑,因为它们的预设就是假的;而这样的话,我们也就可以解释为什么跟非道德的思考和语言相比,道德思考和道德语言与动机之间关系更为密切了。所以,我在这本书里将把伦理学中的非认知主义理解为由关于道德的诸种非描述论组成的一个家族,它的成员们都在尝试解释道德思考和动机之间的特殊联系。

现在,我(终于!)可以对这本书的内容说些什么啦:这本书是关于非认知主义所面临的问题与前景的。到目前为止,我们已了解到,非认知主义理论在事关哲学的核心领域时有某些优势,并且显然可以为动机内在主义提供一种简洁解释,这种解释至少作为对道德思考的观察来说挺有道理。这些都是非认知主义的主要吸引力所在,也是许多哲学家倾向于相信非认知主义的原因。当然,你可能并不觉得这些特性有多诱人。比如,你可能认为对“道德问题关乎什么?”以及“我们如何知晓、如何能够谈论和思考道德问题的对象?”这样的问题来说,是有令人满意的答案的。你还可能认为我在前面举过的两个例子——令你的朋友信服他应当捐款,与令你的朋友相信“隐者居”有甜甜圈一样大的洋葱圈——有误导性,所以你认为动机内在主义的想法太夸大其实。假如你真的这样想,那么非认知主义的确对你没有吸引力。但是,很多人相信有关道德的核心问题极其困难,且认为动机内在主义是真的。所以非认知主义对他们来说还是有吸引力的。(而实际上,你可能也是他们中的一个。)

那么,我们怎样才能弄明白谁是对的呢?如果我们对这两件事情——要想满意回答核心问题有多困难,以及动机内在主义是否是真的——意见不同,那么我们怎么判定非认知主义是否为真呢?在这一问题上,本质上有两种策略可供我们选择。第一种策略是,我们可以假定非认知主义是错的,并努力尝试弄清楚核心问题的正确答案是什么,假如能够给出对这些问题的满意回答(即使很难),那么就说明这些问题还不至于难到无法回答。这样,我们就不必为避开核心问题而相信非认知主义了。同样,我们也可以尝试确定动机内在主义是否为真——即,尝试确定道德信念与动机之间的联系到底是什么,以及我们是否可能不用非认知主义那么极端的方式来解释它。如果我们能做到这一点,就不必为了解释动机内在主义为何为真而相信非认知主义了。

上面是我们可以选择的第一种策略,它是间接的。它的思路是:尝试去弄明白元伦理学中所有其他问题的答案,如果我们真能得到令人满意的结果,可能就没什么理由去相信非认知主义了。但还有第二种更直接的策略。依这种策略,我们可以先撇开非认知主义的理论动因不谈,而去努力尝试弄清楚如果非认知主义是真的,那么事情会是什么样子,并查验这种推论是否符合现实。为了探索这种策略,我们需要对非认知主义有更多了解。我们需要着手展开这些理论的细节,并查看它们的预测是否可靠。

关于元伦理学的几乎任何一本著作都会提供关于第一种策略的知识和洞见。而在本书里,我们将尝试第二种策略。我在前面已对一些人倾向于相信非认知主义的原因做了说明,因此本书的余下部分就不会再在这方面多费笔墨了——除非我们需要弄明白某种既定的非认知主义理论是否确实具有非认知主义意在获得的主要优势。我们将花时间尝试弄明白非认知主义是否可能为真,而不是去追究它作为一种观点是否诱人。

特别地,就如我们将在第二章看到的那样,当我们对每一种非认知主义理论有了更多了解,就会发现非认知主义虽然一方面被认为是可以解决哲学核心领域中各种问题的,另一方面却又面临着来自各个哲学核心领域的重要问题。为什么呢?原因很简单,有个难题对各种非认知主义理论构成了普遍的挑战:如果道德问题并不关乎任何事物,如果当我们谈论任何特定道德话题时都不是在谈论任何东西,那么我们到底是在干吗?

不管怎么说,确实有道德思想这回事。比如,你我都相信为了盗窃一个无辜平民收藏的 DVD 而将其杀掉是错的。所以,如果这个想法无关任何特别事物,即无关杀人越货这种行为之为错的话,那么这个想法的内容到底是什么?类似地,我们确实会使用道德语言。比如,我们会对彼此说"阴部扣锁是错的",或者"父母送自己女儿做阴部扣锁并没错",等等。所以,如果这些句子无关任何特别事物,即无关阴部扣锁的是与非的话,那么它们的意义是什么?它们的用处又是什么?为了回应这些质疑,伦理学中的非认知主义理论面临着一种特殊的压力——它们需要告诉我们,如果道德思想和道德语句无关任何特别事物,那么道德思考到底是一种什么样的思考,以及道德语句的意义是一种什么样的意义。正是在回应这些质疑的过程中,非认知主义理论遭遇了各种问题。

因此,在后面的章节中我们将一一审视这些问题。它们分别来自不同的哲学领域:心灵哲学(第五章),语言哲学(三、六、七章),形而上学(第八章),认识论(第九章)。在这个过程中,我们还将逐渐了解不同种类的非认知主义理论(二、四、十章)。除非非认知主义者可以解决这些困扰着他们理论的各种问题,非认知主义就不可能是真的,即便如果它是真的确实会有助我们解决不少哲学问题。

本章概要

在这一章里,我们介绍了分别来自形而上学、认识论、语言哲学、心灵哲学的核心问题,它们是独立于元伦理学这个特定领域的;我们还介绍了来自元伦理学的动机问题,这个问题则为元伦理学这个特定领域所独有。我们了解到,非认知主义可被视为一种非描述论,它关心的是:如果道德语词非关任何事物,那么它们有何种意义。在本章末尾,我们还预览了本书余下的章节内容。

拓展阅读

Darwall, Gibbard, and Railton(1997)以另一种方式探讨了元伦理学领域中的核心问题。Miller(2003)对该领域和其中的各种话题做了一番颇具代表性的介绍。这两篇文献多多少少比本章写得更深些。厄姆森的书 Urmson(1968,第二章)也值得推荐。我追随厄姆森区分了两类理论动因:独立于特定领域的理论动因,和局限于特定领域的理论动因。对元伦理学中的非认知主义来说,核心问题构成了它的第一类动因,动机问题则构成了它的第二类动因。

练 习

1 E 理解:在本章第二节,我们区分了“我们是否有道德知识”和“我们如何获得道德知识”这两种问题;在第二节,我们区分了“我们是否能谈论和思考道德问题”和“我们如何能够谈论和思考道德问题”这两种问题。你能不能举出另外两个例子,来说明我们可能既怀疑某事物是否是真的,又怀疑它如何是真的?最好举这么两个例子:在第一个例子里,你虽然相信某事物是真的,但却疑惑它怎么会是真的;在第二个例子里,因为你疑惑某事物怎么会是真的,又开始怀疑它是否确实是真的。

2 E 限制:在正文中,我把非认知主义刻画为这样一种观点:道德语句其实并不关乎任何事物。这种刻画多多少少有些草率。考虑如下四个句子:

(1) 阴部扣锁是错的。

(2) 阴部扣锁是常见的。

(3) 阴部扣锁既是常见的又是错的。

(4) 啊,阴部扣锁?

列出这四句话中每一句在直觉看来所谈的是什么。对于每一个句子,你所划出的对象一样多吗?比较这些对象的数目,你发现了什么?

3 E 发散扩展:本题考虑未决问题论证。按照从最有意思到最没意思或从最活生生到最不知所云的顺序,为下面四个问题排序(可以出现并列):

(5) 我知道这是错的,但这是错的吗?

(6) 我知道这是错的,但这是有害的吗?

(7) 我知道这是有害的,但这是错的吗?

(8) 我知道这是有害的,但这是有害的吗?

如果把“有害的”换做“有违上帝意志的”,你的排序会改变吗?如果把“有害的”换做“不合传统的”呢?你能不能想出其他的词语来替换“有害的”,从而使你的排序发生改变?

4 E 延伸:仿照第3题的要求为下面四个问题排序:

(9) 我知道这是个三角形,但这是个三角形吗?

(10)我知道这是个三角形,但这是由三条直边围成的图形吗?

(11)我知道这是由三条直边围成的图形,但这是个三角形吗?

(12)我知道这是由三条直边围成的图形,但这是由三条直边围成的图形吗?

这些问题看起来是相同的还是不同的?“由三条直边围成的图形”似乎是“三角形”的很好的定义。但是,对于“错的”,有没有一个定义呢?

5 M 延伸:我们在正文中提到,动机问题是局限于元伦理学领域的,也就是说,并非在每个哲学领域都能瞧见它的身影。为验证这个说法是真是假,你能不能仿照当初我们引入动机内在主义的方式构想两个例子,来说明在“数学”和“美”这两个话题上也存在动机问题?以数学问题为例,你可以试着举出这么个例子:当你说服你朋友相信了某个数学问题(可以是计算、代数、微积分)的答案,你会同时希望她有超乎自己欲望或喜好之外的动机去做某件事。你会不会觉得对于数学和美这两个话题,其中一个比另一个更难举出这样的例子?把它们与道德话题做比较,你会发现什么?

6 M 发散拓展:我们已经了解了局限于元伦理学领域的动机问题;很自然地,我们还会好奇关于其他主题的非描述论是不是也有局限于自身领域的理论动因。Gibbard(1981)就是个好例子:他为有关条件句(形如“如果……那么……”的句子)的非描述论给出了一个仅适用于条件句的简单论证。另一个经典例子是关于真假的,即“说谎者论证”。现在,请你观察下面句子,思考它为什么会让一个人因之困惑:当我们说一个句子是真的时,怎么可能是在言说任何东西？

说谎者的话:《伦理学中的非认知主义》一书第一章练习题第6题中名为“说谎者的话”的句子是假的。

教　益[①]

2 句子(1)除了关乎是非对错,还关乎阴部扣锁这件事。非认知主义者并不否认句子(1)关乎阴补扣锁,他们只是否认其关乎是非对错。所以,说非认知主义者认为道德语句无关任何事物确实有点草率。对于非认知主义观点来说,重要的是一个句子不因含有一个道德语词(如“错的”)而关乎更多东西,因为“错的”这个词并不对句子的意义造成任何影响。

3 一些哲学家之所以怀疑“我们该如何定义‘错的’”这种问题是否可能有任何答案,部分是因为摩尔提出的“未决问题论证”(the Open Question argument)。摩尔相信,无论我们用什么词语来替换“有害的”,问题(7)在某种意义上都是“未决的”,而问题(5)和(8)却不是。摩尔因而相信这些问题性质不同,并进一步认为无论我们用什么词语替换“错的”,都不是对“我们如何定义‘错的’”这个问题的回答。还有些哲学家相信,即使这些句子问的都是同一个问题,(6)(7)和(5)(8)还是分属不同的类别——因为(6)和(7)中用了两个不同的词,所以它们显得“未决”,而(5)和(8)却相反。由这种观点可推出,(6)和(7)应该使人感觉同等“未决”。那么,你是否认为这两个问句同等生动?用别的词替换“有害的”之后呢?

4 要检查摩尔的未决问题论证是不是个好论证,一个好办法是弄清楚“真定义”是不是也可以让人感觉“未决”。除了本题所举的例子,我们还可以考虑“水是 H_2O”这个定义。试着用“水”替换练

① 这里的内容编号与练习一致。——译者注

习第3题中“错的”一词，用“H_2O”替换第3题中“有害的”一词，替换后的问句是不是不再像先前的那样“未决”了？还是和先前的一样“未决”呢？有些哲学家相信替换前后的情形并无差异，还有些哲学家认为原题中涉及道德的例子有些特殊和不同的地方，所以跟“三角形”或“水”比起来，“错的”到底关乎什么更难说清楚。

参考文献

Anscombe, Elizabeth (1957). *Intention.* Oxford: Basil Blackwell.

Darwall, Stephen, Allan Gibbard, and Peter Railton, eds. (1997). *Moral Discourseand Practice: Some Philosophical Approaches.* Oxford: Oxford UniversityPress.

de Waal, Frans (1996). *Good Natured: The Origins of Right and Wrong in Primatesand Other Animals.* Cambridge, MA: Harvard University Press.

Greene, J. D., and J. Haidt (2002). "How (and Where) Does Moral JudgmentWork?", *Trends in Cognitive Sciences* 6: 517 - 523.

Greene, J. D., R. B. Sommerville, L. E. Nystrom, J. M. Darley, and J. D. Cohen(2001). "An fMRI Investigation of Emotional Engagement in Moral Judgment." *Science* 293: 2105 - 2108.

Haidt, Jonathan (2001). "The Emotional Dog and Its Rational Tail: A Social Intuitionist Approach to Moral Judgment." *Psychological Review* 108:814 - 834.

Joyce, Richard (2006). *The Evolution of Morality.* Cambridge, MA: MIT Press.

Miller, Alexander (2003). *An Introduction to Contemporary Metaethics.* Cambridge: Polity.

Nichols, Shaun (2004). *Sentimental Rules*. Oxford: Oxford University Press.

Smith, Michael (1994a). *The Moral Problem*. Oxford: Basil Blackwell.

Urmson, J. O. (1968). *The Emotive Theory of Ethics*. New York: Oxford UniversityPress.

2

非认知主义转向

2.1 小引

在上一章,我们讨论了催生非认知主义元伦理学理论的基本观念;正是基于这些观念,哲学家们才开始对非认知主义是否可能为真感兴趣。我们还注意到,这类理论的主要观点都是否定性的(negative),比如我们第一章就这样刻画非认知主义:道德思想和道德语言无关(not about)任何特别的事物。但这一点给我们带来一个大难题:如果道德思想和道德语言无关任何事物,那么它们有什么用(what are they for)? 对此问题,不同的非认知主义者给出了不同的回答。要想开始了解这些回答,最好的办法就是开始探讨它们中的一部分。而鉴于近年来非认知主义理论越来越精细和复杂,我们最好从一些最早的非认知主义理论出发。

在这一章里,我们将首先接触 A. J. 艾耶尔(A. J. Ayer)和查尔斯·史蒂文森(Charles Stevenson)的情感主义理论(emotivist theories),并着手展示他们的道德语词意义理论如何与语言意义理论的主流范式形成鲜明反差;为此,我们会对主流范式背后的理论动因和工作原理稍做了解。在本章后半部分,我们将把艾耶尔和史蒂文森的情感主义观点分别与 R. M. 黑尔的规定主义(prescriptivism)相对照,并比较它们各自的相对长处。本章的主要目标是引导读者熟悉非认知主义理论的真实面目,并提请读者注意这些理论之间可能存在多么巨大的差别。

2.2 情感主义究竟是什么?

最初的非认知主义理论被称作情感主义的(emotivist)。我们现在听到这个名字,会把它跟“道德语言主要关乎感情(emotions)”这种看法连起来,但在当时,并非所有被称作“情感主义的”观点都持有这种看法。这个称呼更恰当的词源是动词“表情达感(to emote)”[1]。对一个“情感主义的”理论(或,就这点而言,对任何一种非认知主义理论)做出有史以来最精彩、最具启发性阐述的,当推 A. J. 艾耶尔:

> 伦理符号(ethical symbol)并不给它所在的命题增添任何事实内容(factual content)。因此,当我对某人说“你偷那些钱,这是错的”,我并没有陈述任何比简单说“你偷那些钱”更多的东西。通过加上后半句“这是错的”,我并不是在做出任何进一步的陈述。我只是在表示我在道德上不赞同这种行为。这就像是我以一种反感的特殊语气说出“你偷那些钱”,或者书写时在该句后面添上几个特殊的感叹号。语气或感叹号并未给句子的字面意义(literal meaning)增添任何东西。它们只用来表明该句的表达伴随着说话者的某些感受。
>
> 现在,如果我对先前的陈述加以概括,说“偷钱是错的”,我就是在说出一个无事实意义的句子——即,这个句子不表达任何或真或假的命题。这就像我写下“偷钱!!”一样——按照合适的约定,在这种写法里,所用感叹号的形状和密集程度只表

示该句所表达的感受是种特殊的道德不赞同。显而易见,这句话并未说出任何可成真假的东西。(1936,107)

在这两段中,艾耶尔显然申称,在如何影响句子的"事实意义"(factual meaning)方面,或在影响说话者使用一句子做出的是何种"陈述"(statement)方面,诸如"错"(wrongly)这样的道德语词与非道德的(non - moral)语词大相径庭。我们可以想象,与对"错"一词的分析截然相反,他可能会这样分析"快"(quickly)一词:

所以,如果我对某人说"你偷那些钱,干得快",我陈述了比简单说"你偷那些钱"更多的东西。通过加上后半句"干得快",我在做出进一步的陈述。我表明这次行为具有干得快而不是慢的属性。"快"实实在在(does)给句子的字面意义(literal meaning)增添了一些东西。它被用来描述独立于说话者之外的事情——它被用来表述该事情以一种相对迅速的速度发生。

当艾耶尔说,"错"一词有点像某种特殊的感叹号,或者说像某种"反感的特殊语气",他意在指出其与诸如"快"这样的语词的区别。他意在表明,"错"一词具有一种不同的意义,因而也以不同的方式对它所在句子的意义产生影响。

显然,"错"和"快"具有不同的意义,这毋庸置疑;但非常重要的是,艾耶尔的意思不只是这些。"快"与"慢"也各有不同的意义,但是它们共享同一种类的意义。而艾耶尔的意思是要把"错"这一词与所有"快""慢"这些词对照着看待——即,我们用"错"一词所行之事,与用"快"或"慢"所行之事不同。"错"一词有着和"快"一词不同种类的意义。艾耶尔给出"特殊的感叹号"、"反感的特殊语气"这些类比,就是为了帮助我们理解"错"一词到底有哪一种类的意义,以及这两种意义如何相异。根据这些类比,艾耶尔可能会认为"错"一词影响"你偷那些钱,这是错的"这个句子的方式,相当于"究竟"一词影响"情感主义究竟是什么?"①这个句子的方式。

这样看来,艾耶尔观点的否定性方面非常明显。显然,艾耶尔认为道德语词并不关乎什么。也就是说,当我们在一个句子中插入一个道德语词时,这个句子关乎什么不会因此产生变化。所以,无论道德语词具有何种意义,这种意义都不在于它们关乎什么。那么,这种意义在于什么呢? 艾耶尔相应的正面观点就不那么明显了。他只给出了一些类比。不过,这些类比是富于启发的,因为它们帮助我们思考道德语词若不关乎什么,还能做何用:它们的用处可能跟反感的语气一样,或者跟"情感主义究竟是什么?"一句中"究竟"一词的用处一样。即便没有一个关于"究竟"一词意义的理论,我们还是能认识到它是个有用的语词,而且它具有某种意义。毕竟,与"情感主义唧吱嚯吱呜是什么?"这种生造的无稽饶舌不同,"情感主义究竟是什么?"具有某种意义。所以,与毫无意义的"唧吱嚯吱呜"不同,"究竟"一词是有意义的。而根据艾耶尔,"错"就有一种类似"究竟"一词所具有的意义。[2]

2.3 史蒂文森

我们已经了解到,根据艾耶尔的理论,道德语词不关乎任何事物;也正因此,它们的意义不可能在于它们所关乎的东西。然而,查尔斯·史蒂文森虽然身为艾耶尔的同代人且同为情感主义者,却认为道德语词可能是关乎一些东西的,只是,在他看来,知道道德语词关乎什么并不足以理解它们的意义。与艾耶尔所认为的"道德语词的意义在其所关乎的事物之外"不同,史蒂文森认为道德语词的意

① 即本节题目,"what the heck was emotivism?"。——译者注

义不仅在于它们所关乎的事物。史蒂文森通过将自己的理论与他所谓“传统兴趣理论”(traditional interest theories)进行对比,首次介绍了他的理论:

> 传统兴趣理论认为,伦理陈述是对存在着的状态与兴趣的描述(descriptive of existing states and interests),伦理陈述只是提供关于兴趣的信息罢了……无疑,在伦理判断中总会有一些描述的因素,但这绝不是全部。伦理判断的主要用法不是陈述事实,而是创生影响(creat an influence)。它们并不仅仅描述人们的兴趣,它们还改变或增强之。它们荐许(recommend)对某一对象的兴趣,而非声明这种兴趣已经存在……传统兴趣理论与我的观点之间的区别,就像描述沙漠与灌溉沙漠之间的区别。(1937,16)

关于史蒂文森在此提到的“传统兴趣理论”,我们会在第四章再做深究。但现在我们已能从这段话中看出,与艾耶尔不同,史蒂文森乐于承认“伦理判断”——即道德语句——可能确实是关乎某些事物的。这是他在上文“无疑,在伦理判断中总会有一些描述的因素”这句话中想说的意思。不过,这段话的要点显然还包括:对于道德语句的意义来说,上述看法还不够,因为这漏掉了“伦理判断的主要用法”。

我们看到,一方面,艾耶尔的观点相当于声称,知道一个语词关乎什么对于理解该语词的意义来说并不是必要条件(因为一些语词,例如“究竟”,虽然并不关乎任何事物,却是有意义的);而另一方面,史蒂文森提倡的观点是,知道一个语词关乎什么对于理解该语词的意义来说并不是充分条件(因为一些语词,即使确实关乎某些事物,却不止于此,而是还有别的“主要用法”)。这样看来,他们分别以两种不同的方式与以下观点背道而驰:知道一个语词关乎什么是理解该语词意义的充分必要条件。在本章第四节,我们将有机会更细致地审视这种艾耶尔和史蒂文森致力反对的观点。但在这里,让我们先对史蒂文森观点的其他方面做一番更详尽的了解。

因为史蒂文森其实并不否认道德语词关乎某些事物,你可能会猜想,在独立于特定领域和局限于特定领域这两种理论动因(我们第一章提到过)中,他更关注后者;因为前者立足于拒绝“道德语言关乎某些事物”这个预设。这么想跟实情差不离。具体说来,艾耶尔主要考虑的是核心问题,他有一套相当普遍的观念,而道德语言只是众多应用这套观念的话题中的一个。相反,史蒂文森却对元伦理学有着特殊的兴趣。除此之外,艾耶尔似乎并没考虑过动机问题,或至少没认真想过,但对史蒂文森来说,动机问题则是他之所以坚持自己那种情感主义的主要原因之一。这样看来,艾耶尔和史蒂文森其实鲜活例示了持不同背景观念和哲学动机的理论家是如何在相连极密的一系列想法上达到会同的。

但如果说史蒂文森的理论没有受到核心问题的影响,也不完全正确。在史蒂文森的 Stevenson(1937)这篇论文里,当他讨论为什么科学方法似乎不能帮助我们回答道德问题时,曾强调他提供的观点可以帮助应对核心问题。科学与道德这个话题听起来应该挺耳熟——这正是我们在第一章提到过的引起一些人忧虑的话题。所以我们接下来要问的是:如果史蒂文森认为道德问题是关乎某些事物的,而我们要想回答道德问题又必须弄清楚这些事物是什么,那么为什么科学不能在这一点上帮到我们?无论如何,史蒂文森不能对这个疑问不了了之。

为了解开这个谜团,我们有必要更详细地查看史蒂文森对其理论所做的正面刻画。我们发现,除了“灌溉沙漠”这个隐喻,史蒂文森还给出了对道德语言的两种“分析模式”(patterns of analysis)。他认为,通过下定义来确定“好”一词的意义是不可能的;虽然字典会告诉我们“单身汉”的意思是“未婚男性”,即给出在本质上与原词意义相同的释义,但这种方法不适用于诸如“好”这样的语词。理解史蒂文森的以上想法非常重要。那么,他为什么这么想?一方面是因为他根本就不认为有什么语词与“好”的意义完全相同,[3] 另一方面是因为他相信在一般自然语言中诸如“好”之类语词的确切意义本来就很模糊。[4] 因此,史蒂文森所做的是另起炉灶,给出两种不同的“分析模式”,它们中的每一个都不完全正确,但每一个都揭示了道德语词意义的一个重要维度或面相(dimension or aspect)。两种模式都允认(allow),道德语词是关乎某些事物的——更确切地,史蒂文森认为道德语词关乎两种事物。两种模式还都坚称,道德语词的意义不止在于它们所关乎的东西。而这两种模式的不同之处在于,道德语词关乎的两种事物中到底哪一个是原生的(primary),哪一个是衍生的(derivative)。

根据史蒂文森的第一个分析模式,句子“这是好的”差不多意味着“我赞同这个——这样做吧。”尽管史蒂文森从他最早的工作开始就强调,作为对句子“这是好的”真实意义的一个原义阐释(literal account),这样做太过简单化,但是这仍不妨碍他用该方式来举例说明他坚信为真的两个重要方面。第一个方面是,在某些用法里,“好”一词是关乎某些事物的——即,关乎说话者所赞同的东西。在这一点上,史蒂文森与我们将在第四章遇到的“传统利益理论”观点一致。但是史蒂文森想要强调的第二方面却是,“这是好的”并不仅仅报告说话者赞同什么;它还表明对这种赞同的认可(endorsement),或者说,它被用来鼓励(encourage)、激发(invoke)听者的赞同。史蒂文森自己游走于诸如此类的不同描述之间,但对他而言最重要的是,“这是好的”之类的道德语句并不仅仅描述事实,而是还被用于“创生影响”。

至于他的“第二种分析模式”,Stevenson(1944)给出了如下描述:

"这是好的"的意义是"这具有 x,y,z ……诸种属性或关系",但除此以外,"好"还有一种表示赞扬(laudatory)的情感性意义(emotive meaning),这种情感性意义使"好"这个词能够表达说话者的赞同,并往往能激起听者的赞同。(1944,207)

虽然史蒂文森并未明言"x,y,z"到底指什么,但我们可以从他的上下文中明显读出,他对我们该如何料想 x,y,z 在给定情况下的意义有很明确的看法。例如,他在上段引文之前写过:

当一位牧师告诉我们"玛丽是一个多好的姑娘啊",我们就会依此确信玛丽是个纯贞、善良、虔诚的姑娘。(1944,85)

史蒂文森的想法似乎是这样的:有时,我们用"好"一词来表达我们对某些事物的赞同并表示对这种赞同的认可。在这些情况下,若听者知道我们惯常赞同的是什么,就可以对我们在这句话中提到的事物获得更多认识。比如,当一位牧师如上所示用"好"一词来描述一个姑娘,而我们又恰好知道牧师一般倾向于称赞纯贞、善良、虔诚的姑娘时,我们就能推想该牧师所说的姑娘一定也是纯贞、善良、虔诚的。这是根据第一种模式做出的分析。而依第二种分析模式,我们先是把"好"一词理解为是主要跟"玛丽是纯贞、善良、虔诚的"这些信息相连的,而后我们自己推想出说话者赞赏玛丽。这种分析模式刚好是把第一种模式给反过来。史蒂文森似乎认为,道德语词有时更多以第一种方式被使用,有时则更多以第二种方式被使用,而为了充分理解它们的意义,我们需要同时对这两种使用方式加以反思。

回到当初那个谜,我们看到,无论上面哪一种分析模式都不能表明道德语词所关乎的事物不可由一般方法得解。一般的经验方法在弄明白人们赞同什么以及确认玛丽是否纯贞、善良、虔诚这些方面没什么不合适的。所以即使史蒂文森认为道德语词关乎某些事物,他也并不认为是这一点引致了以下特殊疑难——即我们熟悉的道德问题:这些事物是什么,我们是怎么知道的,以及我们何以能够谈论和思考它们。道德语词所关乎的事物之所以看起来是一般方法不能充分弄明白的,是因为一般方法不能充分回答道德问题。而它们之所以不能充分回答道德问题,则是因为对回答道德问题来说,弄明白道德语词关乎什么远远不够。为了回答一个道德问题,你还必须决定要持何种态度。

2.4 真值条件语义学

为了认识艾耶尔和史蒂文森这些想法的重要性,并了解非认知主义观点所面临的最重要挑战中的一部分,把他们的观点和一个他们致力反对的"大观念"(a Very Big Idea)做一番比较很重要。[5] 这个"大观念"是,知道一个语词关乎什么是理解该语词意义的充分必要条件。我在这里之所以要给"大观念"一词加上双引号①,是因为虽然我以下的表述多少有些简单化,但可以说在意义理论的主流范式中、在上世纪初现代逻辑的发展中以及在近四五十年间对自然语言的语言学意义的洞见中,这个"大观念"都居于中心地位。

为了阐明这个"大观念"的吸引力,我接下来要做两件事。首先,我将说明我们对任何完备的语词意义理论所应怀有的两点期待;其次,我将展示在诸如"红色"、"矩形"、"铝"这样的普通非道德语词那里,要满足这两点期待是多么容易(艾耶尔和史蒂文森都同意它们无可争议地关乎某些事物)。而普通非道德语词之所以能够轻易满足那两点期待,则要归功于意义理论中的一条进路——真值条件语义学(truth - conditional semantics)——的基本见解。虽然大

① 英文原文中则是对这组词采用首字母大写形式。——译者注

多版本的真值条件语义学比我在下面用以例示的简述要精妙得多、在技术上要复杂得多,并且大多数落在“真值条件”家族中的理论家会坚持对这些观点的适当限制或更谨慎的表述,但是所有更为精妙的发展都建基于跟我下面要说的差不多的看法之上。

让我们先来做第一件事。我们该对一个语词意义理论[通常被称作语义理论(semantic theory)]有什么期待呢?其一是,无论该理论对语句意义的看法是什么,它都最好能解释这一点:说话者何以能够使用那些语句来达到他们的交流目的。毕竟,我们是在与他人的交流之中使用(use)语句的,而且我们使用意义不同的语句来交流不同的事情。由于一般而言,不同意义的语句被用来交流不同的事情,所以一个恰当的意义理论最好能帮助我们解释一个给定语句的意义如何使之适用于我们意在让它达到的实际交流或其他会话目的。这是我们对意义理论的第一点期望,我称之为交流约束(communicative constraint)。

我们对意义理论的第二点期望是,无论语句的意义是什么,它们都最好能由语句各组成部分的意义以及那些部分组织起来的方式而得来。这是因为,虽然在任何自然语言中都有无穷多的语句,且只要你理解少许语词的意义,我们就能造出你从未见过的任意多新语句,但你还是可以很快就读懂它们。比如,这本书里的大多数语句就是你从未见过的(这也正是它之所以值得你花时间来读的原因),但你并不因此就觉得理解受阻,因为你可以基于这些语句的组成部分和这些部分组合起来的方式来理解整个语句的意思。通常,我们把这点称为组合约束(compositional constraint)。

为了弄清楚真值条件语义学为什么在理解意义方面是如此富有成果的研究计划,我们只需看看在我们可理解为是关于某些事物的语词那里,满足以上两项约束对它来说是多么轻而易举——至少在有限的意义上。我们知道,诸如“红色”、“矩形”、“铝”这些普通非道德语词是关乎某些事物的,或至少,在它们可被用来界定事物本来所是之间的相似与差别(demarcate differences and similarities in how things are)这个意义上,我们说这些语词关乎某些事物。例如,“红色”拣选出(picks out)美国消防车、肉桂棒、英国邮筒所共享的相似之处,但雪屋和鬣蜥却在这点上与它们不同。“矩形”拣选出足球场、林肯纪念碑正面、怀俄明州所共享的相似之处,但足球和马萨诸塞州却跟矩形没什么关系。“铝”拣选出波音飞机和可乐罐所共享的相似之处,但短吻鳄和独立宣言就跟铝不搭边了。

“红色”、“矩形”、“铝”都是谓词(predicates)——特别地,它们还是形容词。但普通名称(ordinary names)也是关乎一些事物的——它们关乎它们所命名(name)或指称(refer to)的东西。例如,“科罗拉多”关乎美国西部一个多山的州,“空军一号”关乎美国总统出行时乘坐的专机。如果我们知道“矩形”所界定的相似性是什么,以及“科罗拉多”所指称的东西是什么,我们就可以很容易地知道“科罗拉多是矩形的”这句话要成真所需的是什么:要使这个语句成真,“科罗拉多”所指称的对象必须享有(share)“矩形”一词所界定的那种相似性。类似地,为了知道“空军一号是铝制的”这句话成真所需的是什么,我们只需知道“空军一号”指称的是什么,以及“铝”一词所界定的相似性是什么:这个句子要成真,“空军一号”所指称的对象就必须享有“铝”一词所界定的那种相似性。

如果你以前从没听说过这种言论,可能会觉得这些听起来像陈词滥调。但其实,这些观察还是挺重要的,因为它们构成了一种分析模式。从以上观察出发,如果我告诉你一个新名字“马克斯”,以及一个新谓词“可博”①,你就有办法(recipe)知道“马克斯是可博的”这句话要成真需要什么了:不管“可博”到底是什么意思,只要“马克斯”所指称的个体分有“可博”一词所界定的相似性,这个句

① 英文原文中用的是“kibochuk”一词,应是作者生造出来的,故译者也仿其音译造了个像是谓词的汉语词“可博”。——译者注

子就为真。这个办法意味着,如果一个名称(name)的意义是它所关乎的东西(即它的指称,referent),一个谓词(predicate)的意义也是它所关乎的东西(即它用以界定的相似性,similarity),而且一个语句(sentence)的意义是它要成真所需的东西(即它的真值条件,truth conditions),那么我们就能满足对诸如“科罗拉多是矩形的”和“马克斯是可博的”这些简单主谓句的组合约束了。之所以能做到这些,是因为如果名称、谓词和语句的意义果真如上所述,那么用真值条件语义学的办法就能从语句组成部分的意义和这些部分组合在一起的方式出发得知语句的意义。

不仅如此,这个想法还能使我们满足对更长、更复杂语句的组合约束。例如,只要我们知道“科罗拉多是矩形的”成真的条件以及“马克斯是可博的”成真的条件,就不难知晓“科罗拉多不是矩形的”和“科罗拉多是矩形的,并且马克斯是可博的”这两句话各自的成真条件了。对于这两个复杂句,前者在“科罗拉多是矩形的”为假时真,后者在“科罗拉多是矩形的”和“马克斯是可博的”同真时真。对于其他种类的复杂句,同样可用这个办法得知其成真的条件。概而言之,真值条件语义学提供了一种办法,让我们可以从较简单语句的真值条件出发,获知更复杂的语句的真值条件。所以,如果真值条件确实是语句的意义,那么用这个办法就能从语句各组成部分的意义得知整句的意义,而这正是组合约束所要求的。

然而只满足组合约束还不够。如果这种认为语句意义在于其真值条件的假说不能同时满足交流约束,上面那些优势就没太大意思了。而若要满足交流约束,这个假说应能帮助我们弄明白一个语句的意义是如何使我们能够用它来交流我们所要交流的东西的。不过,我们很容易看到,交流约束并没给这个假说造成威胁。因为在正常情况下,我们通过说出一个语句所交流的正是:世界就是为使那个语句成真而必定是的样子!比如,当某人说“科罗拉多是矩形的”,他就是在用这个句子交流这么一个信息:世界就是为使“科罗拉多是矩形的”成真而必定是的样子。所以,如果以上所述就是这个句子的意义,那么从语言学意义到我们的交流目的就可以一步到位了——我们用一个语句来交流的正是:它的真值条件得到了满足。

所以,认为语句的意义在于使它成真的条件、语词的意义在于该词所关乎的事物的看法,是个强大且富有成效的观念。作为一种关于意义的假说,它促成了语言学和哲学领域中极其多产而成功的研究计划,后者在很大程度上阐明了各种各样语言学表达式的意义。虽然不同的研究方法是以不同的方式落实这个观念的,但这个观念确实深深根植于理解语言学意义的公认而富有成效的范式之中。

然而,艾耶尔和史蒂文森都反对用上述假说来确定语句和语词的意义。在语词方面,艾耶尔否认知道一个语词所关乎的事物是知道该词意义的必要条件,史蒂文森则否认知道一个语词所关乎的事物是知道该词意义的充分条件。在语句方面,艾耶尔认为,“你偷那些钱,这是错的”与“你偷那些钱”这两句话虽有不同的意义,但这不是因为它们是两个不同的陈述(statement),也不是因为使这两句话成真的条件不一样。史蒂文森则认为,“我赞同这个”和“这是好的”这两句话可能在同样的条件下成真,但是它们的意义仍有不同。艾耶尔和史蒂文森的观点都包括,比起简单地把真值条件分派给语句,一个完备的意义理论要做得更多,并要以不同的方式来做。他们的观点还包括,当我们要解释诸如“好”和“错”这些道德语词的意义时,上面说的额外要做的工作就尤其会派上用场。

这就是非认知主义之所以在语言哲学中如此重要的原因。它标示了与真值条件意义理论这个“大观念”的重大偏离。我们应该明白真值条件意义理论与非认知主义观点之间这个重要的区别:真值条件意义理论认为意义能够而且应当由语词所关乎的事物和语句成真的条件得到说明,而非认知主义观点认为用这种方法来说明意义是行不通的,且意义必须直接从我们如何使用**语词**那里得到说明。如果你仍不能清楚理解这点区别,最好把这一节再读一遍,并做好在阅读后面章节时返回重读此节的准备。

2.5 黑尔的规定主义

二十世纪三十年代以前,至少在大多数英语哲学家那里,非认知主义还不为人熟知。所以艾耶尔、史蒂文森以及与他们同时代的早期情感主义者需要通过生动形象的例子和类比使自己的基本想法得到理解,比如艾耶尔"反感的特殊语气"的类比和史蒂文森"灌溉沙漠"的隐喻。这些类比生动形象,能帮助我们理解一个语词如何能够独立于它所关乎的事物而获得意义,或其意义如何可能不止于它所关乎的事物。但这些类比和例子也使早期非认知主义者们在很多情况下夸大了道德语言与这些例子之间的相似性。

所以,如果太较真,这些类比就显得成问题了。比如,艾耶尔似乎在说,通过奔走相呼"偷钱!!"并以一种古怪方式扬起眉毛,我们就能很好地交流对道德问题的看法——跟给 MBA 学员讲商业伦理课或讨论与遗产税相关的道德问题一样好。虽然我们不确定艾耶尔本人是不是真的相信这些,但他为了阐明自己的立场与对手的区别而采用的论说工具确实很能让人产生这样的印象。无独有偶,史蒂文森第一种模式的释义"我赞同这个——这样做吧"确实能帮助我们理解"好"一词的意义如何可能不止于它所关乎的事物,但如果我们较点真,就会对以下现象感到迷惑:如果史蒂文森的例示成立,那么当持有相同道德观点的人们相互交流对道德问题的看法时,他们到底在做什么?还有,当我们说"他是个好小偷"时,我们难道在鼓励别人做贼?当然,虽然艾耶尔和史蒂文森自己也认为这些说法不完全有可比性,但他们使用这些生动形象的类比却是有原因的——毕竟,他们是在努力为一种新的理论开辟场地(make space),他们要做的是让人们知道这种理论可能的样子。不过,在某种意义上,如果我们较点真,就会发现这些类比还是太有误导性了。

到了二十世纪中叶,非认知主义观点已变得颇为人熟知,所以,当R. M. 黑尔(R. M. Hare)写作《道德语言》(The Language of Morals)时,他已不再认为有任何为非认知主义理论开辟场地的需要,也不再认为有必要用形象生动的例子来展示自己的观点像什么样子了。在他看来,某些非认知主义理论是正确的,这差不多已成定论。他认为自己的任务是说明这一点何以可能,并阻止人们继续把艾耶尔和史蒂文森的类比和生动描述当真。所以,在《道德语言》的第一章,他先是用几页篇幅激烈批评了包括艾耶尔和史蒂文森在内的一些哲学家,然后转而写道:

> 我想强调我并不意在反驳这些理论中的任何一个。它们都有如下特点——用通俗的话来说,它们的主要断言并无任何可指摘之处。(Hare1952,11 - 12)

黑尔本人的观点要更为谨慎。他虽然也把语言作为自己的分析模型,但和艾耶尔和史蒂文森不一样的是,他关注语言的其他特性。他的主要观点是,不同语气(moods)之间的区别有重要的语义学意义,但真值条件语义理论不能恰当地解释这一点。依照传统的划分,英语的语气包括陈述语气(indicative)、祈使语气(imperative)和疑问语气(interrogative),我们可以从下面的例句看出它们之间的区别:

陈述语气:你会把我的拖鞋拿给我。
祈使语气:把我的拖鞋拿给我。
疑问语气:你可以把我的拖鞋拿给我吗?

照黑尔的理解，一个人可以用以上任何句子来建议或命令某人把他的拖鞋拿给他。但黑尔还注意到，祈使句尤其适合用来提出建议或发出命令，而陈述句和疑问句在这一点上却不怎么适合。

所以，黑尔认为，一个完备的英语意义理论必须考虑到如下现象：祈使句尤其适合用来提出建议或发出命令，就像疑问句尤其适合用来提出问题一样（虽然并非所有疑问句都被用来提出问题）。而这对真值条件语义学构成了一个初步的疑难：根据真值条件意义理论，语句的意义在于其真值条件——但沿这条思路难以解释以上现象。毕竟，从表面看来，“把我的拖鞋拿给我”这句话不像是那种可以为真或为假的语句。至少，我们一般不那样来描述祈使句。不仅如此，即便这句话可以为真或为假，也很难说使它成真或成假的条件怎么一来就和使与之相应的陈述句或疑问句（即后面两个例句）成真或成假的条件不一样了。那么，从这个语句的真值条件出发怎么能解释这个事实——该句依其意义而适合用来发出命令或提出建议？我们很难看到出路。

不过，黑尔其实并不太在意一个真值条件理论（或，在这个问题上，任何一种意义理论）是否以及如何能够解释祈使句意义与陈述句意义何以有所区别。他所关心的是，无论能解释这点的是什么意义理论，它都还应该可以被用来解释如下的道德语句何以有别于与之相应的非道德语句：

道德语句：你表现得好。（You behave well.）

非道德语句：你表现。（You behave.）

依黑尔，在“你表现”后面加上“得好”，就像加上一个祈使语气。在他看来，诸如“好”（good）和“得好”（well）这些道德语词与祈使语气同属一个家族。

黑尔的意思当然不是说在句尾加上“得好”就能使这个句子变

成祈使句,这点毋庸多言。他的要点也不是要表明“你表现得好”这句话和“表现”这个简单祈使句具有同样的意义。黑尔的要点在于,“得好”和祈使语气这两者对整句意义施加影响的方式在种类上非常相似(very similar in kind)。即,它们都使语句适用于发出规定(prescriptions)。依黑尔的观点,规定可分多种:有些是命令(commands),祈使句就尤其适合此途;有些是礼貌的建议(suggestions),祈使句也适合这种用法。然而,还有一些种类既非命令也非建议,比如荐许(commend)——黑尔观点的一句话口号就是:“好”一词用于荐许。荐许与命令和建议都不同。就像命令和建议一样,你可以用不同种类的语句来做出荐许,但是有一种语句依其意义(suited by its meaning)而适合被用于荐许——它就是包含“好”一词(以及“好”的关联词,如副词“得好”)的语句。

黑尔认为“好”一词总是适用于荐许。例如“那是个好计时器”这个句子就适用于荐许那个计时器。所以,黑尔认为他对“好”的这个说明适用于“好”一词出现的所有场合——只要我们考虑的是它的一般意义,即便当它的意义严格讲来与道德完全无关时,“好”一词都适用于荐许。但是,黑尔的确相信“好”一词的某些用法——道德用法,如在“圣·弗朗西斯是个好人”这句话中——是特殊的,因为我们在这里用它来荐许的不仅是圣·弗朗西斯这个人,而且包括在相关方面像他那样的任何人。黑尔观点的这一方面被称作“普遍化的规定主义”(universalized prescriptivism),但我在这里就不展开了。

2.6 对非认知主义的再刻画

我们已经了解到,艾耶尔认为道德语词并非被用来做出关于事实的(他所谓的)“陈述”(statement),而是用来表达说话者(speaker)的情感(emotions)、感受(fellings),或态度(attitudes)。我们还了解到,史蒂文森认为为了理解道德语词的意义,需要理解它们对听话者(audience)的影响。这么看来,他们两人对我们使用道德语句的目的持不同看法:一个认为该目的是说话者导向的,另一个则认为是听话者导向的。这点不同之处引人注目而且很重要。但还有更引人注目的:在黑尔眼中,道德语言既不充当艾耶尔所谓的角色也不起到史蒂文森所谓的作用——一方面,它并不表达(express)说话者的态度;另一方面,它的意义也不在于在听话者那里创生某种影响(creating an influence)。

在第一点上,黑尔明确申称,我们关于语句表达何种情感或态度的任何谈论都只能依赖于(be parasitic on)我们对规定句的理解。例如,他曾明确说,"如果我们不理解'把门关上'这句话,那么我们也就不可能理解'我希望你把门关上'这句话"(1952,6)。而他这种说法是仿照如下观念而得来的:"我相信你会把门关上"这句话并非是对说话者自己心理状态的一个报告,而是"你会把门关上"这句话的一种经过限制的版本。黑尔对"我希望你把门关上"和"把门关上"两句间的关系也持相似的看法,所以他认为在上述各例中,态度都不可被用来说明非态度句(non - attitude sentence)的意义。

黑尔对以下看法的批评尤为严厉:一个语句之所以能"表达"某种态度,或之所以与祈使句相似,是因为某种因果关系(causal relation),就像是"有一种渴望在我们心中涌动,当它的力量如此强烈以至于我们无法承受,我们就会通过说出一个祈使句来将它发泄出来"(1952,10)。对此,黑尔有个幽默的反例,这个反例是个我们可能会在某说明书上看到的祈使句:"用它来安装插销锁、弹簧锁和家具上的塑料把手。"(1952,10)。当然,对一个事事激情满怀的人来说,说出这个句子之前有一种"以这种方式来装门锁"的渴望在他心中涌动,这也不是不可能,但是我们毕竟没必要非得用这种方式来使用这句话,更可能的倒是,这句话从未被这样使用过。

而在第二点上,黑尔也不同意史蒂文森的如下观点:道德语句的作用是在听话者身上引起某种变化。在黑尔看来,史蒂文森、艾耶尔和卡尔纳普都有这么一种想法:用于施加某种影响是伦理词语意义的一部分。而他尤其反对这个想法。他强调说,“告诉(telling)某人做某事和使得(getting)某人做某事,在逻辑上极为不同”(1952,13),而他相信史蒂文森正是破坏了这两者之间的区别,因为史蒂文森的观点的一部分在于,道德语词的意义在于它们引起(cause)听话者产生特定态度的能力。本章后面有些练习会要求你更细致地审视史蒂文森的观点是不是真的存在这方面的问题。

到现在为止,我们应该领受的一个教益是,表达说话者的态度或情感、试图创生对听话者的影响、充当某种特定的规定,这些分别讲述了关于“道德语言有何用”的不同的正面故事。它们中的每一个都引向了一个特定的正面故事,用以说明诸如“好”和“错”这样的道德语词有何种意义;但是各个理论都与其他理论有着本质上的不同。这就是我之所以说非认知主义是关于道德语言之理论的一个家族而不是自成一个理论的原因。不过,作为同一个家族的成员,这些理论自然也有一些共同点:一是,这些理论都认为,为了理解诸如“错”和“好”这些道德语词的意义,我们需要知道它们和普通非道德语词(比如“快”、“矩形”、“铝”)的意义在种类上有重大区别;二是,它们都有望帮助我们避开元伦理学中的一些传统核心问题,以及帮助我们解决动机问题。

我们应该知道,有很多不同的方式可以被用来划分元伦理学的版图。即使“非认知主义”这个词也不是无所争议的,有时,一些哲学家对它的定义甚至把史蒂文森或黑尔的观点完全摒除在外。在这本书里,我的选择是把艾耶尔、史蒂文森和黑尔三人全部包括进来,并加上更近的一些理论家,比如我们将在第四章遇到的西蒙·布莱克本(Simon Blackburn)和艾伦·吉伯德(Allan Gibbard),来共同组成非认知主义者的阵营。我这样做的首要原因是,尽管这些理论家的观点各有不同,但是他们都属于一个共享的历史传统,在英语学界里,该传统自奥格登和理查兹(Ogden and Richards,1923)肇始,经由艾耶尔和史蒂文森到达黑尔,再从黑尔到达布莱克本,并从史蒂文森和布莱克本两人到达吉伯德。我认为,理解这一共享的传统,并理解它为什么以它实际所是的方式得到发展,是件值得一做的事情。所以,这应该算是把他们的观点合而观之的一个好理由吧。

而另一个把这些观点合而观之的好理由是,即使它们共享的最小限度的想法——道德语词必须与普通非道德语词有不同种类的意义——就已足够导致一系列它们共同面临的挑战了。我们将在第三章讨论这些挑战中最早的也是最重要的一个。

本章概要

在这一章里,我们介绍了艾耶尔和史蒂文森的情感主义理论,并看到它们都采取了与真值条件意义理论不同的路线。我们了解到,一个意义理论应能满足组合约束和交流约束,而真值条件意义理论可以很好地做到这两点。此外,我们还介绍了黑尔的规定主义理论,以期更好地认识到非认知主义理论间的巨大差异。

拓展阅读

我建议大家能结合 Ayer(1936)第六章和 Hare(1952)第一章来阅读本章内容。Stevenson(1937)也适宜阅读,并多少更具挑战性,但我建议等我们学到第四章时再去读它。另一个极好的资源是 Urmson(1968)第三章,而且有了我们这一章的内容做背景,再去阅读 Urmson(1968)第四章到第六章对史蒂文森的讨论应该会很清楚。我在讨论史蒂文森时在很大程度上参照了 Stevenson(1944),这本书对真正想研究非认知主义的人来说是必读文献,但如果你只愿对非认知主义做初步了解,也大可略过。另外,Satris(1987)里的历史综述将非认知主义的根苗追溯到十九世纪晚期和二十世纪初期的非英语哲学,有兴趣的读者可以参考。

练 习

1 E 理解:对于下面的每句话,艾耶尔会认为它是被用来做什么样的陈述的?

(1) 你能来太好了。

(2) 你舞跳得真好。

(3) 谋杀是错的。

(4) 你趁我不注意做了那件事。

(5) 在他该来的时候,他来了。

2 E 理解:设想小艾是 NASCAR(全美汽车比赛协会)的粉丝,并一直订阅《飞车》杂志。你以前从未见过麦琪的汽车,但小艾告诉你说:"麦琪开的车很棒。"那么,根据史蒂文森"分析的第一种模式",你认为麦琪开的车是什么样子的?根据史蒂文森"分析的第二种模式"呢?

3 E 延伸:在本章第四节,我们了解到一种办法,使得我们只要知道"科罗拉多是矩形的"成真的条件就也能得知"科罗拉多不是矩形的"成真的条件。设想你知道"科罗拉多是矩形的"和"科罗拉多是可博的"这两个句子各自成真的条件,那么,你用什么办法能由此得出"科罗拉多并非既是矩形的又是可博的"这个句子成真的条件呢?"科罗拉多要么是矩形要么是可博的"这个句子又如何呢?

4 E 延伸:在正文中我们注意到,黑尔批评史蒂文森混淆了"告诉某人做某事"和"使某人做某事"这两者。黑尔做出这个评论不久,奥斯汀(J. L. Austin)就介绍了一个重要的区分,可以帮助我们理解这两者之间的不同。Austin(1962)把"告诉某人做某事"这种行为称作以言行事的行为(illocutionary act)。以言行事的行为是我们在说出某些话之际所做的事情(things that we do in saying something)。相反,“使某人做某事”则是以言取效的行为(perlocutionary act)。以言取效的行为指我们通过说出某些话而达成的事情(things which we achieve by saying something),但它取决于说出这些话所带来的效果。所以,如果给定一个“告诉某人做某事”的以言行事的行为,那么它既可能会成为一个“使此人做这事”的以言取效的行为,也可能不会。那么,下面每一种行为是以言行事的行为还是以言取效的行为?试着做出分类并给出你的理由。

(1) 承诺与某人共进午餐。

(2) 煽动一场暴乱。

(3) 提出一个问题。

(4) 提醒某人做某事。

(5) 断言你知道某事。

(6) 发出一个命令。

5 M 延伸(接第 4 题):除了区分以言行事的行为和以言取效的行为,奥斯汀还区分了以言行事的行为和以言表意的行为(locutionary act),这对我们理解黑尔也很有用。以言表意的行为是指说出一个有给定意义的语句的行为(an act of uttering a sentence with a given meaning)。在正文中我们看到,三个不同类型语句的说出——一个陈述句、一个祈使句、一个疑问句——都可以用来发出相同的命令。即,这三种不同的以言表意行为可以用来做出同一个以言行事行为。不仅如此,同一个以言表意行为还可以用来做出不同的以言行事行为。那么,“我的牛奶喝完了”这同一个句子怎么能被用以做出至少四种不同的以言行事行为呢?试说明之。为具体起见,请分别构想出断言(assertion)、提议(offer)、请求(request)、发问(question)四种以言行事行为。

6 M 新问题:一些哲学家相信,正如祈使语气使句子依其意义

(by their meaning)而适合于发出命令、疑问语气使句子依其意义而适合于提出问题,陈述语气也使句子依其意义而适合做出关于事实的断言。试说明这为什么会对黑尔构成一个潜在的问题。

7 M 延伸:对下面每个句子,艾耶尔会认为它被用于做出什么样的陈述?如果在某些句子那儿遇到了困难,试着解释造成困难的原因是什么:

(1) 以错的方式行动是错的。

(2) 做错事向来都不对。

(3) 他做的每一件事都是错的。

(4) 好在,在他该来的时候,他来了。

(5) 要么杀人是错的,要么就是我被骗了。

8 M 限制:在正文中,我曾对艾耶尔的观点做出如下描述:"你偷那些东西,这是错的"和"你偷那些东西"有着不同的意义(meaning),尽管它们都用来做出相同的陈述(statement)。但是,我这样做或多或少偏离了艾耶尔自己的表述。艾耶尔实际上并没有使用"(语义)意义"(meaning)①一词,他所用的与之最相近的词是"有实指意义的"(significant)②。艾耶尔很明白地表示过,"偷窃是错的"这句话根本没有实指意义,并认为"你偷那些东西,这是错的"和"你偷那些东西"两句话在实指意义上并无区别。艾耶尔之所以这样认为,是因为他接受实指意义的证实原则(verifiability criterion on significance)。证实原则是逻辑实证主义(logical positivism)最重要的观点,逻辑实证主义是发生在二十世纪二十年代和三十年代之间的一场哲学运动,而艾耶尔有些书从根本上说是在推广这场运动。根据证实原则,一个语句只有在"经验有可能使之可信"(Ayer

---

① 在练习第8题、第9题里,出现了 meaningful、significant、nonsense 三个词。为了标明它们之间的关系和区别,我在此处把它们分别译为"有语义意义的"、"有实指意义的"和"没有任何意义的"。陆丁老师在这点上给了我很大帮助和启发。——译者注

② 参前注。——译者注

1936,37)的条件下才可能是有实指意义的。从证实原则可以推出,如果原则上没有办法经验地核证一个命题是否为真,那么它就不能是个"有实指意义的"断言。作为例子,你能不能举出四个你认为无法用经验方法核证其真假的断言句?

9 D 限制(接第 8 题):如果在艾耶尔那里"有蕴意的"(significant)的意思就是"有意义的"(meaningful),那么他就应该忠于这一立场:"情感主义究竟是什么?"这句话不比"情感主义唧吱嚯吱呜是什么?"这句话更有意义,即,它们都是无意义的句子。我们注意到,后面那句话使用了没有任何意义的(nonsense)[①]语词(唧吱嚯吱呜),但在这种解读下,它竟然与前一句子在意义上没有两样。有些逻辑实证主义者(包括摩里兹·石里克,即 Moritz Schlick)欣然接受这个结论并称很多东西都是"没有任何意义的"(nonsense),艾耶尔有时也会用到"没有任何意义"一词(1936,34)。然而,如果我们照这样解读,艾耶尔就会面临如下问题的挑战:一方面,他想要批评那些对玄奥形而上学问题——比如,关于先验实在(experience - transcendent reality)的本质这种问题——感兴趣的哲学家,而他的批评所依的根据就是,这些哲学家在讨论形而上学问题时所用的语句是无蕴意的。但另一方面,他虽然认为道德语言也无蕴意,却并不希望批评道德语言;相反,他似乎认为道德语言可用于某种特殊目的,而这种目的不要求道德语言具有蕴意。那么问题就来了:为什么"形而上学学者的语言没有蕴意"这项指控是对形而上学学者的批评,而"道德语句没有蕴意"这个论点却不算是对道德语言使用者的批评?如果你能替艾耶尔回应这个问题,那么试着再从你的回应出发,进一步解释他怎么可能做到如下这点:即使在容许形而上学语句有意义(meaningful)这个前提下,艾耶尔仍能坚持他对形而上学学者的批评。

① 参前页两个脚注。——译者注

10 D 延伸(接第 5 题):史蒂文森并没有像奥斯汀那样在以言表意和以言行事的行为之间做出区分,也没有在以言行事和以言取效的行为之间做出区分。他提出的是一种意义的因果(causal)理论,即,一个语句的意义在于该语句的"说出"(utterance)所倾向于带来的结果。然而,类似的"意义的因果理论"存在着诸多问题。其中一个是,很难看出它如何能满足组合约束(参阅前面第四节)。但是 Hare(1952)和 Urmson(1968)所关注的还不是这一点;他们尤为抱怨的是,史蒂文森的观点给偶然性留下了太多余地——因为按照史蒂文森的看法,语词的意义只跟以言取效的行为有关,而以言取效的行为能不能达成又仅仅是或然的(contingent)。不过,Stevenson(1944)已经预料到了这种反驳。作为回应,他强调语词的意义不在于它们实际上(does)带来的结果,而在于它们倾向于(disposed)带来的结果。请你从这种区分出发,试着重构史蒂文森对黑尔和厄姆森上述反驳所做的回应,并评析这个回应是否成功。

11 D 延伸(接第 10 题):哲学家和语言学家常区分语义学(semantics)和语用学(pragmatics)。粗略地说,语义学关心是什么构成了语词和语句的意义(meaning);而语用学则关心在给定的知识背景下,说话者和听话者如何对语词和语句加以解释(interpret)。试说明为什么史蒂文森的意义的因果理论似乎瓦解了这个区分,并评析他是否可以在意识到这点之后仍然坚持自己的理论。另外,在正文中我们注意到,史蒂文森认为"好"一词的意义是模糊的。但是,他似乎不是在说"好"一词有着一个确定的意义,但这个意义是模糊的,而是在说"好"一词的意义这个东西本来就是模糊的。试判定史蒂文森的意义的因果理论是否能够通过模糊掉语义学与语用学之间的界限来帮助我们理解上面这一点如何可能。你觉得他的这些结论可以容忍吗?如果你觉得不能容忍,请给出你的理由。

答题参考

3 提示:每个问题都有四种可能情形,这取决于“科罗拉多是矩形的”和“科罗拉多是可博的”这两句话是真是假。在你给出的办法里,应讲明那两个复杂句在所有四种情形下的真假情况。

5“我的牛奶喝完了”可以在这种情形下用来给出一个提议:比如,有人先问“有没有谁的牛奶喝完了,可以在买的时候顺便给我带点?”这时,你可以通过回答“我的牛奶喝完了”来提议给这人带牛奶。你可以仿照这种方法举出本题要求的其他例子。

教　益

7 道德语词并不总是仅对非道德语词进行评论,所以我们不可能总能把非道德的句子成分抽出来,看它做的是什么样的陈述。在有些语句里,道德语词与非道德语词以复杂的方式相互作用(interact),难分难解。我们将在后面的章节中对这个问题进行更多的了解。

参考文献

Austin, J. L. (1962). *How to Do Things with Words.* Oxford: Oxford UniversityPress.

Ayer, A. J. (1936). *Language, Truth, and Logic.* New York: Dover.

Hare, R. M. (1952). *The Language of Morals.* Oxford: Oxford University Press.

Ogden, C. K., and I. A. Richards (1923). *The Meaning of*

Meaning. New York：Harcourt Brace.

Satris, Stephen (1987). *Ethical Emotivism.* Dordrecht: Martinus Nijhoff Publishers.

Stevenson, C. L. (1937). "The Emotive Meaning of Ethical Terms." Reprinted in Stevenson (1963), *Facts and Values.* Westport, CT: Greenwood Press.

—— (1944). *Ethics and Language.* Oxford: Oxford University Press.

Urmson, J. O. (1968). *The Emotive Theory of Ethics.* New York: Oxford University Press.

3

弗雷格 - 吉奇问题:1939 - 1970

3.1 基本问题

在第二章,我们了解了早期的非认知主义理论,其中包括艾耶尔、史蒂文森的情感理论,以及黑尔的规定主义。除此之外,我们还初步认识了真值条件语义学理论的工作原理,以及它们何以能够满足组合约束和交流约束——正是因为对这两项约束的满足,它们才能在大多重要方面不辜负我们对一个语言意义理论抱有的期望。我们还看到,艾耶尔、史蒂文森和黑尔的观点都在重要方面和真值条件语义学的基本观点相冲突,我还提到这是他们本来颇为不同的观点所共享的最重要的特征。

现在,我们已经对非认知主义理论有了足够认识,可以做好准备来理解他们所面临的最大也是最著名的问题了。从根本上说,这个问题挑战着所有的非认知主义理论,而这恰恰是因为所有非认知主义理论都拒绝真值条件意义理论。我们在上一章已经看到,真值条件意义理论的主要吸引力之一在于,它们很容易就能满足组合约束。即,如果我们相信真值条件意义理论,就能很容易构想出合适的办法,从而使得我们只要知道一个语句的组成部分的意义,就能知道如何将这些成分的意义组合起来以获知整个语句的意义。而这点非常重要,因为作为某种语言的使用者,我们肯定至少要隐而不宣地领会这种办法,这样我们才能够理解新的、陌生的语句——即使我们以前从未见过这些语句,但只要我们知道它们的组成部分的意义,我们就能够通过把这些组成部分的意义组合在一起来理解这些新的语句。

所以,非认知主义理论要想成为说明道德语词意义的成功理论,它们就必须能够做到真值条件理论所能做到的同种事情。特别地,它们必须能够说明如下问题:复杂句的意义是什么;它们的意义以何种方式从它们的组成部分那里得来;这些组成部分的意义是怎么组合在一起的。然而,到目前为止,非认知主义所面临的最著名的问题便是,它们根本不能清楚地说明大多数包含道德语词的复杂句的意义可以是什么,也丝毫不能清楚说明这些复杂句的意义怎么可能从它们组成部分的意义而得来。

让我们以艾耶尔的理论为例。为了凸显这个问题的力量,让我们把艾耶尔的如下表述当真:“偷钱是错的”这句话和“偷钱!!”有相同种类的意义;即,“偷钱是错的”相当于在“偷钱”后面加上有特殊形状和密集程度的感叹号。目前来看,没什么问题——表面上,这对解释“偷钱是错的”的意义来说是个不错的理论,因为它似乎能告诉我们这个句子是如何依其意义而适合于我们的交流目的的:我们可以像使用“偷钱!!”一样来使用这个句子,以表达“一种特殊的道德不赞同”。但是,这个理论怎能帮助我们理解“偷钱不是错的”这句话的意义呢?它又怎能帮助我们理解“偷窃是错的,不然就是我爸妈对我撒了谎”这句话的意义呢?

让我们用上面第二个句子来例示这一点。可以推测,依艾耶尔的看法,对“偷钱是错的,不然就是我爸妈对我撒了谎”这句话的改述无外乎如下这两种:

1 偷钱!! 不然就是我爸妈对我撒了谎。

2 偷钱,不然就是我爸妈对我撒了谎!!

然而不幸的是,这两个改写句的意思远非清楚,所以对我们理解“偷钱是错的,不然就是我爸妈对我撒了谎”这个句子来说,它们都不是很有用的类比。比如,我们可以问,这两个改写句是不是表达了对偷钱行为的“一种特殊的道德不赞同”? 如果回答“是”,就显得很奇怪,因为一个不认为偷钱错的人也可能说出“偷钱是错的,不然就是我爸妈对我撒了谎”这句话——这个人可能因为不确定究竟“偷钱是错的”和“爸妈对我撒了谎”中哪句话是真的,所以才说这句话。如果这个人确实认为偷钱是错的,那么他可能不赞同该行为;但因为他其实并不确定偷钱是不是错的,所以他可能并不确定要不要在道德上不赞同偷钱的行为。

麻烦还不止于此。即便我们更谨慎地解读艾耶尔,并把他关于“感叹号”的评论看成一种夸张手法,这个问题仍然不会消失。如果我们谨慎地解读艾耶尔,那么他的想法是:知道“你偷那些钱,这是错的”这句话成真的条件不是知道这句话意义的充分条件。依艾耶尔,一个人通过说出这句话而做出的陈述仅仅在这种情形下为真:(即,这种情形是该句成真的条件:)说话者的谈话对象偷了由句中“那些钱”所指称的钱。但是,这并不是该句意义的全部。为了理解这个句子,我们还需要理解到,该句被用来表达说话者对“偷那些钱”一事的某种特定情感。然而,“要么你偷那些钱的行为是错的,要么就是我爸妈对我撒了谎”这句话的意义又是什么呢? 它的意义并不简单地与“要么你偷了那些钱,要么就是我爸妈对我撒了谎”这句话的意义相同,也不是这句话的意义加上些别的东西。

简而言之,很难说清楚怎么才能把艾耶尔关于“偷钱是错的”这句话意义的看法一般化,以求获知把“偷钱是错的”作为组成部分的更长、更复杂语句的意义。而这意味着艾耶尔其实并没有说清楚

“偷钱是错的”的意义。因为,对一个语词意义的完备阐释必须满足组合约束,即要对下面这点做出说明:在给定该词和其他语词的意义的条件下,如何确定以这些语词作为组成部分的复杂句的意义。[1]艾耶尔并不是唯一的问题户,我们不难对史蒂文森和黑尔提出类似的问题。而史蒂文森和黑尔之所以也有类似问题,是因为真值条件语义学的诱人之处正在于它以直接明了的方式满足了组合约束。由于非认知主义理论选取了和真值条件语义学不同的路线,它就必须提出一种满足组合约束的不同方式。而问题就在于,非认知主义理论对简单句意义的阐释不能就此为我们指出一条明路。

以上问题通常被称为“弗雷格 - 吉奇问题”(the Frege - Geach problem),因为该问题的提出通常归功于彼得·吉奇(Peter Geach),而吉奇又把它归功于德国哲学家戈特洛布·弗雷格(GottlobFrege)在十九世纪末提出的一个论点。我们接下来就会看到,吉奇给出的表述是对该问题最具影响力和最一般化的表述之一。但其实,自非认知主义理论化之初,哲学家们就以不同形式表明,他们已经意识到了这个问题和与之相关的论题。例如,Ross(1939)早于吉奇二十年就对这个问题给出了一个非常清晰的表述。

到此为止,我都在试图从弗雷格 - 吉奇问题最一般的形式入手来引入这个问题;在本章的余下部分,我们将会看到直到1970年之前,人们是如何思考这个问题的,并审视一些证据,以了解这个问题到底有多难或多容易。然后,在本书的第六章和第七章,我们将会讨论在1970年以后的时间里,哲学家们对弗雷格 - 吉奇问题的思考又有了什么新的进展。

3.2 吉奇

差不多在最早的非认知主义者发展他们关于道德语言的看法之时,很多哲学家——有时是同一个人在不同的领域,有时是不同的人在不同的领域——也在发展关于别的语言的类似看法。例如,有些哲学家提议说,关于什么是真什么是假的谈论并不关乎任何事物——即,并不关乎真或假——而只是用来"肯定"(affirm)或"否定"(deny)那些被说成是"真的"或"假的"的东西。[2] 还有些哲学家暗示,关于"数"的数学谈论并不关乎任何事物——即,并不关乎"数"——而是在彼此做出关于计数时遵守什么惯例的规定(prescription)。[3]

在不止一个方面上,这些看法都和非认知主义相类。首先,它们和非认知主义都认为,从真值条件这条路子出发去理解意义是不恰当的,因为在理解某些特定种类的语词时,我们需要理解这些语词会被怎么使用。其次,它们和非认知主义共享很多"独立于特定领域的"理论动因。例如,"数是什么"和"我们如何知道数是什么"都是令人困惑的问题,而且同样令人困惑的是,我们为什么非要知道数是什么,才能达到我们使用关于数的言谈所欲达到的目的。不仅如此,这些非认知主义之外的观点还有着它们自己"局限于特定领域的"理论动因。例如,"说谎者悖论"就凸显了这么一个谜题——我们在"真"的事物中到底能拣选出何种相似性:

说谎者的话:"说谎者的话不是真的。"

"说谎者悖论"指的就是,"说谎者的话"这个句子自己说自己不是真的。而这给我们带来了一个古老的谜题。如果我们假设"说谎者的话"是真的,那么依此,说谎者所说的话就肯定是真的。但是说谎者所说的话恰恰是,他说的话不是真的。而且,只有在"说谎者说的话不是真的"时,"说谎者的话"才是真的。所以,如果我们从假设"说谎者的话"是真的出发,就会得到一个自相矛盾的结果。然而,如果我们假设"说谎者的话"不是真的,这却又是说谎者自己所说的话。所以他说的话就是真的了。但是这又意味着"说谎者的话”是真的，所以这又是个自相矛盾的结果。这样看来，似乎无论我们怎么对“说谎者的话”进行归类，都不得不又把它归到另一类上去。那么，“说谎者的话”到底属于“真”所界定的相似性的哪一边？是“真”的那一边吗？还是“非真”的那一边？看来，不管是哪种答案都无法令人满意。这种考虑，即对存在任何由“真”所界定的真正相似性的怀疑，就是一个“局限于特定领域”的理论动因——它适用于对“真”的讨论，却不适用于对（比如说）道德或数学的讨论。

在二十世纪五十年代末和六十年代初，彼得·吉奇提出了一个有着普遍意义的论证，以反对所有这些相关联的理论——这些关于真理、数学和其他主题的理论，以及伦理学中的非认知主义理论。所有这些理论都有这样的形式：通过告诉我们某种语词的用法来告诉我们它们的意义。例如，艾耶尔告诉我们“错的”一词用来表达不赞同，史蒂文森告诉我们“好”一词用来引发不赞同，而黑尔告诉我们“好”一词用于荐许。所以，在吉奇看来，这些理论是在坚持如下主张：

> 吉奇施为主义（Geachianperformativism）：是什么使得“偷钱是错的”这句话的一个特例（particular instance）具有如下意义——偷钱是错的？答案是这个特例的用法，即，该特例被用来施行 Φ 行为这个用法。

吉奇施为主义是个图式性的观点（schematic view），即，它本身其实并不是个观点，除非你用某种行为来代换“Φ”。按照吉奇的理解，艾耶尔、史蒂文森和黑尔都拥护吉奇施为主义的某种特例。具体说来，艾耶尔接受的是用“表达不赞同”来代换“Φ”，史蒂文森接受的是用“引发赞同”来代换“Φ”，以此类推。而吉奇给出的论证是要说明，吉奇施为主义的任何特例都是不正确的。

吉奇的论证大致如下。第一步是，注意到“偷钱是错的”可以出

现在许多不同种类的语句里。下面给出一些例子:

3 偷钱是错的。

4 偷钱是错的,是吗?

5 如果偷钱是错的,那么杀人肯定是错的。

6 我不知道偷钱是不是错的。

7 并非:偷钱是错的。

在4－7这些句子里,“偷钱是错的”都作为一个更长、更复杂的句子的一个组成部分而出现。以上是吉奇论证的第一步。第二步是,注意到如果有个人说出4－7中的任何一个句子,他都不是在施行艾耶尔、史蒂文森和黑尔认为“偷钱是错的”所被用来施行的任何一种行为。比如,一个说出语句4的人并不是在表达对偷钱的不赞同,也不是在试图引发他的听众产生对偷钱的不赞同情感。同样,一个真诚断言语句7的人无疑也不是在施行上述行为。吉奇论证的第三步是,观察到“偷钱是错的”在上述各个例句那里的意义是相同的,且跟它作为一个单句被单独说出时的意义完全一样。现在,让我们把这三个步骤合在一起看,这时,它们就构成了对吉奇施为主义的一个反驳论证:

P1 在语句4－7中,“偷钱是错的”跟它在语句3中的意义一样。

P2 不管说出语句3的人施行的是什么行为,该行为都与说出语句4－6所施行的行为不一样。

C 因此,使“偷钱是错的”这句话具有“偷钱是错的”之意义的,并不是这句话被用以施行的行为。

这是一个非常好的论证——如果我们接受它的前提的话。吉奇认为前提 P2 是很明显的，不过如果你对前提 P1 仍有疑问，可以再看看吉奇对前提 P1 的论证。吉奇认为，"偷钱是错的"在上述各个例句中都必须具有相同的意义，因为上述每个语句都有一种语义属性(semantic property)——即，该句意义的属性——而这种语义属性只有当我们认为"偷钱是错的"在不同地方意义相同时才可以理解。比如，语句 3 是对语句 4 所提出的问题的回答。这不是个巧合；如果你的朋友问你"这个银行是不是在大街旁边?"，并用"银行"(bank)一词指"银行"这种金融机构，而你回答他说"这个河岸是在大街旁边"，并用"河岸"(bank)一词指一条河的一边，那么你就并没有真的回答他的问题——即使你使他误以为你回答了他的问题。① 为什么说你并没有真的回答他的问题？因为你在回答他时所用的词语和他所使用的词语意义不同。所以，既然语句 3 的确是对语句 4 所提出的问题的回答，"偷钱是错的"在这两句话中的意义就应该一样。吉奇对其他例句也给出了类似的论证，其中他对语句 5 的论证在后来变得尤其著名。在本章余下部分和后面的一些章节，我们将有机会更详细地审视例句 5、6、7。

显而易见，吉奇的论证非常有力地表明，任何版本的吉奇施为主义都不可能是真的。所以，为了评析它是不是针对普遍而言的非认知主义的一个成功论证，我们需要知道的是非认知主义是否普遍承诺吉奇施为主义。显然，早期情感主义者们没有把他们的看法和吉奇施为主义明显区分开来。而且我们会在练习中注意到，吉奇施为主义并非空穴来风；事实上，对很多种非认知主义观点来说，至少有些许哲学上的压力迫使它们接受吉奇施为主义，因为吉奇施为主义可以解决它们所面临的某种问题。但是，同样明显的是，包括黑尔在内的一些更为精致的较晚非认知主义者都明显在小心避开对吉奇施为主义的认可。

---

① 英文词"bank"是多义词，可指"银行"和"河岸"。——译者注

Urmson(1968)很好地解释了这一点。厄姆森指出,语句4-7固然被用于施行和语句3不同的言语行为,但即使是语句3自己,也并不总被用来施行同一个言语行为。比如,一个人可以反讽地说出语句3,这时他不是在表达对偷钱的不赞同,也不是在试图引起别人对此的不赞同。在此意义上,语句3和我们在第二章见过的这个祈使句不无区别:“把我的拖鞋拿给我。”因为这个句子用的是祈使语气,所以它依其意义而适合用来发出命令或提出建议,但是,这同一句话也可以被人反讽地或开玩笑地说出,或者只是被用来指出该准备睡觉了。黑尔明确意识到祈使句并非总被用来发出命令,类似地,他也明确意识到包含“好”一词的语句也并非总被用来表示荐许。他并不认为,使得“好”一词的一个特例具有该词所具有的意义的,是“好”一词在那个场合下(on that cccasion)用来表示荐许;而是认为“好”一词的意义(至少部分在于)适合(suited for)在荐许中使用——就跟祈使语气虽然并不总是用于发出命令,但是适合用于发出命令一样。

3.3 黑尔与组合语义学

这样看来,吉奇的论证——依其原本的表述——并未成功反驳所有的非认知主义理论。它或许确实成功驳斥了一些现实中的(actual)非认知主义理论,但从它出发并不能驳斥所有可能(possible)的非认知主义理论。特别地,它不能驳斥现实中黑尔的理论,而黑尔的理论恰恰是吉奇意在瞄准的主要靶子之一。不过,吉奇的论证仍有非常重要的意义,因为它明白地展示了我们第一节所提出的那个非常普遍的问题。

那么,它是怎么做到这一点的?请注意,我们已经看到了一个直接得多的论证,可以表明“偷钱是错的”必须在它所在的更复杂的语句中具有和它单独出现时同样的意义。这是从语义组合性(compositionality)出发的一个论证。只有当我们具有理解“偷钱是错的”的意义的能力,并具有理解语句4-7中其他语词意义的能力时,我们才能理解语句4-7的意义。为了做到这点,我们当然必须首先知道“偷钱是错的”的意义到底是什么——即使在4-7这些复杂句中也是如此。在我们确定语句4-7的意义时,我们必须利用我们对“偷钱是错的”这个单独分句意义的掌握。所以,虽然问题的一部分在于确保“偷钱是错的”必须在它所在的更复杂的语句中具有和它单独出现时同样的意义,但这并不是问题的全部。余下的问题是,如何用复杂句各组成部分的意义来说明该复杂句的意义是什么。这个问题是有关语义组合性的更深一层且更具普遍性的问题,然而吉奇似乎没有意识到它。事实上,这个更深一层且更具普遍性的问题正是他之所以要把自己的看法归功于弗雷格的原因——弗雷格之所以在语句的力量(force)与内容(content)之间做出区分,正是为了满足组合约束,而吉奇在将自己的看法归功于弗雷格时所指的也正是这个区分。所以,虽然吉奇是以更窄的方式来表述自己的观点的,但其实我们应当认为吉奇同时也在考虑这个更普遍的问题。

黑尔在1970年一篇重要的论文中回应了吉奇和约翰·塞尔(塞尔,即John Searle,差不多与吉奇同时给出了对“弗雷格-吉奇问题”的论证,且论证方式非常相似),并以最普遍的方式说明了非认知主义者如何能够回答上面那个更深且更普遍的问题。黑尔指出,真值条件意义理论之所以能让我们从复杂句那些更简单的组成部分的意义出发来确定复杂句的意义,是因为真值条件意义理论能提供给我们这么一套办法(recipes)——依此办法,给定任意语句“P”的真值条件,我们就能得出包含“P”的更复杂的语句(比如“并非P”)的真值条件。在第二章里,我们已经学习了如何用这种办法来得知“并非P”这句话的真值条件:只要“P”假,“并非P”就真。而黑尔指出的是,非认知主义理论同样能做到这一点——它们也能提供某种办法,来告诉我们如何根据复杂句组成部分的意义来确定该复杂句的意义。非认知主义者能给出的办法和真值条件语义学的办法只在这点上有所区别:对真值条件意义理论来说,语句的意义在于其真值条件,所以它给出的办法会告诉我们如何从较简单语句的真值条件出发得到较复杂语句的真值条件;而因为在黑尔看来语句的意义在于它适合用来施行的言语行为,所以黑尔给出的办法将必须告诉我们如何从较简单语句适于施行的言语行为出发得到较复杂语句适于施行的言语行为。

黑尔的提议能够告诉我们,要满足组合约束,非认知主义的意义理论到底该是什么样子:对于用较简单语句组成一个较复杂语句的每一种方式,这种非认知主义的意义理论都必须能给出相应的办法,来告诉我们如何能从较简单语句的意义得出较复杂语句的意义。如果我们可以做到这点,那么我们就能满足组合约束。实际上,要满足组合约束,别无他路。黑尔对吉奇和塞尔的回应其实就是对满足组合约束的条件的重新描述。但重要的是,要知道黑尔是正确的——即,原则上并没有什么能阻挡非认知主义者给出满足组合约束的办法,虽然他们不接受真值条件语义学。他们需要做的只是给出一套不同于真值条件语义学所给出的办法。

我们可能希望黑尔接下来要做的事就是告诉我们这套办法是什么。毕竟,不是任何一套老办法就能行得通。例如,考虑如下两个办法(它们的名字已经描述了它们是糟糕的):

> 处理否定句的糟糕的办法1:对每一个适于施行Φ这个言语行为的语句“P”,相应的语句“并非P”也都适于施行Φ这个言语行为。
>
> 处理否定句的糟糕的办法2:对每一个适于施行Φ这个言语行为的语句“P”,相应的语句“并非P”都适于施行拥护种族大屠杀这个言语行为。

这两个办法都能告诉我们如何从较简单语句适于施行的言语行为出发得到较复杂语句适于施行的言语行为。但是它们显然都是糟糕的办法。我这么称呼它们不无原因。语句“并非 P”在一般意义上并不用来施行和语句“P”相同的行为,而且一般情况下它也不适于拥护种族大屠杀(除非在这个特殊情况下:语句“P”是“种族大屠杀是不好的”。)

以上这些都显而易见。但重要的是,非认知主义者如果只是告诉我们这些从较简单语句的意义出发得到较复杂语句的意义的老办法,肯定远远不够。他们必须得给出一套能得到恰当结果(get the right results)的办法。这才是他们该有所作为的地方。非认知主义观点所面临的问题正是:给出“能得到恰当结果”的办法,从而让我们得知复杂语句的意义。我们将在本章第四节更细致地考虑“能得到恰当结果”到底意味着什么,以及为什么比起普通的真值条件意义理论,非认知主义要做到这一点会难上加难。最后,在第五节,我们将了解为什么一些非认知主义者仍然保持乐观态度,以及这种乐观态度能走多远。

3.4 真值函数的对比

如果有一套办法可以让我们从较简单语句的意义出发得到较复杂语句的意义,同时保证“能得到恰当结果”,那么它得是什么样子?为了至少部分地弄清楚这一点,我们可以稍稍细致地看看真值条件理论是如何工作的。我再次声明,就像我在第二章提到过的那样,不同的真值条件理论所走的路子在细节上相差很大,所以,请不要把我在这里演示的简单想法理解为每一个特殊的真值条件理论共有的特征。不过,这些简单想法确实代表了真值条件路线背后非常基本的想法,而那些更精致的理论正是基于这些基本想法而做出了相应的变化、限制、发展。

我们至此见到过的最简单的复杂句是包含“不”一词或“并非如此:……”这样的语词的句子。真值条件理论就这种复杂句给出的办法也最为简单。这个办法告诉我们,无论我们用什么替换语句“P”,语句“并非 P”总是在“P”为假的时候为真。同理,任何使得“P”成真的条件都会使得“并非 P”为假;而任何使得“并非 P”成真的条件都会使得“P”为假。为了让我们更容易知道如何照这个办法行事,逻辑学家与真值条件语义学者们在很久以前还介绍了一个简单的工具,即下面这个图表:

“P”	“并非如此:P”
真	非真
非真	真

这个图表叫作“真值表”(truth table),因为根据这个表,只要我们知道“P”是否真,就能“查找”出“并非 P”是否真。它形象地体现了真值条件理论所给出的这种办法:根据使“P”成真的条件来确定使“并非 P”成真的条件是什么——因为,这个真值表能够告诉我们,后者的真值是如何随着前者真值的变化而变化的。为了得知使“并非 P”成真的条件,你只需先在真值表左列查找“P”是否为真,然后在相应一行的右列查看“并非 P”在这种情况下的真假。这是一个具有普遍性的办法,因为它对任何语句“P”都适用——只要我们已经知道了使“P”成真的条件是什么。

有时,哲学家会用更简化的方式列出这个真值表:把“并非 P”缩写成不那么累赘的“～P”,把“真”写成英文词“true(真)”首字母的大写形式“T”,把“非真”(即“假”)写成英文词“false(假)”首字母的大写形式“F”。这时,真值表就变成如下样子:[4]

"P"	" ~ P"
T	F
F	T

这些简写可以令新图表显得更简洁而整齐,但以上两个图表说的完全是一回事。简洁版的图表使用的缩写是一种特殊记法,所以可能你一开始会感到陌生。但是这种写法有它的好处:因为这种写法更简洁整齐,所以它能让你更容易看到真值表的结构,而不被各种语词分散注意力。

上面的真值表呈现了真值条件理论对"不/并非"(not)一词给出的办法。这种办法被称为"真值函项"(truth function),因为它输入的是真值("真"或"非真"),输出的也是真值("真"或"非真")。在应用这个办法的时候,我们先判断复杂句的一个部分"P"的真值,然后用真值表查找出复杂句"并非 P"的真值。如果你以前从没遇到过真值表,可能会觉得这简直是小题大做。但是当你要给出复杂得多的语句的真值条件时,就能领略这区区一表的威力了:

"P"	"Q"	"R"	"或者 Q 且 R,或者 P 且 ~ Q,但以上两项不同时成立"
T	T	T	T
T	T	F	F
T	F	T	T
T	F	F	T
F	T	T	T
F	T	F	F
F	F	T	F
F	F	F	F

这时,可以很容易看出,比起用日常英语表达相关内容,用这个

表格会容易得多——我们可以一目了然地看出真值条件理论所给出的办法是什么样子：首先，在真值表左列找到复杂句成分“P”、“Q”、“R”的真值对应的那一行，然后在同一行的右侧查出复杂句是真是假。这个例子不仅说明真值表是一种有用的记法，而且说明语句意义的真值条件进路是多么灵活和强大。真值条件的进路不仅在确定简单否定句的真值时不费吹灰之力，而且在遇到上表右列那种复杂句时也不会犯难。这两种情况下所需的办法都可用真值表呈现出来。

然而，真值表的功劳还不止于此。除了能够轻松描述在真值条件进路给出的办法下，我们该如何根据复杂句组成部分的意义确定该复杂句的意义，它们还让我们能够根据复杂句意义的组合方式来预测复杂句意义的某些重要特性。比如，“不/并非”一词的意义所具有的明显特性之一便是，给定任何语句“P”，那么“并非 P”和“P”不一致(inconsistent)。即，这两句话不可能同时同地为真。我们可以把这点叫作包含“不/并非”一词的语句的一种语义属性(semantic property)；其实，这也就是上文例句中语句 7 的语义属性。而吉奇就以语句 7 为例，论证了“偷钱是错的”在作为单句出现时和在作为“并非：偷钱是错的”这句话中的成分出现时有同样的意义。吉奇论证说，这两个句子的不一致跟“偷钱是错的”在两个地方有同样意义这个事实有关。

真值条件理论给出的办法在处理包含“不/并非”一词的语句的意义时，是从它组成部分的意义出发的，这一点让我们很容易就能看出为什么包含“不/并非”一词的语句具有上述语义属性。实际上，我们可以直接从真值表上读出这点：之所以无论语句“P”是什么，“P”和“并非 P”都不能同时为真，是因为真值表确保了只要“P”为真，“并非 P”就非真(我们可以从表格的第一行看到这点)，并确保了只要“并非 P”为真，“P”就非真(这一点可以从表格的第二行看出来)。

而这可是个不错的预测！这意味着，真值条件意义理论在说明包含“不/并非”一词的语句的意义时，能够就这些语句的语义属性告诉我们一些能增进我们的知识并且正确的东西。而这点很棒。毕竟，这说明了，“并非 P”和“P”之所以不一致的原因与这两句话的意义之间的关系有关。所以，对这些语句意义的完备说明应当让我们能够预测并解释这点。真值条件进路就做到了这一点，并且做得明白易懂。

让我们再多举一个例子。吉奇所举的最著名的例子是类似语句 5 的语句，即包含“如果……那么……”这个结构的语句。这些语句通常被称作条件句(conditional sentences)，因为它们的意思是“在某个条件被满足的条件下，某事就是真的”。吉奇论证说，“偷钱是错的”必须在“如果偷钱是错的，那么杀人是错的”一句中具有和它作为单句出现时同样的意义，因为，如下论证是有效的(valid)：

P1 偷钱是错的。

P2 如果偷钱是错的，那么杀人是错的。

C 杀人是错的。

说一个论证是有效的，就是在说它的结论是由它的前提推断出来(follow from)的，即如果前提都为真，那么结论也必须为真。吉奇指出，这个论证之所以是有效的，是因为“偷钱是错的”在两个前提中的意义相同。如果它在两个前提中有不同的意义，那么以上论证就无法成立。所以，他得出结论说，“偷钱是错的”在两个前提中必须具有相同的意义。

然而，正像吉奇利用以上论证的有效性来论证“偷钱是错的”在两个前提中意义相同一样，我们也可以用它来提取出条件句的一个重要语义属性。这个语义属性便是，对于任何语句“P”和“Q”，语句“如果 P，那么 Q”都能和语句“P”一同，构成一个推出结论“Q”的有效论证。即,条件句总能使具有类似结构或形式(form)的论证成为有效论证。这种特殊的论证形式有着独特而悠久的历史,所以它还有一个非常古老的拉丁文名字——"假言三段论"(modus ponens)。"假言三段论"指所有具有如下结构的论证:"P","如果 P,那么 Q";所以"Q"。

鉴于所有的假言三段论都是有效的,我们可能希望我们从条件句组成部分的意义出发对条件句意义进行的说明可以帮助解释三段论之所以有效的原因。而又一次,这是个真值条件语义学取得巨大成功的故事。下面是"如果 P,那么 Q"的真值表,它就可以对三段论之所以有效的原因做出解释:

"P" "Q"	"如果 P,那么 Q"
T T	T
T F	F
F T	T
F F	T

这个真值表不仅能告诉我们如何根据语句"如果 P,那么 Q"各组成部分的意义确定"如果 P,那么 Q"的意义(如果我们接受真值条件意义理论的话),而且还能让我们解释为什么假言三段论总是有效。为了弄清楚这一点,注意到真值表上"P"和"如果 P,那么 Q"只有在第一行同时为真。并且,注意到在这一行,"Q"也为真。这告诉我们,只有在"Q"也为真的情况下,"P"和"如果 P,那么 Q"才可能同时为真。所以,如果假言三段论——"P","如果 P,那么 Q";所以"Q"——的两个前提都为真,就能确保其结论也必为真。而且,无论我们用什么语句来代换"P"和"Q",这个说法都成立,因为这一点是建立在这样的办法上的——从"如果 P,那么 Q"各组成部

分的意义确定“如果 P,那么 Q”的意义。

看来,真值条件语义学取得巨大成功的故事可真不少——它能解释“P”与“并非 P”两个语句之间的不一致,也能解释假言三段论何以总是有效。但它的成功故事可不光是这些;真值条件语义学还能处理许多其他的、而且常常是复杂得多的构成语句的方式,并对它们的语义属性加以说明。我们在前文说过,非认知主义要想给出对复杂句意义的说明,并且“得到恰当结果”,不能随便给出一个办法就算了事,而这里的“得到恰当结果”,在部分意义上就指真值条件语义学的成功之处。具体说来,一个根据“杀人是错的”的意义构造出“并非如此:杀人是错的”的意义的办法必须能通达对如下事实的解释:这两个句子为什么必须是不一致的。类似地,一个构造出“如果偷钱是错的,那么杀人是错的”这个句子意义的办法必须能通达对如下事实的解释:假言三段论为什么是有效的。

哲学家们对弗雷格 - 吉奇问题的讨论经常给我们这样的印象:这个问题确切地说是个如何解释假言三段论有效性的问题。然而如我们所见,用这种方式来理解弗雷格 - 吉奇问题太过狭窄。问题的真正要点在于,非认知主义者必须能够提供一套办法,让我们知道如何从语句组成部分的意义出发,构造出任何种类的复杂句的意义;同时,这套办法还必须在如下意义上“把事情做对”——它们必须考虑到我们该如何对复杂句依其意义而具有的特性给出一个解释。这里说到的“复杂句依其意义而具有的特性”也就是复杂句的“语义属性”。对于条件句这个特例来说,其语义属性在于假言三段论的有效性。但对其他种类的复杂句而言,相应的语义属性根本无须与论证有效性有任何必然联系——例如,语句 3 回答了语句 4 所提出的问题,这是语句 4 的一个重要语义属性,但是它跟论证有效性毫无瓜葛。

3.5 为乐观态度提供凭据的黑尔－斯马特论证

我们已经看到,到目前为止,没有什么可以阻止非认知主义理论给出这么一套办法,让我们知道如何从复杂句组成部分的意义出发,来确定复杂句的意义。但是我们也看到,直到 1970 年黑尔对吉奇和塞尔做出回应之时,还没有任何非认知主义者认真尝试过给出这样的办法,相反,我们从艾耶尔那里看到的是,很难设想这套办法可能的样子是什么。因为不能实际提供这样一套办法,非认知主义理论和真值条件意义理论形成了鲜明对比——依照真值条件意义理论为确定复杂句意义而提供的办法,我们很容易就能得到对这些复杂句语义属性的预测,并且这些预测富有成效、准确合适:比如,它们可以准确预测哪些句子和相关复杂句不一致,以及相关复杂句会出现在何种有效论证中。这样,就出现了一个重要问题:如果说有这么一种可能性,即非认知主义者能够提出与真值条件意义理论相抗衡的办法,获得和后者一样的工作成果,那么我们该对这种可能性持多强的乐观态度?

虽然黑尔自己并未就提供这种办法做出任何严肃工作(他所做的只是告诉我们,为了解决弗雷格－吉奇问题,提供一套这样的办法就是一个非认知主义者所需做到的全部),但是他就我们为何该对这点保持乐观给出了自己的论证,这个论证是就此问题给出的最清晰的论证之一。实际上,黑尔早在 1952 年就这样做了,远在吉奇或塞尔提出他们各自版本的弗雷格－吉奇问题之前。(斯马特 J. J. C. Smart [1984] 也提出了一个与黑尔非常相似的论证,所以,我把这个论证称为"黑尔－斯马特"论证。)正如黑尔观点的其他方面一样,他这种为乐观态度提供凭据(license for optimism)的论证也建立在与祈使句的比较上。黑尔的主要发现是,正如陈述句包括简单句和复杂句,祈使句也有简单句和复杂句之分;这两种祈使句之间存在着逻辑关系,且它们之间发生逻辑关系的方式和相应的简单与复杂陈述句之间发生逻辑关系的方式非常相似。用黑尔最爱举的例子来说,"把门关上"这个命令和"不要把门关上"这个命令互相矛盾。所以,正如在一个陈述句中添加"不/并非"一词会使得新的句子与原句不一致一样,在一个祈使句中添加"不/并非"一词似乎也能得到一个与原句不一致的祈使句。

黑尔的意思还不止于此。可以用来构造复杂祈使句的语词不只"不/并非"一个。例如,"把门关上,把窗打开"也是个复杂祈使句。正如"马克斯关上了门,莱拉打开了窗"和"马克斯没有关上门""莱拉没有打开窗"这两个句子不一致一样,祈使句"把门关上,把窗打开"也和"不要把门关上""不要把窗打开"这两个句子不一致。基于此类考虑,黑尔相信,既然祈使句显然确实以这种方式工作,而且祈使句之间也确实存在这种逻辑关系,那么就肯定有某种意义理论可以对此作出说明——而这个理论也将同样适用于道德语句。即,一方面,这个理论不仅能给出一种办法,可以让我们从复杂祈使句组成部分的意义出发,确定这些复杂祈使句的意义,而且也能给出一种办法,可以让我们从复杂道德语句组成部分的意义出发,确定这些复杂道德语句的意义。另一方面,这个理论不仅能预测和解释祈使句之间的逻辑关系,而且也能解释道德语句之间的相似逻辑关系。

从黑尔这种为乐观态度提供凭据的论证出发,我们可以期待总会有非认知主义者能提供某套办法,使得我们可以解释有关复杂道德语句意义的很多事实——即便我们尚不能确知那些办法到底是什么。然而,这种乐观态度"许可证"的效力范围究竟有多大?这一点还很不清楚。之所以这么说,首要的原因是,陈述句和祈使句的结合方式与道德语句和非道德语句的结合方式似乎不全一样。比如,考虑下面这些例句(语句 11 结合了两个祈使句,而非一个祈使句和一个陈述句):

8 把门关上,而且(and)我要迟到了。
9 把门关上,不然(or)我昨天打开了它。
10 把门关上,然后(and)我会给你一美元。
11 如果(if)把门关上,那么(then)把窗户打开。
12 如果(if)把门关上,那么(then)我要迟到了。

在这五个"混合语气"的句子里,只有语句10讲得通。但是即使语句10也不能就祈使句和陈述句如何能够结合在一起这个问题打一个乐观的包票,因为在语句10中,英文词"and"的实际意思是"然后、则",就像"如果你把门关上,那么我会给你一美元"这句话中的"如果……那么"一样,这并不是"and"一词的通常用法。而另一方面,要构造下面这些混合了道德和非道德分句的语句,就很简单:

13 偷钱是错的,(and)这是我爸妈告诉我的。
14 偷钱是错的,不然(or)就是我爸妈对我撒了谎。
15 如果偷钱是错的,那么(and)我就给你一美元。[①]
16 如果(if)偷钱是错的,那么(then)就别去偷。
17 如果(if)偷钱是错的,那么(then)我就糊涂了。

我们会在练习中看到另外一些混合语气的句子,它们比语句8－12更讲得通些。但是通过语句8－12和语句13－17的比较,我们已经可以得出如下结论:我们不能太过乐观地认为,只要某种办法能说明包含祈使句的复杂句的意义,就一定也能说明包含道德语词的复杂句的意义。

① 原句"Stealing money is wrong and I'll give you a dollar.",这里对"and"的用法也和通常不一样。说这句话的场景可能是一次打赌:如果偷钱真的是错的,那我就赌一美元给你。——译者注

所以,虽然黑尔的论证告诉我们可以对非认知主义理论成功满足组合约束的前景抱以乐观态度,但是这种乐观态度并不能走得太远。也正因为这一点,自 1970 年以来对辩护非认知主义理论感兴趣的哲学家们不是像黑尔那样只有承诺没有行动,而是开始尝试花大力气阐明到底何种办法可以解释复杂句的意义。值得注意的是,自 1970 年以来,几乎所有对弗雷格 - 吉奇问题的理论化处理都是由下面这些哲学家做出来的——他们所考虑的,是一种非认知主义理论的新品种,表达主义(expressivism)。而我们到现在还没有介绍过这种理论。

因此,我们接下来要做的不是立即了解哲学家们为了解决弗雷格 - 吉奇问题而尝试阐明的办法,而是先就此打住,转而去了解表达主义是什么、从哪儿来,以及为什么人们广泛认为它比我们一直在讨论的较早的非认知主义理论更有希望。这就是我们将在第四章讨论的内容。然后,因为表达主义不只是关于道德语言的一种观点,还是关于道德思想的一种观点,所以我们将在第五章继续绕道而行,探讨非认知主义理论在心灵哲学领域所面临的最大挑战中的几个。一旦我们知道了表达主义是什么,并认识到这如何在表达主义对道德思考的说明中起作用,我们就有了必备的背景知识,可以在第六章和第七章重返弗雷格 - 吉奇问题,来了解自黑尔 1970 年的回应之后,对弗雷格 - 吉奇问题的研究又有了什么进展。

本章概要

我们在这一章里介绍了弗雷格 - 吉奇问题——即,非认知主义者该如何说明复杂句的意义,以满足我们在第二章提到过的组合约束。我们先是以艾耶尔给出的解释为例引入了这个普遍存在的问题,然后,我们审视了吉奇表述该问题的原初方式,接着又大致介绍了黑尔所做的回应。我们还了解到,对于吉奇的论证迫使非认知主义理论做出的解释,真值条件意义理论多么容易就做到了。最后,我们在章末探讨了试图为乐观态度提供凭据的黑尔-斯马特论证,并试着评估了这种乐观态度能走多远。

拓展阅读

我建议大家结合 Geach(1965)和 Hare(1952)第二章来阅读本章内容。对于任何想要进一步探讨这些论题的人来说,Searle(1962)和 Hare(1970)都是接下来的必读文献,本章后面有道练习题也要求查阅 Searle(1962)。另外,若想了解厄姆森对此问题的当代处理,请参看 Urmson(1968)第十一章。

练　习

1 E 理解:对于本章第二节例句 4-7 中的每一个语句,解释为什么使用这些语句的人一般不是在施行使用语句 3 所做出的那种言语行为。

2 E 延伸:试着使用艾耶尔"特殊形状和密集程度的感叹号"这种写法来给出"偷钱不是错的"这句话意义的一个说明。若你认为你的说明是令人满意的,那么解释它为什么令人满意。若你认为它不能令人满意,也请给出相应的解释。

3 E 理解:为"且"做一个真值表。提示:哲学家们有时把"P 且 Q"简写为"P&Q"。

4 E 延伸:为"P 或 Q 或两者都成立"做一个真值表。然后再为"P 或 Q 但两者不同时成立"做一个真值表。前者被称为相容的"或"(the inclusive "or"),因为它包含两者皆真的可能性;后者被称为不相容的"或"(the exclusive "or"),因为它排除两者皆真的可能性。逻辑学家们经常使用的是第一种,即相容的"或"。

5 E 延伸:为“Q 或 ~P”做一个真值表。在此,将“或”理解为有相容的(参见练习 4)。然后再为“~(P 且 ~Q)”做一个真值表。[像你对待算术中的圆括号一样对待这里的圆括号。注意在算术里,6+(3×2)不同于(6+3)×2。]把这两个真值表和第四节中“如果 P,那么 Q”的真值表做比较,你发现了什么?

6 M 延伸:在正文中,我们分别刻画了语句 4、5 和 7 的重要语义属性。吉奇用这些语义属性来论证“偷钱是错的”在以上语句中出现时所具有的意义和它在语句 3 中出现时相同。请你对语句 6 的语义属性做出说明,让它也能起到以上作用。在你给出的策略里,应首先说明你为何相信“偷钱是错的”在语句 3 和语句 6 中有着相同的意义。然后,尝试把这点描述为语句 6 的一个重要特性。最后,尝试诉诸语句 6 的这种特性来论证“偷钱是错的”在语句 6 和语句 3 中有相同的意义。

7 M 延伸:在这道题里,想象我们可以将祈使句改述为明显的施为句(performative sentences),比如将“把门关上”改述为“我特此命令你把门关上”,将“让窗开着”改述为“我特此命令你让窗开着”。[5] 现在,请你对如下两个句子给出你直觉认为正确的改述:“别把门关上”;“把门关上,或者让窗开着。”

8 M 延伸:我们在第五节中看到,很多混合语气的语句——即,表面看来,其组成部分之间的语气不同——似乎不怎么讲得通。把以下语句跟第五节中的语句做一番比较,并试着解释这些语句跟第五节的语句有何不同:

(1) 这里真冷,但(but)还是让门开着吧。
(2) 把门关上,因为(for)这里太冷了。
(3) 这里真冷,所以(so)把门关上吧。
(4) 把门关上,不然(or)我就给你好看。
(5) 我会给你好看,不然的话(or)把门关上。

你为什么认为虽然“把门关上,而且我要迟到了”这句话听起来让人摸不着头脑,“这里真冷,但还是让门开着吧”这句话却似乎没有任何问题？在后面这个句子中,“但”(but)一词起什么作用？为什么？我们在这道题中列出的句子显然都是讲得通的,那么这点会不会增强你的乐观态度,让你认为某些非认知主义理论肯定能有成效？不管这点会不会增强你的乐观态度,都请说明原因。另外,有些混合语气的语句显然是我们无法接受的,那么这点能告诉我们何种意义是可能的吗？抑或,这只是英语语法的问题？我们又如何知道这一点呢？

9 D 建议做出进展的方向:有两种混合语气的语句似乎完全讲得通,它们就是条件祈使句和条件疑问句,如下:

(1) 如果你要去商店,我可以和你一起去吗？
(2) 如果你要去商店,那么带点牛奶回来。

有些人认为,条件祈使句不被用来直接发出命令,而只用来在某种条件得到满足的前提下发出命令。类似地,条件疑问句不被用来直接提出问题,而只用来在某种条件得到满足的前提下提出问题。那么首先,为了检验以上说法是否正确,请判定语句(1)和(2)是不是真的不能被解读为与语句(3)和(4)具有相同的意义:

(3) 是不是这样的:如果你要去商店,我可以和你一起去？
(4) 让这点成为真的:如果你要去商店,那么带点牛奶回来。

10 D 建议做出进展的方向(接第9题):比较练习9中的语句(1)(2)和下面的语句(5)。有时,我们把语句(5)叫作“饼干”条件句或“餐柜”条件句:

(5) 如果你想吃饼干,餐柜上面有。

有些人认为,像(5)这样的句子不是用来直接断言一个条件句,而是用来施行一个有条件的断言(conditional assertion)行为,即,假如该句的谈话对象想吃饼干这个条件得到了满足,那么就有“餐柜上面有饼干”这个断言。那么,语句(5)是更像语句(1)和(2)呢,还是更像一般的条件句?为什么?比较你的回答和 DeRose and Grandy(1999)给出的答案。

11 D 建议做出进展的方向(接第 10 题):比较练习 10 中的语句(5)和下面这个基于信念的(faith - based)条件句:

(6) 如果你相信麦凯恩①,那么减税会增加收入。

在哪些方面,基于信念的条件句和饼干条件句相像?又在哪些方面,它们不相像?对这样一些边缘条件句的充分理解可能会帮助我们思考先前在正文中遇到的条件句是如何工作的,而思考后者是通向如下目标——即,理解语气和语句组合方式之间如何相互作用(how mood interacts with composition)——的重要一步。而只有理解了语气和语句组合方式之间如何相互作用,我们才能为全面评估黑尔的乐观态度论证做好准备。[6]

12 D 发散拓展:我们已经看到,有些混合语气的复杂句令人完全无法接受。而其中最明显的例子可能是以祈使句为前件的复杂句,比如本章第五节中的语句 11 和 12。然而,黑尔似乎相信,在日常语言中存在着以祈使句为前件的复杂句。在他看来,其中一个例子如下:

---

① 麦凯恩(McCain),美国共和党政治家,曾于 2008 年代表共和党参选美国总统。语句(6)的完整意思其实是:如果你相信麦凯恩,那么你应相信麦凯恩的经济立场,即“减税会增加收入”。——译者注

"如果你想去哈勒姆[①],那么坐甲火车。"

一个著名的问题是,一个人可以一边提出上面例句所示的建议,一边却又提出明显相反的意见"不要坐甲火车",即便他知道自己的对话者想要去的地方就是哈勒姆。请看下面对话:

克拉拉:"如果你想去哈勒姆,那么坐甲火车。"
约翰:"我确实想去哈勒姆。所以我应该坐甲火车了?"
克拉拉:"不——如果我是你,我不会那样做。"
约翰:"我记得你刚才说的是,如果我想去哈勒姆,那么我应该坐甲火车呀? 而我确实想去哈勒姆啊。"
克拉拉:"我知道你想去哈勒姆。而且如果你想去哈勒姆,那么你应该坐甲火车。但你还是不应该坐甲火车——你应该去个别的地方。"

黑尔相信,之所以会出现这个著名问题,是因为如果我们依克拉拉的意向来解读,那么"如果你想去哈勒姆,那么坐甲火车"这句话就不是一个以陈述句为前件的条件命令句,而是一个以祈使句为前件的条件命令句;而对出现于条件句前件的祈使句来说,存在一个纯粹语法上的问题,而非意义上的问题,使得一个人可以一边提出上面例句所示的建议,一边却又提出明显相反的意见。现在,请你细致研读 Hare(1971)中提出的观点,并评估它是否确实提出了一个可被看好的建议。对于非认知主义是否能够实现黑尔所承诺的目标——构造出一套办法,以说明复杂道德语句的意义——这件事,Hare(1971)是增强还是减弱了你对此事的乐观态度?

---

① 哈勒姆(Harlem):美国曼哈顿的一个黑人聚居区。又译"哈林"。——译者注

13 D 新问题：我们在正文中注意到，吉奇认为非认知主义理论必须能给出一个条件，使得“偷钱是错的”这一连串语词的特例或殊型（token）能够依此条件而意为偷钱是错的。［我们可以举个例子来理解类型（types）和殊型（token）之间的区别。比如，有两种数出“alphabet”一词中字母个数的方式：从殊型的意义上来数，该词有八个字母；从类型的意义上来数，却只有七个，因为字母“a”在这个单词中出现了两次。所以，普遍意义上的字母“a”是个“类型”，而字母“a”的每一次出现都是一个“殊型”。］厄姆森对吉奇的回应是，非认知主义并不是一种关于语句殊型——即语句的每一次说出——的意义的理论，而是关于语句类型的意义的理论。因此，并非每一个殊型都必须被用来施行同一种言语行为，以确保它的意义不变；殊型是因其所属的类型而获得其意义的。然而问题是，在我们遇到歧义句时，有两种将语句的类型个体化的方式。比如，在一种理解方式看来，“I'll meet you at the bank”（我会在银行/河岸和你见面）和“I'll meet you at the bank”（我会在银行/河岸和你见面）是相同的句子，因为在每个句子中都出现了相同的字母和发音。然而在另一种理解方式看来，这里其实有两个不同的句子——如果“bank”一词在其中一个句子里意为“银行”，而在另一个句子里意为“河岸”的话。请你解释为什么这点给一些非认知主义者——即，想要为语句的类型而非语句的殊型给出一种意义理论的非认知主义者——出了个潜在的难题。另外，你认为真值条件语义学者是否也面临类似的问题？

14 D 侧向拓展：John Searle（1962）提出了一个和吉奇非常相似的论证。请你阅读塞尔的论证，并试着对如下一点做出说明：依塞尔，诸如“承诺”（promise）的施为动词（performative verb）和诸如“好”（good）的施为动词之间有什么不对称之处。

15 D 侧向拓展：在正文中，我强调非认知主义是关于道德语句的意义的一种看法。但是，并不是所有文献都会这样描述非认知主义。例如,Stoljar(1993)就明确指出,道德语句被用于施行言语行为这点想法根本就不是个关于道德语句意义的论题,而只是个语用的(pragmatic)论题。现在,请你阅读斯图加这篇文章,并试着解释,在斯图加看来,道德语词的意义本该在于什么。他是否认为道德语词根本就没有意义(aren't meaningful at all)? 你认为他的以上观点有没有问题?

答题参考

13 提示:因为复杂句的意义是其组成部分的意义的函数,所以各组成部分要想向这个函数输入恰当的意义,就必须首先有恰当的意义。如果吉奇施为主义是真的,那么一个复杂道德语句中的道德部分之所以有其意义,是因为它们被用于施行相应的言语行为。但如果吉奇施为主义是假的,又是什么可使得一个复杂道德语句中的道德部分有其意义呢?

教　益

5 哲学家们把我们在第四节中遇到的"如果 P,那么 Q"的真值表叫作"实质蕴涵"(material conditional)。一般认为,这种对"如果 P,那么 Q"的意义的真值条件说明对数学推理来说是完备的,但是在日常英语中,这种阐论是否完备就极富争议了。有些哲学家提倡采用一些更为复杂的真值条件说明,同时保留我们在正文中讲述的真值条件意义理论的优势。还有一些哲学家则相信,基于一些局限于特定领域的动因,我们需要一种非真值条件的说明来解释条件句的意义;而且,有些这样的哲学家为说明"如果 P,那么 Q"的意义提出了一些非描述性的语义理论。

7 比较下面两组改述:

"我特此命令你不要把门关上。"
"我并不特此命令你把门关上。"

"我特此命令你关上门或者让窗开着。"
"我特此命令你关上门,或者我特此命令你让窗开着。"

在以上两组改述中,正确的分别是那一个?同组的两个句子的不同,也就是哲学家们所谓的辖域(scope)的不同。在每组的第一个句子里,发出的命令所取的是最宽的辖域(widest scope)。具体说来,在第一组的第一个句子里,这个命令要求听话者去做一件否定的(negated)事情;在第二组的第一个句子里,说话者则命令听话者去做一件析取的(disjunctive)事情。("否定的"意思就是"在其中有'不/并非'一词","析取的"意思就是"在其中有'或'一词";我在上句中之所以使用了这两个逻辑学术语,是因为如果不这样做,那么上句话就得说得很啰唆。)相反,在每组的第二个句子里,发出的命令所取的是窄辖域(narrow scope)。具体说来,第一组的第二个句子是一个命令的缺失(lack);而第二组的第二个句子则是对两个命令的析取(disjunction)(即,它是由"或"一词连接的两个潜在的命令)。如果命令句有时取窄辖域,那么黑尔为乐观态度提供凭据的论证就尤其有力——因为这时就会有一些复杂句从字面上看来是由更短的祈使分句组合而成的。而如果命令句总是取最宽的辖域,那么黑尔的论证就不那么令人振奋了;因为在这种情况下,语气仅仅作用于整个句子,而这像是在我们用普通的真值条件语义学方法从一个句子的组成部分组装出整个句子之后,所要采取的最后一步。如果我们上面做的分析是对的,那么你对本题目一开始的问题给出的答案会让你对黑尔的论证持多强的乐观态度?

8 为什么有些混合语气的语句似乎没问题,而另一些却行不通?这点很让人迷惑。为了完整地评估黑尔为乐观态度提供凭据的论证,我们需要对各种混合语气的语句做一番全面而细致的考察,这样,我们才能确定混合语气的语句到底可不可以真的具有意义,以及它们所具有的那种意义能不能够加以扩展,运用到包含道德和非道德成分的语句上去。那么,你有没有什么想法,可以解释为什么有些混合语气的语句完全可行,而另一些却毫无意义?

14 塞尔的论证比吉奇的更具妥协意味,因为他认为非认知主义者不必非要接受吉奇施为主义。塞尔之所以这样想,是因为他自己也接受这个观点:为了理解“我承诺会做这件事”的意义,我们需要理解这句话适用于施行一个特定的言语行为。但是,他意识到,“并非:我承诺会做这件事”这句话并不用来施行同样的言语行为。因此,塞尔的论证比吉奇的更加微妙;我们可以从中得出,塞尔为了说明包含“承诺”一词的复杂句的意义而采用的法子,不能适用于黑尔对“好”一词的说明上。然而,要理解这些微妙之处的工作原理会是什么样子,却不是易事。这个习题就邀请你尝试把个中端绪给理出来。

参考文献

Dreier, James (2009). “Practical Conditionals.” In David Sobel and StephenWall, eds., *Reasons for Action.* Cambridge: Cambridge University Press.

Geach, Peter (1965). “Assertion.” *Philosophical Review* 74: 449 - 465.

Hare, R. M. (1952). *The Language of Morals.* Oxford: Oxford University Press, chapter 2.

—— (1970). “Meaning and Speech Acts.” *Philosophical Review* 79(1): 3 - 24.

Karttunen, Lauri (1977). “Syntax and Semantics of Questions.”

*Linguistics and Philosophy*1: 3 - 44.

Ross, W. D. (1939). *Foundations of Ethics.* Oxford: Clarendon Press, chapter 2.

Searle, John (1962). "Meaning and Speech Acts." *Philosophical Review* 71:423 - 432.

Smart, J. J. C. (1984). *Ethics, Persuasion, and Truth.* Oxford: Oxford University Press.

Strawson, P. F. (1949). "Truth." *Analysis* 9: 83 - 97.

Urmson, J. O. (1968). *The Emotive Theory of Ethics.* New York: Oxford University Press.

Wittgenstein, Ludwig (2005). *Philosophical Grammar.* Rush Rhees, ed. Berkeley: University of California Press.

4

表达主义

4.1　说话者主观主义

我们在第二章中注意到，史蒂文森在首次介绍他的看法时将之明确与他所谓的“传统利益理论”(traditional interest theories)对照来看。传统利益理论可以说是非认知主义的先祖，在数千年间曾被各路哲学家拥护。在这一节里，我会介绍传统利益理论中最重要的一种——说话者主观主义(speaker subjectivism)，并讨论它博得哲学家青睐的原因为何与非认知主义吸引哲学家的原因大面积重合。然后，在本章的余下部分，我们将探讨为什么说话者主观主义面临着相当严峻的问题，以及一种特定的非认知主义理论——表达主义(expressivism)——是如何在哲学家寻求相应解决方法的过程中应运而生的。虽然在艾耶尔和史蒂文森那里，表达主义的主要想法已经初见端倪，但是直到最近，表达主义才在西蒙·布莱克本(Simon Blackburn)和艾伦·吉伯德(Allan Gibbard)那里得到成形表述。表达主义是当今非认知主义理论的最主要版本，以至于人们经常在写书或文章时认定“非认知主义”和“表达主义”异词而同义。所以，我们在本章中最重要的任务就是了解表达主义是什么，以及人们为什么认为它在较早非认知主义理论——艾耶尔、史蒂文森和黑尔的理论——的基础上做出了重大进展。

我们在第一章讲过,有两种理论动因可以激发非认知主义理论。一种是独立于特定领域的理论动因,它促使非认知主义者寻求避开元伦理学中的"核心问题"的策略。另一种是局限于特定领域的理论动因,它要求非认知主义者提出对动机问题(motivation problem)的解决方案——即,解释为什么我们的动机与我们关于道德问题的观点之间的联系要比我们的动机与我们关于非道德问题的观点之间的联系更为密切。其实远在任何人提出非认知主义的元伦理学理论之前,哲学家们已经意识到了所有这些问题,而且那时就已经有了一种旨在解决这些问题的普遍观念。和非认知主义否认道德问题关于任何事物不同,这种观念认为道德问题只关乎我们自己的心理状态(psychologies)。

这个理论就是说话者主观主义。根据说话者主观主义的一个简单版本,如下两个句子有着完全一样的意义,而这一事实就足以说明语句 1 的意义了:

1 "偷钱是错的。"
2 "我不赞同偷钱。"

这个理论的主要诱人之处显而易见。一般情况下,只有当一个人不赞同偷钱这种行为时,才会说"偷钱是错的"。这个理论就可以解释以上事实背后的原因:如果你并非不赞同偷钱,那么当你说"偷钱是错的"时就是不真诚的。所以,如果你只想说在你看来真实的东西,那么你就不会随便说出"偷钱是错的"这句话,除非你真的不赞同偷钱这种行为。

现在,我们就可以明白人们为什么认为说话者主观主义能够帮助我们回答动机问题了。如果"偷钱是错的"的意义就是"我不赞同偷钱”,那么认为“偷钱是错的”就是在认为“我不赞同偷钱”。而在一般情况下,人们对自己是否不赞同某事肯定知道得颇真确——毕竟,谁能比你自己更知道你不赞同什么呢?所以大多数情况下,如果你认为你不赞同偷钱,那么这肯定是因为你确实不赞同偷钱。而这样的话,在大多数你认为偷钱是错的的时候,你也确实不赞同偷钱。所以,如果不赞同偷钱就是给你以不去偷钱的动机的那种心理状态,那么在“认为偷钱是错的”和“有不去偷钱的动机”之间自然就会有一种密切联系。这就是说话者主观主义回应动机问题的方式。

除了动机问题,说话者主观主义还被认为可以帮助我们避开元伦理学中的核心问题。实际上,我们之所以认为说话者主观主义可以做到这一点,跟我们认为史蒂文森的观点可以做到这一点的理由一样。确实,根据说话者主观主义,道德问题是关乎某些事物的——所以我们不能否认核心问题的预设。但是,说话者主观主义认为,道德问题所关乎的事物并不是非科学的或神秘莫测的——这些事物不过就是我们自己的心理状态。而且,我们如何知晓这一点也并不令人费解——至少,这不比我们如何知晓我们所相信、欲求、希望、意图的东西更令人费解。不仅如此,我们何以能够谈论和思考这些问题也不可能是过于令人费解的,因为对于同样的事物,我们也可以用其他的非道德语词来谈论和思考——比如,诸如“我不赞同”这样的语词。

所以,基于以上这些原因,我们可以把说话者主观主义视作非认知主义的先祖——因为哲学家们被它吸引的原因和被非认知主义吸引的原因极为相似。从历史的角度讲,非认知主义从说话者主观主义中脱胎生长,并最终取代了后者;我们可以在史蒂文森那里最为明显地看到这点——他仍然接受主观主义的部分观点,比如在他提出的分析的“第一种模式”里——他在这点上所做的不同之处仅在于坚持认为,说话者主观主义不能完全捕获道德语词的意义。

但是,为了弄清楚为什么大多数哲学家都断定说话者主观主义必然会被某种非认知主义取代,我们需要对它所面临的最大也是最著名的问题做一番了解。

4.2 说话者主观主义面临的两个问题

很久以前,人们就注意到说话者主观主义面临着两个重要问题。它们分别是模态问题(model problem)和分歧问题(disagreement problem)。其中,模态问题挺简单,它让我们比较如下两个句子:

> 3"假如我并非不(didn't)赞同偷钱,'我赞同偷钱'就不会(wouldn't)成立"①。
>
> 4"假如我并非不(didn't)赞同偷钱,'偷钱是错的'就不会(wouldn't)成立。"

语句3显然为真。但是语句4则是假的,除非说这句话的是上帝。如果你乐意接受语句4,那么你似乎认为你个人的态度可以改变是非对错的标准——这样想也太狂妄了吧!类似地,我们可以比较语句5和6:

> 5"如果我在明天之前停止对偷钱的不赞同,那么到了明天,'我不赞同偷钱'将不(won't)成立。"
>
> 6"如果我在明天之前停止对偷钱的不赞同,那么到了明天,'偷钱是错的'将不(won't)成立。"

---

① 之所以把句子译为"假如……就……"而不译为"如果……那么",并且标出了didn't和wouldn't这些英文词,是为了提醒读者注意这是两个虚拟条件句。在不远的下文里,读者诸君将看到这点是有用意的。——译者注

语句5显然是真的。但是语句6和语句4一样都是假的,除非说这话的是上帝。如果你乐意接受语句6,那么你似乎又在狂妄地认为,是非对错因你个人的态度而变。

语句3和语句4之间、语句5和语句6之间的明显不同,让我们注意到说话者主观主义面临的一个问题。因为根据说话者主观主义,"偷钱是错的"成真的条件就是"我不赞同偷钱"这句话成真的条件;而如果这两句话在同一条件下为真,那么其中一句话不可能在另一句话非真的时候真。所以,如果其中一句话本来可以(could have)是假的,那么另一句话在同样情形下也可以是假的。类似地,如果其中一句话会(will)成为假的,那么另一句话在同样情形下也会是假的。对上面这两点更专业的说法是,这些句子在有模态词(modals)和特殊时态(tense)的时候会有不同于一般情况的表现。模态词是像"本来可以"(could have)、"本来会"(would have)、"必然地"(necessarily)这样的词;相应地,语句3和语句4被称为"虚拟条件句"(subjunctive conditionals),因为它们是以"假如……就……"连接起来的句子,表示的是假如某事物是(had been)某种情形的话,另一件事物本来可以(could have)或本来会是(would have)什么样子。时态指的是我们评估一个语句时所考虑的时间方面——现在、过去、未来。为简短起见,我姑且把这个问题叫作模态问题(modal problem)。

人们经常这样刻画模态问题:根据说话者主观主义,道德这个东西不太客观(objective)。认为有些东西更客观、有些东西更主观的想法有其合乎直觉之处:比如,我们可能认为物理定律或数学法则的性质比美元的价值"更客观",而美元的价值又比关于口味的判断"更客观"(比如,认为巧克力冰激凌比香草冰激凌更美味、啤酒比红酒更可口,这些判断不如美元的价值客观)。以上这些说法有点含糊,但这种含糊的看法已经足以表明,说话者主观主义所刻画的道德确乎是向“主观”那头倾斜的。

但就我个人而言，我并不热衷于讨论事物“有多客观”；我觉得，在数学和口味判断之间存在着许许多多的不同，如果把所有这些不同都认作是在“客观性”方面的不同，将会模糊掉这些不同之间的重要区别。我更愿意花时间集中讨论更明确的问题，而模态问题就是个更明确的问题。模态问题显示，语句 3 和语句 5 应该是真的，语句 4 和语句 6 则应该是假的。但从说话者主观主义的观点推断，语句 4 和语句 6 却总是真的。这是人们之所以认为说话者主观主义赋予道德更少客观性的部分原因。他们的意思是，如果你接受说话者主观主义的观点，那么你就会认为“假如我并非（didn't）不赞同偷窃，那么它就不会（wouldn't）是错的”这句话是真的；进一步地，你会认为假如你并非不赞同偷窃，那么偷窃就不会是错的。如果你这样想，就意味着你对偷窃之为对错拥有一定的控制权，而这在直觉上会使偷窃之对错成为不如数学真理客观的东西。

对说话者主观主义来说，另一个重要问题是分歧问题（disagreement problem）。为了对分歧问题有一个直观的了解，想象下面这个电话通话的场景。它发生在菲尔和萨利之间，菲尔在西雅图而萨利在纽约：

> 菲尔：“喂，萨利，我是菲尔。我在西雅图。”
> 萨利：“那不是真的——我不在西雅图！我在纽约呢。”

上面的对话明显有问题。当菲尔说“我在西雅图”，而萨利说“我不在西雅图”，他们两个并没有分歧，即使萨利在菲尔的话里加了个“不”。与此相反，他俩的话是完全相容的。

同样的看法在下面的对话中也成立。这个对话也发生在菲尔和萨利之间，菲尔不赞同偷钱而萨利并没有不赞同偷钱：

菲尔:“我不赞同偷钱。”

萨利:“那不是真的——我并没有不赞同偷钱!”

跟上例一样,这里肯定也出了错。这里出错的地方跟第一种情形中出错的地方一样。菲尔说的话和萨利说的话是完全相容的,所以他们之间并不存在真正的分歧。但现在,请比较这个对话和如下的对话:

菲尔:“偷钱是错的。”

萨利:“那不是真的——偷钱不是错的!”

表面上看,这个对话没有不合适的地方。在这段对话里,菲尔和萨利之间确实有分歧,因为他们所说的话不一致。而这造成了说话者主观主义面临的一个大问题。因为依说话者主观主义,第三段对话只是在以另一种方式说出第二段对话罢了。

下面是这同一个问题所暴露的说话者主观主义的轻率之处。根据说话者主观主义的观点,下面两段对话应该都完全讲得通:

菲尔:“我不赞同偷钱。”

萨利:“当你说‘我不赞同偷钱’时,你说的是真的。不过,我还是没有不赞同偷钱。”

菲尔:“偷钱是错的。”

萨利:“当你说‘偷钱是错的’时,你说的是真的。不过,偷钱不是错的。”

第一段对话完全讲得通,因为当菲尔说“我不赞同偷钱”时,他所说的话和萨利在说“我没有不赞同偷钱”时所否定的不是一码事。

而因为说话者主观主义相信“偷钱是错的”和“我不赞同偷钱”具有同样的意义,所以他们应该坚持这个结果:第二段对话也应该讲得通。然而事实是,在第二段对话里萨利所说的话是相当离谱的。

我将这个问题称为分歧问题。史蒂文森认识到了这个问题,而且这个问题显然是令他认为自己的非认知主义理论比说话者主观主义更为可取的主要原因。让我们现在来看看模态问题和分歧问题如何激发了表达主义——这非认知主义的下一代吧!

4.3 表达主义的基本策略

按照我的理解,表达主义是在尝试解决说话者主观主义所面临的两个问题——模态问题和分歧问题——的过程中生发出来的。在表达主义对这两个问题的解决方案中,关键的一点在于诊断这两个问题产生的**根源**(source)。即,它尝试解答究竟说话者主观主义的哪一点特征引发了这两个问题。一旦病根得到诊断,你只需要放弃这点特征就可以解决这两个问题了。那么,该怎么弄清楚这点特征是什么呢?我们现在就着手探讨这一点。想象有个理论家走过来说,如下两个句子具有相同的意义,且这一事实就足以说明第一个句子的意义了:

7 “草是绿的。”
8 “我相信草是绿的。”

我们有很多理由相信,关于“草是绿的”这句话的意义,这是个糟糕的理论。首先,根据组合原则,我们需要先知道“草是绿的”的意义才能确定“我相信草是绿的”这句话的意义。所以这个理论显然是假的,以至于在很多方面都了无意趣。不过,它确实在某个特定方面是有趣的:它也能引发模态问题和分歧问题。

我们先来看它如何引发模态问题。比较下面两组句子：

9“假如我不(didn't)相信草是绿的,那么‘我相信草是绿的’就不会(wouldn't)成立。”

10“假如我不(didn't)相信草是绿的,那么‘草是绿的’就不会(wouldn't)成立。”

11“如果我在明天之前停止相信草是绿的,那么到了明天,‘我相信草是绿的’将不(won't)成立。”

12“如果我在明天之前停止相信草是绿的,那么到了明天,‘草是绿的’将不(won't)成立。”

我们将再次发现,语句9和语句11显然是真的,而语句10和语句12则显然假。要是真有人接受语句10和语句12,那么他会狂妄到自以为自己的信念能影响到草的颜色。这不是个新问题——这只是从一个新视角出发看到的模态问题,我们在上一节已经遇到过这个问题了。

下面,我们再来看这种观点如何引发分歧问题。比较如下两段对话。它发生在菲尔和萨利之间,其中菲尔相信草是绿的,而萨利出于某种原因相信草不是绿的。

菲尔:“我相信草是绿的。”
萨利:“那不是真的！我相信草不是绿的。”

菲尔:“草是绿的。”
萨利:“那不是真的！草不是绿的。”

我们刚才提到的那种关于“草是绿的”意义的理论会预测说,上述两组对话的意义是等同的,因为它们只是用两种方式来说出同样的对话。但事实是,这两组对话的意义显然不等同;第一组对话根本就没意义:萨利用那种方式来回答菲尔的话,只能说明她明显是糊涂了。又一次地,这不是个新问题——这只是从一个新视角出发看到的分歧问题,我们在上一节已经遇到过这个问题了。

现在,让我们来看看表达主义是怎么做的吧。首先,注意"草是绿的"和"我相信草是绿的"这两句话彼此之间存在着某种有趣的关系。这种关系不可能在于以上两句话具有相同的意义,因为我们已经了解到,如果这样就会引发模态问题和分歧问题。不过,我们还注意到,对"草是绿的"这句话来说,其实不存在模态问题或分歧问题,所以无论"草是绿的"和"我相信草是绿的"这两句话彼此之间的关系实际上是什么,这种关系本身是不会引发模态问题或分歧问题的。

所以,表达主义者推断,说话者主观主义出错的地方就是,他们认为"偷钱是错的"和"我不赞同偷钱"两句话之间的关系在于这两句话具有相同的意义。正是这一点导致了模态问题和分歧问题。所以,表达主义者进一步断定,我们应该做的就是对这两句话之间的关系做出别的说明。实际上——这也是表达主义最根本的想法——表达主义者认为,我们对"偷钱是错的"和"我不赞同偷钱"这两句话之间的关系做出的说明,应该和我们可以对"草是绿的"和"我相信草是绿的"这两句话之间的关系做出的说明一样。这是个很棒的想法,因为我们知道,无论这种关系其实是什么,它本身并不会引致模态问题或分歧问题——毕竟,我们已经注意到,对"草是绿的"这句话来说,其实是不存在模态问题或分歧问题的。

我们再重申一遍:表达主义的根本想法可以表示为如下类比("A:B::C:D"读作"A 之于 B 即如 C 之于 D"):

"偷钱是错的":"我不赞同偷钱"::"草是绿的":"我相信草是绿的"

如果我们注意到"我不赞同偷钱"这句话表示说话者处于某种特定的心理状态——对偷钱的不赞同,而"我相信草是绿的"这句话表示说话者处于另一种心理状态——相信草是绿的这种信念,那么我们就可以将这个根本想法表示为下面这种类比了,它跟上面的表述是等同的:

"偷钱是错的":不赞同偷钱::"草是绿的":相信草是绿的

表达主义认为,这种类比就足以告诉我们"偷钱是错的"这句话的意义了。因此,它是为了解决模态问题和分歧问题而对说话者主观主义做出的最小偏离。"表达主义转向"自西蒙·布莱克本肇始,但在艾伦·吉伯德那里获得了更清楚、更明确的表述。泰瑞·霍根(Terry Horgan)和马克·提蒙斯(Mark Timmons)也在近年中提出了一种范式(paradigm)表达主义理论。到目前为止,表达主义是文献中占主导地位的非认知主义理论,并得到了最多的关注。

"草是绿的"和"我相信草是绿的"这两句话之间的区别经常被称为"**表达-报告**的区分"(the expressing-reporting distinction),因为"我相信草是绿的"这句话**报告**了相信草是绿的这种信念,而"草是绿的"这句话则**表达**了这种信念。如果我们使用这个术语来表述说话者主观主义和表达主义之间的区别,那么说话者主观主义认为道德语句的意义在于它们**报告**了诸如不赞同这样的心灵状态,而表达主义则认为道德语句的意义在于它们**表达**了诸如不赞同这样的心灵状态。这也正是"**表达主义**"(expressivism)得名的由来。

为理解表达主义的根本想法,我们要小心别被"表达"(express)这个词给弄分心了,这点很重要。在知道"表达主义"这个理论之前,我们都已对"表达"一词的意义有了或多或少的认识。我们会谈论"表达自由"(其实也即言论自由),会试着对我们所爱的人表达我们的情意,也会在说不同语言的异国他乡因不能表达自己而倍感焦虑。这诱使很多哲学家错以为他们可以通过分析我们在日常英语中使用“表达”一词时该词所具有的意义来获知表达主义的观点。艾耶尔的确是在这种直觉的意义上使用“表达”一词的。但是我们应该提防着不要掉入这个陷阱;因为,根据表达主义(expressivism),“表达”一词只起到一个占位词(a placeholder term)的作用,它意在指出“草是绿的”这句话和相信草是绿的这个信念之间的关系,不管这种关系到头来究竟是什么。在这里,它是个用于表达主义理论之内的理论词。

刚才,我们区分了“表达”一词的日常用法和在表达主义理论中的理论用法。这一点能帮助我们理解为什么尽管一些早期情感主义理论在重要的方面预见到了表达主义,却仍然没有真正地全面领悟到表达主义的根本想法。比如,艾耶尔的理论是最早也最简单的非认知主义理论之一,并且该理论的观点就是道德语句“表达”心灵状态,所以假如我们仅仅基于他这些表述来随意界划他的观点,那么我们可能会称艾耶尔为一名表达主义者。但是,艾耶尔并不知道和理解表达主义的根本想法,也正因此,他对“偷钱是错的”的意义所给出的建议虽然生动形象且意味深长,却并未使用表达主义的意义理论所采取的表述形式。

4.4 表达主义和它之前诸观点的对比

尽管艾耶尔和史蒂文森都在重要的方面清楚预见到了表达主义,我们还是最好把表达主义看成是对它之前那些非认知主义理论的重大偏离。艾耶尔、史蒂文森和黑尔都希望通过告诉我们诸如“好”和“错的”之类道德语词被用来做的事情来告诉我们这些语词的意义——至少,他们希望从诸如“偷钱是错的”之类包含道德语词的简单句或原子(atomic)句被用来做的事情出发,来确定出现于句中的道德语词的意义。可以说,这些理论本质上是言语行为

(speech act)理论,如果我们遵循黑尔的建议,把这些理论发展成完整的意义理论,那么它们的工作方式将是把每个句子指派给某种适于施行的言语行为。即,它们首先会给出某种办法,让我们可以确定原子句所适于施行的言语行为;其次,它们还会给出一种办法,让我们可以基于语句组成部分适于施行的言语行为,来确定更长、更复杂的分子(molecular)句所适于施行的言语行为。依据这种理论,意义就是言语行为。注意,这里所说的言语行为,不必然是我们在使用一个特定句子时所施行的言语行为,而是语句最适于施行的言语行为。

表达主义的一些版本也是言语行为理论。它们认为表达一种心理状态就是在施行某种特定的言语行为。但不能说表达主义的所有版本都是言语行为理论,因为接受表达主义的根本想法不意味着必须认为表达一种态度是一个言语行为。你可以认为它根本就不是你做的一件事。你可以认为它只是一个句子和一种心理状态之间的特殊关系——藉着这种关系,这个句子便有了它本应具有的那种意义。所以,一般而言,表达主义的意义理论不必要把语句和它们所适于施行的言语行为关联起来。它们所做的是,把每个句子和一种心理状态关联起来。[1]

对于每个句子"P",表达主义通过说明什么是"认为P"来说明"P"的意义。比如,表达主义者会说,"认为草是绿的"就是处在一种"将心灵匹配到世界"的心灵状态里——这种心理状态就像我们所寓居的世界的地图的一部分;相应地,"认为偷钱是错的"则是处在一种不同的心灵状态里——这种心灵状态是"将世界匹配到心灵"的,它就像我们向其行进的目的地——这个目的地指引我们远离偷钱这种行为。所以,一个遵循黑尔建议的完整表达主义意义理论将会给出这样的办法,使我们可以基于"什么是认为Q、R……"("Q"、"R"……是语句"P"的组成部分)来确定"什么是认为P",从而知晓复杂句"P"的意义。

一旦我们以这种方式刻画了表达主义与较早非认知主义观点之间的区别,我们就能马上认识到表达主义的前景得到人们认可的两点重要原因了。第一点是,我们需要某种关于道德思想之本质的理论。非认知主义者通过否认"道德问题关乎某些事物"这个预设而避开了元伦理学的"核心问题"。而这样做就给非认知主义者留下了一项重要任务:他们必须告诉我们,如果道德语言并不关乎任何事物,那么我们在使用语言之际是在做什么。为了完成这项任务,他们尝试用和真值条件语义理论不同的方法来阐明道德语词所具有的那种意义。但是粗浅地看,如果我们否认"道德问题关乎某些事物"这个预设,所招致的任务不止如此。因为正如我们以前预设道德语句关乎某些事物一样,我们也预设道德思想关乎某些事物。而如果你要否认这第二个预设,那么你就会对如下事实感到困扰:当我认为偷钱是错的,而这个想法又不关乎任何事物,那么我究竟是在想什么?

在道德语言其实并不关乎任何事物的条件下说明我们在用道德语言做什么,以及在道德思想其实并不关乎任何事物的条件下说明我们在探讨道德思想时到底在干什么,这两项任务是一枚硬币的两面。如果我们只是放弃了"道德问题关乎某些事物"这个预设,那么我们还是不能避开核心问题,除非我们同时也放弃了"道德思想关乎某些事物"这个预设。所以,这两项任务同根而生。然而,早期非认知主义理论只完成了这个总任务的一半。艾耶尔、史蒂文森和黑尔都对道德思想涉及什么这个问题有暗示性的解答,但是从他们的看法中很难直接读出这些解答是什么,因为他们的看法其实主要是关于道德语言的。与之相反,我们可以很明确地说,表达主义的看法既是关于道德语言的又是关于道德思想的——事实上,表达主义对道德语言和道德思想的阐释密不可分。一个表达主义理论对道德语句的意义给出的说明,恰恰是通过说明相应的道德思想之本质而实现的。因此,我们可以很自然地认为这一点是表达主义的一个重要优势。

现在让我们来了解表达主义的第二个主要优势。这个优势在于,考虑到非认知主义的理论动因至少部分是对解决动机问题(我们在第一章提到过)的渴望,而表达主义看起来在解决这点上最为干净利落从容不迫,我们可以认为表达主义在解决动机问题上也具有优势。毕竟,动机问题从我们对道德思想之本质的如下观察中来:如果你说服了你的朋友,让他相信他应当捐钱给 CARE,那么你就会希望他产生做这件事的动机;而当你令他相信"隐者居"有甜甜圈大的洋葱圈卖时,你不会希望类似的事情发生。这个观察关心的是当你的朋友**认为**(thinks)他应该捐钱给 CARE 时所发生的事情,而不是当他**说**(says)了什么话之时所发生的事情。所以它其实需要由一种关于道德思考的**说明**来予以解释。因为表达主义者直接给出了这样一种**说明**,而非认知主义的早期版本没能做到,所以我们说,表达主义在回应动机问题方面更直接从容。

回过头来说,我们无论如何夸大第一种优势的重要性都不过分。如果道德思想无关任何事物,那么它们到底是什么样的思考?而且,为什么它们工作的方式跟非道德的思想那么相像?每一种非认知主义理论到头来都需要回答这些问题,表达主义只是在这点上做得最好。在下一章中,我们就将详细了解在努力这样做的过程中,非认知主义者会遇到哪些新的困难。

本章概要

在这一章里,我们介绍了说话者主观主义理论,并发现它难逃两个难题——**模态**问题和**分歧**问题——的围剿。我们还探讨了**表达主义**这种非认知主义理论是如何避开这两个问题的,并得知它除此之外还有更多的优势——即,它能给出关于道德语言和道德思想的统一说明。

拓展阅读

我们应该结合 Stevenson(1937)和 Gibbard(1990)的第一章来学习本章内容。另一个合适的补充读物是 Gibbard(2003)的第 1 到 13 页。Schroeder(2008a)一般性地讨论了在表达主义者那里“表达”一词所具有的意义。若你想了解对说话者主观主义精细化了的当代变种,请阅 Dreier(1990)和 Finlay(2004)。

练　习

1 E 理解:索引词(indexicals)是指诸如“我”、“你”、“这里”和“现在”之类的语词,这些语词在不同的对话中指称不同的东西。说话者主观主义其实是这么一种观点:“错的”一词是某种索引词。请你挑选出下面句子中的索引词(一句话可能包含不止一个索引词):

(1) 我的狗把我的作业给吃了。
(2) 这是最后一根稻草。
(3) 你没有好好听我们讲话。
(4) 他很高。
(5) 今天是你余下生命中的第一天。
(6) 这个订书机是空的。

2 E 延伸:到底什么叫作“表达一种心理状态”? 设想马克斯是个小孩,他为了逃学留在家里而假装自己生病了。他呻吟叹息,但他既没有感到不舒服也没有处于疼痛之中。那么他的呻吟和叹息是否表达了疼痛? 抑或他只是在假装表达疼痛? 现在,设想马克斯撒了个结结实实的谎——他说:“我感到非常痛苦”。那么,他是在表达一种自己感到非常痛苦的信念吗？抑或他只是在假装表达一种自己感到非常痛苦的信念？在回答以上问题的时候，请先表明在你看来“表达”（express）一词直觉上的意义是什么，然后再给出你自己的判断。

3 M 延伸：有些人认为，直觉上，“表达”（expression）是一种因果关系（causal relation）（见练习第 2 题）。也就是说，你之所以能通过说出某个句子来表达某种心理状态，是因为在部分意义上，你的言说是由“你处于那种心理状态之中”这一事实引起的。例如，在一般情况下，人们之所以会说“草是绿的”，部分是因为他们相信草确实是绿的。现在，让我们考虑下面两个句子：

(1) 对人友好是错的。

(2) 如果对人友好是错的，那么对陌生人友好是错的。

对于可能说出这两个句子中任何一个的一般说话者而言，两个句子中都出现的“对人友好是错的”是否由同样的心理状态引起？根据表达主义的观点，使得“对人友好是错的”有其应有之义的，是它所表达的心理状态。那么，表达主义应不应该认为“表达”（expression）是一种因果关系？为什么？

4 M 延伸：本题考虑“未决问题论证”（the Open Question argument）。除了模态问题和分歧问题之外，令多数哲学家拒绝说话者主观主义的主要论证之一就是摩尔的“未决问题论证”（参考第一章的练习 3 -4 题）。然而实际上，在很多年的时间里，哲学家们对摩尔的“未决问题论证”和模态问题这两者之间的区别并没有清楚的认识——实际上，直到 1968 年，厄姆森在尝试解释摩尔的论证时，描述的却是模态问题！设想有人这样来论证说话者主观主义不可能为真：一方面，你有可能既意识到自己不赞同某事，又摸不准它是否是错的；而另一方面，你不可能既意识到自己不赞同某事，又摸不准自己是否不赞同它。那么,如果你想为说话者主观主义提供辩护,会如何回应这一反驳?

5 M 理解:关于“表达”(expression),艾耶尔写过这样的话:

> (……)因此我可能同时表达厌烦情绪和说出“我很烦”这个句子;这时,我说出的这几个字“我很烦”就是使得“我在表达或流露厌烦情绪”这一说法为真的条件之一。(1936,109)

那么,表达主义者是否应该同意艾耶尔这一观点——“我很烦”可能表达厌烦情绪?为什么?

6 D 新问题:我们在本章第三节提到的那个类比(“偷钱是错的”:不赞同偷钱::“草是绿的”:相信草是绿的)揭示了表达主义的根本观念。即,无论“草是绿的”这句话和“草是绿的”这个普通描述性信念之间的关系是什么,它都与“偷窃是错的”这句话和对偷窃的不赞同态度之间的关系相同;而这就足以解释为什么“偷窃是错的”有着它实际拥有的那种意义了。现在,让我们考虑一个理论,它认为“草是绿的”这句话和“草是绿的”这个普通描述性信念之间的关系在于两者有着同样的内容(content):即,给定“草是绿的”这句话的意义,该句成真所需的条件和“草是绿的”这个普通描述性信念能够表征(represents)事实所需的条件相同。试着把这一观点与表达主义结合起来。它们可以很好地契合吗?为什么?

7 D 限制:有些当代论者通过如下提议为分歧问题攻击之下的说话者主观主义提供了辩护:“偷钱是错的”这句话的意义并非与“我不赞同偷钱”的意义相同,而是更类似于“我们周围的人不赞同偷钱”这句话的意义。另有论者则称,“偷钱不是错的”的意义更类似于“当地人不赞同偷钱”这句话的意义。让我们把前者称为“**复数索引词**”(plural indexical)的观点,把后者称为“**灵活的**”(flexible)观点。为了检验这些调整会怎么改变围绕分歧问题的辩证论证,我们可以分别为“复数索引词”观点和“灵活的”观点构造与本章第二节的对话相似的对话。请观察、比较,并回答问题:新的对话和原来的对话相比,发生了怎样的改变?这些调整后的观点使得为分歧问题提供解释的任务变得简单了吗?它们是否还留下了任何待处理的问题?这两个观点孰优孰劣?

8 D 延伸:设想杰里米和依曼努尔之间发生了如下这场对话:

> 依曼努尔:“在所有条件下,说谎总是错的。”
>
> 杰里米:“你刚才说,在所有条件下,说谎总是错的。但是在所有条件下,说谎并不总是错的。所以你刚刚说的是假的。”

把依曼努尔和杰里米的对话翻译为说话者主观主义所理解的样子。翻译后的表达怎么才能讲得通呢?以上对话有没有荒唐的地方?如果有,是什么?

9 A 限制:一种相对晚近的想法认为,通过对说话者主观主义的改良,我们可以把它从模态问题的泥淖中挽救出来。改良之后,“偷钱是错的”的意义与“我**事实上**(actually)不赞同偷钱”的意义相同,而不是与“我不赞同偷钱”的意义相同。改良后的观点被称为“**严格事实化的说话者主观主义**”(actually rigidified speaker subjectivism),它之所以能避开模态问题,是因为如果你真的不赞同偷钱,那么下面这个句子就是**假的**:

> (1) 如果我并非不赞同偷钱,那么如下说法就是不可能的:我事实上不赞同偷钱。

上面这个句子之所以是假的,是因为按照哲学家们对“事实上”(actually)一词的一般解读,这个词总是指向现实世界(the actual world)——即便我们正在考虑的是在其他的可能情景中会发生什么。不过，"严格事实化的说话者主观主义"似乎还面临着它自己的问题。比较下面两句话：

(2)假如土星环中多了一粒岩屑，而其他事物都保持不变，那么我将仍然认为偷钱是错的。

(3)假如土星环中多了一粒岩屑，而其他事物都保持不变，那么我将仍然认为我事实上不赞同偷钱。

问题在于，依据"严格事实化的说话者主观主义"，句子(2)和(3)的意义相同。所以，既然(2)是真的，那么(3)也必须是真的。但现在我们就面临一个两难困境了：句子(3)中的"事实上"一词到底指向哪个世界？是指向真实的现实世界吗？还是土星环中多了一粒岩屑之后的世界？不管是哪一种选择，都会给我们带来困扰。请你来解释这些困扰是什么吧。

10 A 限制：根据正文中介绍的说话者主观主义，"偷钱是错的"和"我不赞同偷钱"的意义相同，所以该理论似乎是有关说话者的。而说话者主观主义还有一些当代的、更复杂精细的姐妹理论。不同于正文中说话者主观主义的是，这些姐妹理论认为"偷钱是错的"的意义和如下句子的意义相同："偷钱例示了'那个东西'（'那个东西'指的是我不赞同事物加以例示的那种属性）"。[①]（如果你不熟悉"那个东西"即"dthat"一词，请参考 Kaplan[1987]。）让我们把这一观点称为"新主观主义"，把原来的观点称为"传统主观主义"。试从对模态问题和分歧问题的应对出发，评估新主观主义和传统主观主义之间孰优孰劣。新主观主义是一种进步吗？如果是，那么是在哪些方面？如果不是，请给出你的理由。

---

① 本句原文是："stealing money instantiates dthat (the property I disapprove of things for instantiating)."——译者注

答题参考

9 提示:“事实上”一词指向现实世界。因此,假如事情变得不一样了——即便是像土星环中多了一粒岩屑一样微不足道——那就不是现实世界了。那么,为什么以下想法是奇怪的:认为偷钱是错的就是有某种关于现实世界的信念?

教 益

2 一些人倾向于认为马克斯并不是真的在表达疼痛,也不是真的在表达一种自己感到非常痛苦的信念,相反,他只是假装在表达这些。而如果这种想法是真的,那么这将给表达主义带来一个新的难题,因为当马克斯撒谎说他感到非常痛苦的时候,他的意思和他在不撒谎时这样说的意思是一样的。然而根据表达主义,马克斯所说句子的意义是由这句话所表达的心理状态给出的,所以如果他在不撒谎时表达了一个信念,而在撒谎时却没有表达那种信念,那么这个谎言的意思肯定就和他不撒谎时所说的话的意思不一样。正因此,记住如下这点就很重要:表达主义者使用“表达”一词的方式可能和你我使用该词的方式不一样。即使你我不会说马克斯在撒谎时表达了他感到非常痛苦这种信念,表达主义者却依然会说他确实表达了这种信念。

3 这道练习题例示了组合问题(the composition problem)。为使一个复杂句的意义由其组成部分的意义加以确定,它的组成部分就必须确实具有那种意义。因此,表达主义者需要注意他们给“表达”(express)一词赋予的是什么意义。

5 如果“我很烦”表达了一种厌烦情绪,那么以此类推,“我不赞同谋杀”就应当表达对谋杀的不赞同。但是根据表达主义的看法,

“谋杀是错的”也表达了对谋杀的不赞同，而且使得一个句子有其应有之义的是该句所表达的心理状态。那么，这一点会给表达主义带来什么问题？（提示：是什么假设导致了说话者主观主义所面临的问题？）

6 表达主义的根本观念在于，无论是什么解释了“草是绿的”之所以不会面临模态问题和分歧问题的原因，这一同样的理由也足以说明“谋杀是错的”这句话不会面临上述两问题。而这道练习题表明以上说法是假的——有些解释“草是绿的”之所以不会面临模态问题和分歧问题的理论不能为表达主义所用。欲了解进一步的讨论，见 Schroeder(2008a)。

参考文献

Ayer, A. J. (1936). *Language, Truth, and Logic*. New York: Dover.

Dreier, James (1990). “Internalism and Speaker Relativism.” Ethics 101(1):6 - 25.

Finlay, Stephen (2004). “The Conversational Practicality of Value Judgment.” *Journal of Ethics* 8: 205 - 223.

Gibbard, Allan (1990). *Wise Choices, Apt Feelings*. Cambridge, MA: Harvard University Press, chapter 1.

—— (2003). *Thinking How to Live*. Cambridge, MA: Harvard University Press.

Kaplan, David (1989). “Demonstratives.” In John Perry, Joseph Almog, and Howard Wettstein, eds., *Themes from Kaplan*. Oxford: Oxford University Press.

Schroeder, Mark (2008a). “Expression for Expressivists.” *Philosophy and Phenomenological Research* 76(1): 86 - 116.

Stevenson, C. L. (1937). "The Emotive Meaning of Ethical Terms." Reprinted in Stevenson (1963), *Facts and Values*. Westport, CT: Greenwood Press.

Urmson, J. O. (1968). The Emotive Theory of Ethics. New York: Oxford University Press.

5

道德思想

5.1 态度的多样性

在第四章末尾，我们了解到非认知主义者不仅需要对如下问题——“如果道德语词不关乎任何事物，那么它们有何种意义？”——给出特别的回答，还需要对另一个问题——“如果道德思想不关乎任何事物，那么它们是一种什么样的思考？”——给出特别的回答。现在，带着这第二个问题，我们将要进入本章的学习。我们的主要目标不仅在于理解道德思想是何种思考，还在于理解它们为何貌似在诸多方面都与非道德的思想极其相似。

关于这个问题，我们首先需要注意的是，存在着许多不同种类的道德思想。我们怀有关于是非对错的信念[①]，我们不想要那些给我们带来益处的行动酿成错误，我们希望自己没有做错，我们疑惑早期堕胎是不是错的，我们为论证之便假设有些事是错的，我们为自己是个好人而自豪，我们害怕自己辜负别人对我们的期望。所有

① 注意英文中的“信念”（belief）一词是“相信”（believe）一词的同根词。在下文中，作者因语法之故经常交替使用这两个词，但说的是同一个意思。读者可以把它们理解成同一个词在作名词和动词用时的两幅面孔。——译者注

这些——相信、想要、希望、疑惑、假设、自豪、害怕——都是某种态度(attitude),而除了这些之外还有很多很多种态度。而且,我们似乎既可以对道德内容又可以对非道德内容怀有这些态度。比如,我们还可以相信科罗拉多州是矩形的、想要去那里、希望那个州会投票支持共和党、疑惑要到那里去是坐飞机快还是开车快、为论证之便假设该州投票支持民主党、为我们比丹佛①机场更多地窥看过该州的容颜而自豪、害怕我们的飞机会在飞往该州的途中坠毁。这些都是非道德的思想,这些态度跟我们刚才在道德内容那里见过的态度一模一样。

如果我疑惑在下一届选举中科罗拉多州会不会投票支持共和党,你希望在下一届选举中科罗拉多州会投票支持共和党,那么就有这么一个对象,它是你所希望的,是我所疑惑的。同时,如果菲尔预见在下一届选举中科罗拉多州会投票支持共和党,霍华德害怕在下一届选举中科罗拉多州会投票支持共和党,那么这个对象还是菲尔所预见的,以及霍华德所害怕的。哲学家们给这些我们疑惑、希望、预见、害怕的对象起了个名字——命题(propositions)。根据命题理论,命题是态度的对象和真假的承担者。根据这种理论的观点,当你的信念是对一个真命题的信念时,它就是真的。类似地,如果你有一个愿望,而它的命题对象最后成了真的,那么你的愿望也就成真了。

命题告诉我们每一种态度所关乎的是什么。当你相信科罗拉多是矩形的,你就有一种关乎科罗拉多和“矩形”一词所界定的相似性的信念。类似地,当你希望在下一届选举中科罗拉多州会投票支持共和党,你的希望就是关乎科罗拉多、投票、下一届选举、共和党的。所以,非认知主义者要想让我们摆脱元伦理学中“核心问题”的

① 科罗拉多是美国西部一个多山的州。丹佛是科罗拉多最大的城市,也是科罗拉多的首府。——译者注

预设,就必须解释如下这点:如果道德信念、欲求、希望、疑虑等并非以道德命题为对象,那么这些道德信念、欲求、希望、疑虑究竟是什么? 毕竟,要说它们是以道德命题为对象的,必须首先承认它们是关乎某些道德方面的事物的。

因此,非认知主义者们不仅需要解释"相信某事物是好的或是错的"是怎么回事,还要解释"想要某事物成为好的或是错的"是怎么回事、"希望某事物是好的或是错的"是怎么回事,等等;总而言之,非认知主义者必须对每一种可能的态度做出相应的解释。这可是个非常繁重的任务,因为存在着许许多多的态度,而信念只是其中的一种。所以,我将把这个问题称作"多态度问题"(the Many Attitudes problem)。而事实是,直到现在,非认知主义者只对其中信念这一种态度有较多研究,对其他态度却没有太多可说的;所以,在本章中,我们将把注意力主要集中在信念上。而正如我们将要看到的,光这个就已经可以让我们忙得喘不过气了。

5.2　一个假定的问题

有些哲学家不无忧虑地认为,尝试对"'相信偷钱是错的'是怎么回事"这个问题给出一个非认知主义说明的计划,打一开始就注定会失败。他们的论证如下:

> 前提1　非认知主义依其定义是这么一种观点:当"P"是一个道德语句,就不存在对P的信念。相反,根据非认知主义,认为P意味着处在一种非信念的状态中,即一种类似欲望的态度(desire - like attitude)中。
>
> 前提2　"偷钱是错的"是个道德语句。
>
> 结论　非认知主义认为不存在"相信偷钱是错的"这种信念。

我们很容易就可以发现这个论证错在了哪里。它企图通过定义迫使非认知主义不能给出对"'相信偷钱是错的'是怎么回事"这个问题的说明。好在我们总可以轻易摆脱这种论证,因为它们对"非认知主义"的理解是望文生义的。有意思的哲学问题不会取决于我们如何定义诸如"非认知主义"这样的理论术语。相反,我们可以很容易一方面同意给出以上论证的哲学家用他的方式使用"非认知主义"这个术语,另一方面再为艾耶尔、史蒂文森、黑尔和表达主义者的观点起一个新的名字。谁也不可能通过定义就让艾耶尔等人的观点销声匿迹,也不可能通过定义迫使非认知主义不能给出对"'相信偷钱是错的'是怎么回事"这个问题的说明。

不过,很多非认知主义者确实也这样描述过他们的观点:"认为偷钱是错的"跟"相信偷钱是错的"不是一码事。当你开始更深入阅读关于非认知主义或表达主义的文献时,你会很快发现这一点。这些理论家中的一个可能会做出类似下面这种表述:

> 对于某个句子"P","某人认为P"可能以两种不同的方式成真。当"P"是个非道德语句时,一个人只有在相信P时才会认为P。这里的信念有一种将心灵匹配到世界的适配方向。而当"P"是个道德语句时,一个人只有在处于某种类似欲望的态度中(比如,一种不赞同的状态)时才会认为P。"不赞同"这种态度有一种将世界匹配到心灵的适配方向。

但是,这看起来只是描述非认知主义观点的一个选项而已。另一个理论家对非认知主义的描述就可能另取门径:

> 对于某个句子"P","某人相信P"可能以两种不同的方式成真。当"P"是个非道德语句时,一个人只有在他对命题P有某种态度时才会相信P,这种态度有一种将心灵匹配到世界的

> 适配方向,而这种信念可以被称为“普通描述性信念”。当“P”是个道德语句时,一个人只有在处于某种和上面不同的态度中时才会相信P,这里的态度有一种将世界匹配到心灵的适配方向,而这种信念可以被叫作“道德信念”。

我们上面谈论的第一个理论家认为,存在着两种“认为”——一种是“信念”,另一种不是。而第二个理论家认为,存在着两种“信念”——一种具有将心灵匹配到世界的适配方向,一种具有将世界匹配到心灵的适配方向。

这两种观点之间没有什么大的差别,它们实际上只是在用不同的词句说出一样的事情罢了。但是其中一种讲述方式显然更好。如果一个人以第一种方式讲话,那么他接下来就没法解释“相信偷钱是错的”是怎么回事了。他似乎已经把自己逼得只能说不存在“相信偷钱是错的”这种信念——他这种说法可能也算是一种说法,但是直觉上我们不会这样说;在日常语言里,我们当然允许存在“相信偷钱是错的”这种信念。我个人就相信偷钱是错的,而且我希望你们也会相信这点。所以,上述第二种讲述方式对于表述非认知主义的观点来说是个更好的选择。它更加尊重常识。

然而,使用同样的词“相信”(believe that)来说两种如此明显的不同的事情还是蛮怪的。如果我们确实是在以这种方式使用“相信”这个词,那么在有些时候,当我们说琼斯相信P,我们就是在将这么一种心灵状态归属给琼斯,该心灵状态具有将心灵匹配到世界的适配方向。然而在另一些时候,当我们说琼斯相信P,我们却是在将另一种心灵状态归属给琼斯,这种心灵状态具有将世界匹配到心灵的适配方向。这个现象也太奇怪了!正如我们在第二章所见,普通非道德语词可被用来界定世界中的事物的某些相似性。但是我们现在却明显在用“相信”这个词拣选出极不相似的东西。那么,任何想要使用这种讲述方式的非认知主义者就欠下了一笔有待解释的债:他不仅需要向我们说明“相信偷钱是错的”是怎么回事,还需要向我们说明“相信”这个词的意义,以解释为什么一个具有单一意义的语词可被用来谈论两种如此不同的事情。我将把这个问题称作“同词问题”(One Word problem)。

现存的大多非认知主义观点并没为如何解决“同词问题”做出过什么说明。有时,人们说他们将会以一种紧缩的方式(a deflationary way)使用“相信”一词——这在本质上意味着,他们会用“相信”一词来谈论非常不同的东西。但是,这样做本身并不能给出对“相信”一词意义的说明,也不能告诉我们怎么一来这个词就能被用以谈论如此不同的东西了。不过,我们可以做得更好。在本节的余下部分,我就将概述表达主义理论家如何能处理这个问题。然后,在后面的小节里,我们会回过头来讨论“相信偷钱是错的”是怎么回事这个问题。

我在前面已经讲过,一个表达主义的意义理论会通过告诉我们什么是相信 P 来告诉我们每个句子“P”的意义。(我在这里把“相信”和“认为”两词不加分别地互换使用。)这样,每个句子都与某种心理状态相关联——我们可以说,这种心理状态就是该句所表达的心理状态。那么,现在让我们考虑如下原则:

> “相信”:对于任意句子,“P”,以及任意人,“S”,“S 相信 P”只有在如下条件下才是真的——“S”处在由句子“P”所表达的心理状态中。

这个原则对“相信”可能具有的意义做出了一个统一说明,而且从该原则可以推出,我们可以用像“S 相信 P”这样的句子来谈论非常不同的事情。因为,如果我们假设“科罗拉多是矩形的”表达了某种将心灵匹配到世界的心理状态,那么从该原则就能推出,“马克斯相信科罗拉多是矩形的”这个句子只有在马克斯处于某种将心灵匹配到世界的心理状态中时才是真的。类似地,如果我们假设“偷钱是错的”表达了一种对偷钱行为的不赞同状态,该状态具有将世界匹配到心灵的适配方向,那么从上述原则就能推出,“马克斯相信偷钱是错的”这个句子只有在马克斯处于不赞同偷钱这种将世界匹配到心灵的状态中时才是真的。

然而,这个原则并非完美无瑕。后面有道练习题就会让你思考它的缺陷。但是这正是表达主义者想要的那种东西:它对“相信”的意义给出了一个简单的说明,而且能解释我们怎么能用这一词语谈论如此不同的事情;而任何一个想说道德信念存在的非认知主义者当然得认为我们能够做到这一点。但是,这个原则并不是关于“相信”意义的表达主义说明,因为它是通过说明包含“相信”一词的语句要成真所需要的条件来解释“相信”一词的意义的。不过我们要想让它为表达主义所用也不难。让我们把非道德语句所表达的将心灵匹配到世界的态度称为普通描述性信念(ordinary descriptive belief)。在这个约定下,我们就可以将这个原则重构成一个关于“相信”意义的表达主义说明了:

> 表达主义的“相信”:对于任意句子,“P”,以及任意人,“S”,“S 相信 P”表达了以“S”处于“P”所表达的那种心理状态之中这个命题为对象的普通描述性信念。

这个说明是一种表达主义的说明,因为它通过告诉我们什么是对“S 相信 P”的信念来告诉我们“S 相信 P”这个句子的意义是什么。

到现在为止,我们已经有了如下收获:我们已经对本节开头那个假定的问题做出了回应。即,我们展示了“相信”一词如何能有这么一种意义,使得我们既能谈论将心灵匹配到世界的普通描述性信念,又能谈论诸如不赞同这种将世界匹配到心灵的状态;而如果“相信”一词的确具有这么一种意义，那么认为存在着两种极为不同的信念——即，道德信念和普通描述性信念在种类上极为不同——的观点就并非从一开始就注定会失败了。对“相信”一词意义的如上说明也是对“同词问题”的一个回应，虽然它只限于相信这一种态度。然而，我们还有一些问题有待处理：“相信偷钱是错的”到底是怎么回事，以及为什么这种信念貌似在很多方面都和普通描述性信念那么相似。

5.3 分歧

困扰着我们的，不仅在于我们在做两种不同事情时使用的是同一个词“信念”——我们既会说“科罗拉多是矩形的这种信念”，又会说“偷钱是错的这种信念”；问题还在于，以上两种心灵状态在很多重要方面也彼此相像。一个重要的例子是，如果你相信科罗拉多是矩形的，而我相信科罗拉多不是矩形的，那么我们互相之间就产生了分歧；这种分歧是关于科罗拉多的形状的。类似地，如果你相信偷钱是错的，而我相信偷钱不是错的，那么我们互相之间也产生了分歧；这种分歧是关于偷钱的道德状况（moral status）的。一般而言，若“P”是某个句子，且有一人相信 P，而另一人相信并非 P，那么这两人就互相分歧。而且，无论“P”是个道德句子还是个非道德句子，以上说法总是为真。我们可以把这点叫作信念的人际分歧属性（the interpersonal disagreement property of belief）。

但是，如果相信科罗拉多是矩形的和相信偷钱是错的是非常不同的心理状态——因为前者具有将心灵匹配到世界的适配方向，而后者具有将世界匹配到心灵的适配方向——那么信念的人际分歧属性看起来就是个惊人的巧合了。因为，当我们说对于任何句子“P”，相信 P 的人和相信并非 P 的人互相分歧，我们实际上是在说两种事情——一种是关于普通描述性信念的，另一种是关于道德信念的。而既然普通描述性信念和道德信念终究不是一种东西，那么如果结果竟然是它们都具有人际分歧属性，就看起来像是个巧合了。毕竟，许多其他种类的心理状态并不具有这种属性。比如，如果有个人疑惑科罗拉多是矩形的，而另一个人疑惑科罗拉多是不是矩形的，他们两人并不因此互相分歧。又如，如果有个人害怕怪兽要来了，而另一个人害怕怪兽不会来，他们两人也并不因此互相分歧。所以，如果普通描述性信念和道德信念都具有这种属性，我们就需要对这一点加以解释。

有一个简单的论证旨在断言非认知主义者不能给出关于道德信念之本质的圆满说明。我们先来看看这个论证是什么样子：

P1 根据非认知主义，相信偷钱是错的就是处于某种类似欲望的态度中，即，处于某种将世界匹配到心灵的心灵状态中。

P2 根据非认知主义，相信偷钱不是错的就是处于某种类似欲望的态度中，即，处于某种将世界匹配到心灵的心灵状态中。

P3 人们不可能仅因有着不同的类欲望的态度而彼此分歧，即，人们不可能仅因有着不同的将世界匹配到心灵的心灵状态而互相分歧。

C 所以，从非认知主义可以推出，相信偷钱是错的的人不必然和相信偷钱不是错的的人互相分歧。

史蒂文森在二十世纪三十年代就知道了这个反驳。但他争辩说，前提 P3 是假的。和前提 P3 相反，他认为人们有时的确会因为有着不同的类欲望态度而互相分歧。比如，当我们计划(plan)一起度过今晚时，你的意图(intention)可能是一起去听交响乐，而我的意图可能是一起去看电影。如果上述便是我们各自的意图，那么我们之间似乎的确存在分歧：我们在今晚要做什么这点上互相分歧。所以，如果意图是一种类似欲望的、将世界匹配到心灵的态度，那么我们就得到了一个前提 P3 的反例。

艾伦·吉伯德又把史蒂文森的推理向前推进了一步。如果道德信念是一种类似欲望的态度——正如非认知主义者所声称的那样——而且如果信念具有人际分歧属性——正如它明显所是的那样——那么为了理解道德信念的本质，我们就应该想想对于具有人际分歧属性的类欲望态度来说，其最好的例子是什么，并首先对这个例子做一番考察。道德信念肯定和这种态度更加相似，而与缺乏人际分歧属性的类欲望态度更少相似。到目前为止，我们所知道的是，意图——上例中我们关于今晚要做什么的计划——貌似就是个可能具有人际分歧属性的类欲望态度，而且是这类态度中的一个好例子。Gibbard（2003）就在这一想法上做了很多工作。正如 Hare（1952）论证说我们需要一种非真值条件的意义理论来说明祈使句的意义，吉伯德则论证说我们需要理解人们如何可能因怀有不同的类欲望态度而互相分歧，因为我们已经在意图一例中看到这是个实情，却还缺乏对它的理解。与此类似，正如黑尔提议说任何一种有用的对意义的说明都必须适用于祈使句，吉伯德提议说任何一种有用的对分歧的说明也都必须适用于普通意图。按照吉伯德的说法，意图（intentions）是计划性的状态（planning states），而道德信念就是计划的一种。吉伯德还认为，这点正是道德信念之所以具有人际分歧属性的原因。

但这并不意味着吉伯德能够解释为什么普通描述性信念和道德信念会共享这一特征——即，为什么它们都具有人际分歧属性。这是因为，实际上他并没有接着解释为什么当人们有着互相冲突的计划时就会互相分歧。不过这却意味着他能像黑尔一样给出一种为乐观态度提供凭据的论证。吉伯德论证说，我们应该对这一点保持乐观：我们将能够解释为什么道德信念具有人际分歧属性，只要我们基于计划或意图建立起了一个关于道德信念的模型。而我们之所以应该如此乐观,是因为人们确实在有些时候因有着互相冲突的计划而彼此分歧。在下一节中,我们将会更细致地考虑吉伯德的论证能让我们对上述说法有多乐观,类似地,我们还将更细致地讨论史蒂文森对前提 P3 提出的反例是否能说服我们。但现在,让我们首先对普通描述性信念和道德信念表现出惊人相似的第二个方面做一番了解。

如果你相信科罗拉多是矩形的,但同时还相信科罗拉多不是矩形的,那么你就是自我不一致的(inconsistent)。正如当一个人相信科罗拉多是矩形的而另一个人相信科罗拉多不是矩形的时,这两个人就互相分歧一样,当你同时相信上述两点时,你也和你自己互相分歧。这是发生在你自己的诸信念中的一种特殊的理性冲突。这种特殊的理性冲突不会在如下情形中发生:比如,当你既疑惑科罗拉多是矩形又疑惑科罗拉多不是矩形时,或当你既为论证之便而假设科罗拉多是矩形又为论证之便而假设科罗拉多不是矩形时。所以,信念具有如下属性——对于任何句子"P",相信 P 和相信非 P 以上述方式互相冲突——这个事实,是信念的一种独特属性。为了和人际分歧属性(the interpersonal disagreement property)相对照,我们可以称它为人内分歧属性(the intrapersonal disagreement property)。

而又一次地,我们看到道德信念和普通描述性信念都具有这种属性,这又是个惊人的事实。如果你既相信偷钱是错的又相信偷钱不是错的,那么你的道德信念就会冲突得让人难以容忍。而如果道德信念和普通非描述性信念是不同类的两种态度,那么如上事实就需要一个解释。因为,正如我们在上一段中看到的那样,许多态度并不具有人内分歧属性。比如,疑惑和假设就不具有该属性。所以,如果道德信念和普通非道德信念都具有人内分歧属性,而它们从根本上说来是颇不同类的态度,那么这看起来就像是个巧合。所以自然地,一个恰当的关于道德信念之本质的非认知主义说明将必须对这一点加以解释。

除此之外,一些哲学家还曾论证说不存在具有人内分歧属性的类欲望态度,因此如果非认知主义者认为道德信念是一种类欲望的态度,那么他们就只能否认道德信念具有人内分歧属性这一明显的事实。然而,艾伦·吉伯德又一次论证说,计划或意图就是极好的反例,它们就是具有人内分歧属性的类欲望态度。比如,如果你意图在今晚的交响乐会上和我见面,并同时计划在今晚的交响乐会上不和我见面,那么你的计划就以一种极糟糕的方式互相冲突了——正如一般而言,同时相信科罗拉多是矩形的和相信科罗拉多不是矩形的是不合理的一样,一般而言,同时怀有这些计划也在差不多同种意义上是不合理的。

事实上,吉伯德相信人际分歧属性和人内分歧属性密不可分。他相信,在产生人际分歧之际互相冲突的心理状态和在产生人内分歧之际互相冲突的心理状态其实是一样的:如果一个人有着某种心理状态而另一个人有着另一种心理状态,那么这两个人就互相分歧,在此意义上,我们可以说这两种心理状态在人际的意义上互相分歧;而如果你同时有着两种不同的心理状态,那么你便处在自身那种特殊的理性冲突之中,在此意义上,我们可以说这两种心理状态在人内的意义上互相分歧。本章后面有道练习题就请你探究吉伯德在这点上说的是否恰当。

5.4 来自 CAIR 的挑战

到目前为止,我们已经注意到道德信念和普通描述性信念之间的两处相似了——而如果我们相信非认知主义的断言,即相信道德信念和普通描述性信念其实是两种从根本上讲不同种类的心理状态,那么这两处相似就会显得令人吃惊。史蒂文森和吉伯德建议我们从意图或计划入手加以研究,因为它们作为一种类欲望态度,也具有人际分歧属性和人内分歧属性,对解决我们的问题来说是很好的例子。他们两人还提议说,为了解释为什么道德信念具有这些特性,我们所需完成的全部任务就是发展出这么一种理论以说明道德信念与意图或计划在很大程度上是相像的。

但这种策略面临着一个重要的阻碍。这个阻碍在于,有些哲学家已经论证过,意图根本就不仅仅是一种将世界匹配到心灵的类欲望态度。相反,这些哲学家声称,之所以会发生我们上面设想过的那种冲突——即当你一方面意图在今晚交响音乐会上和我见面,另一方面又意图在今晚交响音乐会上不和我见面,这两种意图就会以一种特殊的方式互相冲突——就是因为为了意图某件事,你还必须有一种"这件事将会发生"的普通描述性信念。毕竟,(这些哲学家说,)如果只是因为你想要(want)一起去听交响乐而我想要一起去看电影,那么我们两人之间不会必然产生分歧;只有在我们意图做(intend)互相冲突的事情时,我们才会互相分歧。

所以,根据这种理论,当你意图在今晚的交响音乐会上和我见面,你就必须有这么一种普通描述性信念——你将会在今晚的交响音乐会上和我见面;类似地,当你意图在今晚的交响音乐会上不和我见面,你就必须有另外一种普通描述性信念——你将会在今晚的交响音乐会上不和我见面。而如果这样的话,你在有着不同意图时所经历的那种冲突就成了普通描述性信念内部的冲突了。这种理论就是这样解释意图之间的冲突的,它被称作"关于工具理性的认知主义"(Cognitivism about Instrumental Reason),我在下文中将把它简写为 CAIR。(注意不要因"认知主义"一词而分心,此名中的"认知主义"和"非认知主义"中包含的四个字"认知主义"意义不同。哲学家们要是不寻思钻字老雕虫,老旧术语反复用,那也就不算哲学家啦。)

我们说过,史蒂文森和吉伯德认为,分歧确实可以在某些态度中存在——尤其是,在某些不包含信念的、将世界匹配到心灵的心理状态之间可以存在分歧。而 CAIR 将是他们所持观点的一个绊脚石。如果 CAIR 是对的,那么史蒂文森和吉伯德就并没有真正给出一个为乐观态度提供凭据的靠谱论证——即,我们无法据此乐观地相信,非认知主义者将能提供对道德信念之本质的一种说明,以解释为什么道德信念具有人际分歧属性和人内分歧属性。因此,我们有必要首先评估 CAIR 正确与否。

CAIR 所做的主要假设是“强信念论题”(strong belief thesis):

> 强信念论题 必然地,如果 X 意图做 A,那么 X 相信他会做 A。

所以,评估 CAIR 的一种方式就是尝试直接评估强信念论题。然而不幸的是,关于这个论题的直观证据混杂不一。出于对强信念论题的支持,我们可以认为,如果有一个人在投镖时试图正中靶心,同时却明知自己缺乏手眼协调能力,那么说他意图命中靶心似乎是反直觉的。这种直觉似乎支持如下观点:尝试做某事并不能充分地构成做某事的意图——因此,如果说你是在意图做这件事,你还必须相信自己将会成功。

但也有一些直观证据反对强信念论题。Michael Bratman (1987)就曾介绍过一个例子,显示了一个人即便在不相信自己能够做到某事的情况下也可以意图做这件事,而且这一点合乎我们的直觉。该例子是这样的:迈克尔形成了一个要在他回家的路上去趟书店的意图,虽然他很清楚自己一旦离开工作就会倾向于进入机械无意识状态,而且极为可能的是,只要这种状态真的发生了,他就会一路走回家,而不会在途中停下去逛书店。布莱特曼断言,迈克尔是意图逛书店的,即使他并不相信自己将会这样做。就这样,布莱特曼声称这是针对强信念论题的反例。

然而不幸的是,我们很难知道 CAIR 和布莱特曼究竟孰是孰非。有些人认为,迈克尔显然确实意图在回家途中逛一趟书店,而另一些人则认为迈克尔显然并没有真的意图在途中停下去逛书店——迈克尔只是试着这么做,如果他没有进入机械无意识状态的话。鉴于关乎此事的直觉互相冲突,依靠直觉来解决这个问题看起来就不太像是个有希望的路子了——从直觉的视角看来,这个问题好像变成了“我们如何选择‘意图’一词的用法”这么个问题。所以,我们所需的是另寻他途,以弄清楚强信念论题是否正确。

一个更有希望的评估 CAIR 的策略将不再纠缠于我们如何使用“意图”一词。让我们为论证之便把强信念论题视为真的。即使我们做出这样的假设,布莱特曼书店一例中的迈克尔仍有着一种与意图非常相似的心灵状态——这两者之间的不同仅在于,这种心灵状态不包含他将会实施“逛书店”这个行动的信念。我们可以把这种心灵状态叫作“准意图”(quasi - intentions),因为我们毕竟已经为论证之便假设过它们不是真正的意图了。回想我们不久前讲过的——根据 CAIR,去做不一致的事情的两种意图之所以互相冲突,是因为这些意图包含信念,而这些信念互相冲突了。这样看来,CAIR 似乎是在做出这么一个预测:既然准意图不包含信念,那么去做不一致的事情的两种准意图就不会互相冲突。

下面我们就来验证这个观点。假设迈克尔“准意图”在回家途中停下来逛书店,那么尽管他知道自己倾向于进入机械无意识状态,他也在与形成一种意图非常相似的意义上决定了要在回家途中停下去逛书店,只不过他并不十分确信自己会将之付诸实施。然后,再假设他一边怀着如上准意图,一边又形成了一种不在回家途中停下逛书店的准意图。他承认这可能也是无法实现的,因为他毕竟已经有了“要停下逛书店”这个准意图;不过这不妨碍我们的论证,因为这只是个准意图,并不要求他相信自己会成功实施这个行动。我相信,你会和我一样认为,这种假设的情形显然是不可思议的。停下逛书店这个准意图和不停下逛书店这个准意图之间的冲突看起来并非依赖于迈克尔对这两者的成功实现有多大的信心。同样的道理也适用于飞镖的例子：无论琳达对自己的飞镖功夫多么有信心，如果她既试着击中靶心又试着不击中靶心，那么她就在经历一种极大的冲突。

这些例子似乎告诉我们，去做不一致的事情的意图之间所存在的冲突，并不取决于意图是否包含信念。毕竟，甚至在不包含信念的准意图之间也会发生这样的冲突。而这意味着，CAIR 的观点——意图之间的冲突应该通过它们所包含的信念之间的冲突来解释——是不被看好的。这同时还意味着，史蒂文森和吉伯德似乎在如下这点上是正确的：我们能够找到全然发生在将世界匹配到心灵的心理状态之间的人际分歧和人内分歧的例子。

对非认知主义者来说，这是个重大胜利，虽然这只是个防守战。如果有某些将世界匹配到心灵的态度能够证明它们具有人际分歧属性和人内分歧属性，那么我们便可以对下面这点怀有初步的乐观态度：非认知主义者将能解释为什么道德信念和普通描述性信念一样，都具有人际分歧属性和人内分歧属性。为了做到这一点，他们必须为每个道德语句及其否定句指派一对互相分歧的态度——它们应像在交响音乐会上和我见面的意图与在交响音乐会上不和我见面的意图这一对态度一样互相分歧。

所以，举例来说，如果我们假设不赞同和意图一样也是一种类欲望的态度，而且它具有如下属性——只要两个不赞同状态是对不一致事物的不赞同，这两个不赞同状态就是互相分歧的，那么，我们就可以推出，对偷钱的不赞同和对不偷钱的不赞同将互相分歧，因为偷钱和不偷钱是不一致的。故，如果相信偷钱是错的就是对偷钱的不赞同，而相信偷钱不是错的就是对不偷钱的不赞同[①]，那么这两

① 细心的读者可能会立即发现这里的表述并不恰当，不过，这不是笔误，作者在下文中还会回到这具问题。——译者注

个信念就的确互相分歧,即使它们和普通描述性信念分属不同种类。

我们将会在第七章看到,上面这段话所包含的想法存在一个重大问题。但就目前来说,这段话至少可以向我们展示关于道德思想的非认知主义理论如何能够解释下面这点:道德信念何以会和普通描述性信念共享一些相同的属性,即使它们来自适配方向之二分法中的对立阵营。

5.5 其他挑战

人际分歧属性和人内分歧属性只是道德信念和非道德信念所共享的许多有趣属性中的两个。比如,信念这种态度还有着某种现象属性(phenomenology)。粗浅地讲,这种现象属性是说,相信某事物是种特定的感觉,这种感觉不同于假设某事物的感觉,也不同于想要某事物成真的感觉。有时,哲学家会更谨慎地表述这一点,他们会说,"怀有一个信念"是有某种特定样子的(there is something it is like to have a belief)。除了现象属性,信念还以某种可预测的方式与欲望因果地相互作用。如果你有到海滩去的欲望,并且相信海滩在你左边,那么你就会有向左边走的动机。类似地,如果你有做点错事的欲望,并且相信偷钱是错的,那么你就会有去偷钱的动机。哲学家们把这一点称为信念的功能性角色(functional role)。除此之外,信念还有在信心(confidence)水平上的差异。我们对自己的某些信念怀有比其他信念更多的信心——比如,在科罗拉多是矩形的和科罗拉多会在下一届选举中投票支持共和党这两个信念之间,我对前者会有更多信心。类似地,在偷钱是错的和早期堕胎不是错的这两个信念之间,我也会对前者抱以更大的信心。这么看来,在信心水平上的差异是道德信念与普通描述性信念之间共享属性的又一个方面。

既然道德信念与普通描述性信念在所有这些方面都如此相似，一个对道德信念的非认知主义说明就必须从以上各个方面解释这何以可能。在上两节里，我们了解了史蒂文森和吉伯德为乐观态度寻求凭据的论证，他们声称，非认知主义者将能够就道德信念的人际分歧属性和人内分歧属性给出说明；如果这个论证是有效的，那么对非认知主义者来说，相应的下一个步骤就是对道德信念的现象属性、功能性角色、在信心水平上的差异这些方面做出相似的论证。然后，一旦我们论证了我们对非认知主义的乐观态度在所有这些方面都有凭有据，接下来要做的就是提供一个道德信念是什么的说明，以预测和解释为什么道德信念具有所有这些属性。

这显然是个困难重重的计划。不过，它的困难之处部分地源于如下事实：我们还不大理解为什么普通描述性信念具有所有这些属性。既然我们连这点还尚未充分理解，那么要弄清楚适配方向与之相反的另一种态度——即，道德信念——为何会具有所有这些属性，就愈发难上加难了。因此，在此意义上，期待非认知主义理论比它们的竞争性理论做得更多就是不公平的。（根据它们的竞争性理论——认知主义，信念只有一种，而不是分为道德信念和普通描述性信念这两种。）

然而，认为"相信"一词所拣选出的态度从根本上说来只有一种的假说显然在解释力上比非认知主义理论更富优势。根据非认知主义观点，存在着两种不同的态度，但它们同时却又共享诸多特性：

道德信念	**普通描述性信念**
人际分歧	人际分歧
人内分歧	人内分歧
现象属性	现象属性
功能性角色	功能性角色
信心水平上的差异	信心水平上的差异

与此相反,认知主义观点认为,具有所有这些特性的只有一种态度。这就意味着非认知主义观点所需解释的要比认知主义观点多得多。它不仅需要对道德信念的本质给出一种说明,还需要解释道德信念和普通描述性信念所具有的属性之间的巨大巧合。毕竟,根据非认知主义,这实际上仅是个巧合,因为虽然我们在两种态度那里都会使用"相信"一词,但这两种态度实际上归根结底是不同种类的态度。而按照认知主义的观点,根本就不存在什么巧合,因为实际上有且仅有一种态度。我们可以把这个问题称作"多重种类问题"(the Multiple Kinds problem),因为它根植于这个事实:非认知主义假定了多重种类的信念,因此就必须解释为什么这些不同种类的信念具有如此多的共同之处。

而且,即使一个非认知主义者已经解释了所有以上事实,他在心灵哲学方面的工作还并未完成。实话说,还远着呢!我们早在本章之初就看到,信念只是众多态度中的一种。除了信念,态度还包括欲望、疑惑、希望、预期、恐惧……凡此种种。所以除了在道德信念和普通描述性信念之间做出区分外,非认知主义者还必须在道德欲望和普通描述性欲望之间、道德疑惑与普通描述性疑惑之间、道德希望与普通描述性希望之间……做出区分。对于所有这些态度,非认知主义者都会说它们其实可分成两种不同的种类。所以,对于所有这些态度,非认知主义者都必须解释我们如何能用同一个词语来谈论两种不同的事情。同时,对于所有这些态度,他们还必须告诉我们道德态度是什么,并解释为什么尽管它和相对的普通描述性态度不同,却还在如此多方面与后者相似。

这还没完。更大的困难还在后头。正如我们将在第七章看到的那样,直到最近,最有希望解决弗雷格-吉奇问题的表达主义策略不止假定了两种不同种类的信念——道德信念和普通描述性信念——它假定了无穷多(infinitely many)不同种类的信念,来与诸如英语这样的自然语言中语句结构的无穷多可能性相对应。像上面这样的观点面临着“多重种类问题”的一个尤为尖锐的版本。它们需要解释的不只是如何可能存在两种碰巧具有如此多相同属性的态度，而是如何可能存在无穷多不同种类的态度，且它们碰巧都具有如此多相同的属性。第七章的一道练习题还将请你展示，同样的推理将如何引致这么一个结论：不仅存在着无穷多不同种类的信念，而且还存在着无穷多不同种类的欲望、无穷多不同种类的预期……

让我们简要总结一下：在本章我们一方面看到了非认知主义的有限进展，另一方面也看到了对它抱以极度悲观态度的根据。一方面，我们看到非认知主义者不一定要坚决否认存在道德信念；我们还看到表达主义者可能会怎样回应“同词问题”，并解释我们如何能够使用同一个词“相信”来谈论两种全然不同的态度，即使“相信”这个词语并非多义词。同时，我们还看到，和 CAIR 相反，史蒂文森和吉伯德基于充分的理由相信他们可以对如下计划保持乐观态度：他们将能够对道德信念的人际分歧属性和人内分歧属性做出解释。但另一方面，我们也看到，人际分歧属性和人内分歧属性只是道德信念所具有的众多属性中的两种，而所有其他属性也有待非认知主义者做出解释；所有这些属性在道德信念和普通描述性信念之间的大面积重合使得非认知主义不得不直面“多重种类问题”的挑战。不仅如此，我们还看到非认知主义者必须在信念之外的所有其他态度方面也做出相似的工作，这即是“多态度问题”。总而言之，道德信念与普通非描述信念具有这么多相似的属性，这个巧合亟须非认知主义者给出解释；而考虑到信念之外的那么多其他态度，非认知主义者的担子就更重了；在这些问题的逼问下，非认知主义的假说在心灵哲学方面显得繁琐至极。

本章概要

在这一章里，我们了解了非认知主义关于道德思考的说明所面临的三种主要问题。第一种问题是“多态度问题”(the Many Attitudes problem),即,非认知主义者不仅需要说明道德信念的本质,还需要说明许多其他道德态度的本质。第二种问题是“同词问题”(One Word problem),即,尽管非认知主义者认为道德信念和普通描述性信念在种类上极为不同,但我们仍然能够用同一个词“相信”来指谓这两者。第三种问题是“多重种类问题”(the Multiple Kinds problem),即,虽然非认知主义者认为道德信念和普通描述性信念是不同种类的信念,但这两种信念却有着很多相同属性——比如都具有人际分歧属性和人内分歧属性——所以,非认知主义必须对这两种信念共享的属性做出解释,并同时说明为什么会发生这种巧合。

拓展阅读

我们最好结合关于“意图的不一致”(inconsistency on intention)这一话题的补充材料来阅读这一章。我推荐刚入门的读者参考Harman(1976)或Davis(1984),而更有哲学功底的读者则可阅读Bratman(2009)、Setiya(2007)和Ross(2008)。另外,Stevenson(1937)讨论了态度分歧问题,Horgan and Timmons(2006)则是表达主义的拥护者针对解释道德信念之本质这项任务所做的最全面的讨论。

练　习

1 E 理解:请你列举二十种正文中未提及的态度,来例示“多态度问题”的规模之大。

2 E 理解:试着列出三种正文中未出现的具有人内分歧属性的态度,以及三种正文中未出现的不具有人内分歧属性的态度,以此增进对人内分歧属性的理解。

3 E 延伸:对于一个希望明天下雨的人,你预计他会做出何种行为?你对他的行为所做的是哪种推理?另外,对于一个疑惑明天会不会下雨的人,你对他的行为又有什么预期?对于一个害怕明天会下雨的人呢?请分别列出"希望"、"疑惑"、"害怕"这些态度的三种重要属性,以表明"多重种类问题"在非信念态度那里同样存在。亦即,请表明你对那些希望、疑惑、害怕道德事物的人所分别抱有的预期和你对希望、疑惑、害怕非道德事物的人所分别抱有的预期相同。

4 M 延伸:从正文中我们可以看到,吉伯德认为人际分歧和人内分歧密不可分。然而,存在如下这个假定的反例:我意图去电影院看电影,而你意图不去电影院看电影。这时,假如我意图了你所意图的东西——即不去电影院看电影——那么我就会陷入人内分歧之中。对我来说,既意图去看电影又意图不去看电影是非理性的。但是当我意图去看电影而你意图不去看电影时,我们似乎并不会对任何事物产生分歧。因此,这个例子似乎表明,有时候可以只有人内分歧属性而没有人际分歧属性。也就是说,存在着两种心理状态,M 和 N,使得一个人只要同时处于这两种心理状态之中就会遭受人内分歧;但是一个处于其中一种心理状态之中的人并不必然与处于另一种心理状态之中的另一个人发生人际分歧。(注意,史蒂文森在挑选例子时很谨慎,故而他的例子可以避开这个潜在的问题;因为他的例子所关心的那种意图是有关我们将要一起做的事情的。)但是,请思考,反过来是不是也存在问题?发生人际分歧能够确保必然发生人内分歧吗?如果不能,为什么?如果你认为能,那么请说明你的推理过程。

5 M 延伸(接第 4 题):练习 4 中的反例假设,如果你意图不去看电影、我也意图不去看电影,那么我们所意图的就是同样的事情。但这实际上尚存争议。很多哲学家相信,当你意图不去看电影时,你所意图的是你不去看电影,而当我意图不去看电影时,我所意图的是我不去看电影,而这是两件不同的事情——一个是关于你的,一个是关于我的。这种观点概括来说就是,意图是需要命题对象的。根据这种观点,如果我们举"我既意图去看电影又意图不去看电影"为人内分歧的一个例子,那么与其对称的人际分歧的例子就是"我意图去看电影,而你却意图我不去看电影"。而如果我意图去看电影而你意图我不去看电影,那么我们之间貌似就确实产生了某种分歧。而这将支持吉伯德的论题:人际分歧和人内分歧确实密不可分。现在,请你讨论意图别人做某事是否可能,以此来评估"意图需要命题对象"这个观点。

6 M 限制:有些人相信,同时既相信 P 又相信 ~P 不只是非理性的,还是不可能的。你怎么看?即使它是不可能的,它之所以不可能的原因也可能仅在于它是如此明显地非理性的。关于人内分歧的一个更普遍的论题则主张,如果一个人相信不可能全部为真的两样或多样事情,那么他就会遭受人内分歧。举例来说,如果你相信每个威斯康星人口音都很好笑,而且相信我来自威斯康星,但同时还相信我的口音并不好笑,那么你就在遭受人内分歧。试评估意图在这方面是不是与上例相似——首先,考虑同时既意图做某事又不意图做该事是否可能;然后,考虑同时意图你不可能全部做到的两样或多样事情是否是非理性的(但却是可能的)。在人内分歧这个问题上,意图是否与信念相似?

7 M 延伸:接受 CAIR 的哲学家们有时会得出如下观察结论:在普通描述性信念所满足的规范(norms)和意图所满足的规范之间有三个明显的平行之处。一是意图所满足的"不一致性"(inconsistency)规范和信念所满足的"不一致性"规范之间的平行——意图不一致的事情意味着陷入人内分歧,相信不一致的事情也意味着陷入人内分歧,而且两者背后的原理相同。二是意图所满足的"途径-目的融贯性"(means-end coherence)规范和信念满足的"演绎封闭性"(deductive closure)规范之间的平行。其中,意图所满足的"途径－目的融贯性”规范是指，如果你意图 P，且你相信 Q 是达到 P 的必然途径，那么你就必然会（committed to）意图 Q；而信念所满足的“演绎封闭性”规范指的是，如果你相信 P，且相信如果 P 那么 Q，那么你就必然会相信 Q。这种相似性可以用如下方式表现出来（把“P→Q”看成“如果 P，那么 Q”的缩写形式）：

INTEND（P）	BELIEVE（P）
BELIEVE（P→Q）	BELIEVE（P→Q）
INTEND（Q）	BELIEVE（Q）

注意到信念与意图之间这种显著平行的哲学家们有时会以此为证据，主张这两者应当被给予共同的解释；他们还会更进一步主张，上表中左侧的“途径－目的融贯性”规范可以用右侧信念的“演绎封闭性”规范来解释。而这到头来又是对 CAIR 观点的支持：别忘了，CAIR 认为，意图之间的分歧可以用普通描述性信念之间的分歧来解释。不过，我在上表中表现“途径－目的融贯性”和“演绎封闭性”之间相似之处的方式有些误导性的地方。你能找出它来吗？为什么这不是无关紧要的？

8 M 延伸（接第 7 题）：有时候，人们还会在普通描述性信念满足的规范和意图满足的规范之间找到第三个平行之处。这最后一个平行之处存在于它们各自的“合并”（conglomeration）规范之间。信念所满足的“合并”规范是指，如果你相信 P，且你相信 Q，那么你就必然会相信“P 且 Q”——也就是说，你必然会将自己的若干信念一同置入一个单一的世界图景之中。而意图所满足的“合并”规范指的是，如果你意图 P，且你意图 Q，那么你必然会意图“P 且 Q”——也就是说，你必然会把自己的若干意图一同纳入一个单一的做事计划之中。如果确实存在关于意图的“合并”规范，那么这就进一步支持了 CAIR 观点：既然意图所满足的“合并”规范与信念所满足的“合并”规范之间存在显著的相似,那么我们就应当能够用信念所满足的“合并”规范来解释意图所满足的“合并”规范。下面,请你评估意图所满足的“合并”规范是否的确可信——具体地,你可以这样来做:构造两个分别包含两个意图的例子,在其中第一个例子里,我们可以合理地要求一个人将这两个意图合并起来纳入一个单一的意图;而在第二个例子里,要求一个有相应两种意图的人把它们合并起来纳入一个单一计划的做法是荒唐的。那么,对这两个例子,你怎么看?对意图来说,“合并”规范到底是不是真的?

9 M 延伸:正如我们在本章第二节里看到的那样,人们有时把表达主义定义为这么一种论题:道德思考不是信念。有些哲学家不无担心地认为,表达主义必须被这样定义,不然我们就说不出它跟认知主义之间到底有什么区别了。在这道练习题里,请你刻画一下认知主义与表达主义之间的差别,使后者无须立足于“道德思考不是信念”这一假设。

10 D 限制:我们在本章第二节里给出的对“相信……”之意义的表达主义说明至少在一个重要意义上是有缺陷的。下面就请你展示,这一说明受制于这么一个问题——该问题与说话者主观主义所面临的模态问题(我们在第四章讨论过)极其相似。

11 D 新问题:回阅第一节的第三自然段。其中,每当“在下一届选举中科罗拉多州会投票支持共和党”这个句子出现时,都把它替换为“堕胎是错的”。然后,试试看你能否在如下两种论证之间发现任何不对称之处:一是赞同诸如“在下一届选举中科罗拉多州会投票支持共和党”这样的命题的常见哲学论证,二是赞同诸如“堕胎是错的”这样的道德命题的相似论证。无论你是否能发现任何不对称之处,都请说明原因。另外,思考这是不是非认知主义不得不面对的问题,并同样说明原因。

12 D 侧向拓展:泰瑞·霍根和马克·提蒙斯捍卫过一种表达主义理论,该理论严肃看待了我们在这一章讨论的所有问题。霍根和提蒙斯在(至少)两种信念之间做出了区分——其一是道德信念,其二是普通描述性信念。他们把前者称作“应当”型的信念(ought－belief),而把后者称作“是”型的信念(is－belief)。根据霍根和提蒙斯的看法,“是”型的信念和“应当”型的信念都具有命题对象。例如,从他们的理论出发,“马克斯不应当杀人”这一信念就是以“马克斯不杀人”这一命题为内容的“应当”型信念;而“马克斯不杀人”这一信念则是以“马克斯不杀人”这一命题为内容的“是”型信念。如果我们这样描述霍根和提蒙斯的想法,似乎就可以推论说,如果你相信马克斯不应当杀人,而我相信马克斯不杀人,那么我们就是在相信同样的事情,尽管方式有别——你在以“应当”的方式相信它,而我在以“是”的方式相信它。但问题是,说我们在这一情形下都相信同一件事似乎不太有道理。那么,如果你是霍根和提蒙斯,你会如何回应这一问题? 然后,细读 Horgan and Timmons (2006)以了解他们可能会说什么。你能找到一个更令人满意的回答吗?

13 A 限制:我们在第二节中讨论过的有关“相信……”意义的表达主义说明还面临着另一个问题。这个问题在于,它没有为量化的(quantified)信念报告留出余地。所谓“量化的信念报告”,就是对比如“马克斯不管哪次约女孩出来玩时都相信对方会答应”这句话做最自然的解读时读到的信念报告。以上问题的关键之处在于,只有封闭的(closed)语句才表达心理状态,而对于像“x 很高”这样的开放句子来说,根本就不存在“相信 x 很高”这码事。现在,请你试着构造一个关于“相信……”之意义的表达主义说明,使之避开这一问题。为了达到这一目标,你需要应用和发展哪些资源? 你是否需要首先解决一些其他的问题? 如果需要,它们是什么?

答题参考

3 一个希望明天会下雨的人一般不相信明天不会下雨。如果他相信明天不会下雨,那么再希望明天会下雨就没什么意思了。类似地,一个希望自己正在做正当之事的人一般不相信自己正做的不是正当之事。如果他相信,那么再希望自己正在做正当之事也就没什么意思了。以上就是"希望"的一个重要特性,而且无论是对非道德事物的希望还是对道德事物的希望,以上特性都是真的。现在,请你对"希望"给出另外两个类似的例子,并对"疑惑"和"害怕"分别给出三个恰当的例子,以形成对这一习题的完整回答。

7 提示:战略轰炸机的操作员意图轰炸敌方的弹药厂。但他同时还相信,由于弹药厂紧挨着一所小学,任何轰炸该弹药厂的方式都会引发儿童惨遭杀害的副效应。那么,这个战略轰炸机的操作员是不是必然(committed to)意图杀害一些儿童?

教益

7-8 值得重视的是,我们不应夸大"途径-目的融贯性"和"演绎封闭性"之间的相似性。"途径-目的融贯性"只能应用于有关"必然途径"的信念,而不能应用于有关"必然带来的副效应"的信念。对非认知主义来说,这一点的重要性在于,如果"途径-目的融贯性"无须用普通描述性信念所满足的"演绎封闭性"规范来解释,那么我们就不会面临那么大的压力去认为意图的分歧属性必须用普通描述性信念的分歧属性来解释了。而这样的话,史蒂文森和吉伯德为乐观态度提供凭据的论证也会更被看好。

9 如果表达主义者们认为道德思考也是信念,表达主义与认知主义之间的差异就会变得更加难辨。这一担忧是一个更大的问题的一部分——后者有时被称作"潜行的极小主义"(creeping minimalism)问题。

参考文献

Bratman, Michael (1987). *Intention, Plans, and Practical Reason.* Cambridge, MA: Harvard University Press.

—— (2009). "Intention, Belief, Theoretical, Practical." In Simon Robertson, ed., *Spheres of Reason: New Essays in the Philosophy of Normativity.* Oxford: Oxford University Press, 29 - 61.

Davis, Wayne (1984). "A Causal Theory of Intending." *American Philosophical Quarterly* 21: 43 - 54.

Gibbard, Allan (2003). *Thinking How to Live.* Cambridge, MA: Harvard University Press.

Hare, R. M. (1952). *The Language of Morals.* Oxford: Oxford University Press.

Harman, Gilbert (1976). "Practical Reasoning." Reprinted in Harman (1999), *Reasoning, Meaning, and Mind.* Oxford: Oxford University Press.

Horgan, Terry, and Mark Timmons (2006). "Cognitivist Expressivism." In Horgan and Timmons, eds., *Metaethics after Moore.* Oxford: Oxford University Press.

Ross, Jacob (2008). "How to Be a Cognitivist about Practical Reason." *Oxford Studies in Metaethics* 4: 243 - 282.

Setiya, Kieran (2007). "Cognitivism about Instrumental Reason." *Ethics* 117(4):649 - 673.

Stevenson, C. L. (1937). "The Emotive Meaning of Ethical Terms." Reprinted in Stevenson (1963), *Facts and Values.* Westport, CT: Greenwood Press.

6

弗雷格－吉奇问题:1973－1988

6.1 弗雷格－吉奇问题的诘难

我们已经知道,非认知主义是关于道德语言的意义的一种观点。它认为道德语词和诸如“矩形”、“铝”这样的普通非道德语词有着不同种类的意义,而且它通常还认为,如果我们这样理解道德语词的意义,就可以避开元伦理学中的“核心问题”,或解决动机问题。但是,道德语词貌似并不特有一种与非道德语词不同的意义。事实上,道德语词起作用的方式似乎和非道德语词完全相同。我们可以把非道德语词组合起来形成复杂句,也可以用同种方式把道德语词组合起来形成复杂句;而且作为结果,我们得到的两种复杂句在所有方面都表现相同。针对非认知主义而提出的弗雷格－吉奇问题就是在质问:如果按照非认知主义的说法,道德语词和非道德语词其实在根本上有着颇不同类的意义,那么为什么从这两类语词对它们出现于其中的复杂句意义的影响来看,它们的意义却有如此相像的表现?

在第三章,我们了解了一种提出这同一个问题的不同方式。对于理解语词和语句的意义来说,真值条件语义学方法的主要成就之一在于,它在解释意义如何可能具有组合性这点上做得非常成功。所谓组合性指的就是,我们如何可能由复杂句各组成部分以及这些部分组合在一起的方式出发,来确定该复杂语句的意义。我们知道,任何一个完备的意义理论都必须尊重这一约束,因为我们有能力理解新奇、陌生的复杂句,而我们之所以能做到这一点,肯定是因为我们能够以某种方式理解这些复杂句的组成部分,并知道这些组成部分是如何组合在一起的。因此,既然非认知主义理论者声称道德语词所具有的那种意义与真值条件意义理论指派给它们的意义极为不同,那么他们就必须解释非认知主义的意义理论如何可能满足组合约束。即,他们必须告诉我们,如何从复杂句组成部分的意义出发,来理解复杂句本身的意义。

我们在前面还了解到,Hare(1970)概述了非认知主义者为回应这个挑战所需做的事情——他们需要提供一种办法,让我们可以从复杂句组成部分的意义出发,来确定整个复杂句的意义。所以,对于像黑尔这样的哲学家来说(黑尔认为,一个句子的意义在于它适于施行的言语行为),他需要给出一种办法,以告诉我们如何基于较简单语句适于施行的言语行为,来确定由这些较简单语句所组成的复杂句适于施行的言语行为。类似地,对表达主义者来说(表达主义者认为,一个句子的意义在于它表达的心理状态),他们需要给出的办法则要告诉我们如何基于较简单语句所表达的心理状态,来确定由这些较简单语句组成的复杂句所表达的心理状态。

黑尔本人并未真的给出任何这样的办法。但自从1970年以来,许多非认知主义者就已经开始尝试这样做了,而且他们几乎都在表达主义的框架下工作。在这一章和下一章,我们将从发展的观点对这些尝试做一番批判性的考察。首先,我们会审视西蒙·布莱克本所做的最初尝试,然后,我们会接着了解他在二十世纪八十年代提出的一种新观点。布莱克本这个新观点诉诸高阶态度(higher-order attitudes)。这些较早观点的各个特殊版本都有其自身特殊的问题，但它们同时还共同遭受着一套通行(endemic)问题，所以，我们的主要目标就是了解这些通行问题是什么，以及它们为什么最终引发了肇始于二十世纪八十年代的新一代表达主义观点。在第七章，我们就将把目光转向这些更晚近的表达主义理论。

因为所有这些研究进路都出自表达主义传统，我将在这一整章内容中假定我们只讨论表达主义——虽然有些练习题会邀请你将本章的主要结论普及到言语行为导向的非认知主义理论那里去。需要注意的是，出于历史偶然因素，长久以来有关弗雷格－吉奇问题的大多建设性理论都只是关于条件句(即，“如果……那么……”这种句子)的。所以在这一章的绝大多数时候，我们也会局限于考虑“如何给出说明条件句意义的表达主义办法”这个特别的问题。但是，请你牢记这只是普遍性问题的一个特殊情况——真正的普遍性问题在于，对每一种复杂句意义的确定，表达主义都需要给出一个适当的办法。

6.2 一个对条件句意义的说明需要做什么？

在第三章中我们注意到，条件句最重要的语义属性之一便是它们能产生有效的假言三段论推理(modus ponens)。[1] 即，对于任意语句“P”和“Q”，以“P”和“P→Q”为前提，以“Q”为结论的论证都是一个有效论证。(哲学家们有时把“如果 P，那么 Q”简写为“P→Q”，就像他们把“并非 P”简写为“～P”一样。从现在起，我将遵循这两个简写惯例，以及将“P 且 Q”简写为“P&Q”这个惯例。)

依其定义，“有效”一词通常意味着，只有当前提的真能确保结论的真时，我们才说这个论证是有效的——所以，如果“P”和“P→Q”都为真，那么我们可以断定，“Q”在某种意义上不得不(has to)是真的。而这一点给我们带来一个重要的难题。许多理论家喜欢把“非认知主义”定义为“认为道德语句不可能为真或为假的观点”。

那些以这种方式定义“非认知主义”的人们推断说,无论“非认知主义者”做出什么工作,都不能解释道德论证何以有效。

但这种想法就像我们在第五章遇到的给非认知主义扣帽子的论证一样,都是望文生义。如果有人想用这种方式来定义“非认知主义”,那么我们大可由他们去,同时用些别的词来指谓艾耶尔、史蒂文森、黑尔、布莱克本和吉伯德头脑中流过的有趣想法。我们所感兴趣的那种非认知主义确实不通过道德语句成真的条件来解释它们的意义,但这并不意味着它们必须否认道德语句可以为真或为假。在此,我们把真值条件语义学和多少有点古怪的偶因论(occasionalism)做一番比较不无益处。在十七世纪,偶因论得到法国哲学家马勒伯朗士(Malebranche)的辩护。从本质上讲,偶因论是这么一种观点:它认为没有什么事物会是另一事物的原因,除非上帝亲自介入进来使之发生。所以在马勒伯朗士的理论中,上帝要做好多好多事。不过,一个人也有可能不相信上帝会做这么多事,同时依然相信上帝存在,比如,一个人可以相信上帝于太初启动了万物,而现在他只是时不时介入进来做点小调小整。

真值条件语义学在某种意义上就像马勒伯朗士的偶因论。它不仅认为道德语句可以为真或为假,而且还认为道德语句的真假在解释它们的意义方面功劳颇大。有神论者可以拒斥马勒伯朗士的偶因论,但同时仍然信仰上帝——很简单,他们只需相信上帝存在,同时又相信上帝并没做那么多事儿。类似地,非认知主义者可以拒斥真值条件语义学,但同时仍然相信道德语句可以为真或为假——很简单,他们只需相信道德语句可以为真或为假,但同时又认为这一事实在解释道德语句意义的方面没那么大的功劳。由于我们通常都会谈论道德语句的真假、道德论证的有效与否,所以我将假定最有意思的非认知主义版本会是我所描述的第二种样子;即,它们会同意道德语句可以为真或为假,只是不同意真值条件语义学的这点看法——道德语句的真假在解释这些语句的意义方面能起很大作用。

不过,在这一章的余下部分和下一章里,我将把这些问题撇开不谈——我不会再探讨道德语句是否可以为真或为假,也不会再探讨道德论证是否可以有效或无效(这里说的有效,是在“论证前提的真可以确保结论的真”这种意义上)。我们将在第八章再回到这个问题并解决它。我之所以这样做,是因为表达主义者在解释道德论证何以有效时所采取的策略是间接(indirect)的。表达主义者们并没有直接诉诸道德语句的意义,以得出哪些论证有效哪些论证无效;而是首先诉诸语句的意义来确立这一种观点:道德论证有一种不同于非道德论证的属性,这种属性和有效性紧密关联,并与有效性同外延(coextensive with)。标准的真值条件理论会从有效性出发来解释这种属性,但表达主义者反其道而行之,从这种属性出发来解释有效性。

实际上,表达主义者在他们关于条件句的说明中尝试直接加以解释的这种属性有两个。第一个就是我在前面提到过的不一致属性(the inconsistency property)。即,如果一个人接受一个有效论证的前提,却同时否认该论证的结论,那么他就是自相矛盾、自我不一致的。一般说来,在接受一个有效论证的前提之际又否认其结论,是一种非理性(irrational)行为。当然,它可能并不总是非理性的——比如,有些哲学悖论就让人深感困扰,以至于它们虽然是有效论证,我们却很难避免既接受它们的前提又否认它们的结论。但一般而言,在其他条件等同的情况下,既接受一个有效论证的前提又否认该论证的结论是非理性的。如果你这样做了,那么你的心灵状态就处于冲突中,就像当你一边相信科罗拉多是矩形的一边相信科罗拉多不是矩形的时,你的心灵状态就陷于冲突中一样。

实际上,不难发现,当你既接受一个有效论证的前提又否认该论证的结论时,你这种自我不一致的方式只是我们在第五章叫作“人内分歧”的那种冲突的一般化情形(generalization)。因为,下例

就是一个有效论证:

前提 科罗拉多是矩形的。
结论 科罗拉多是矩形的。

像这样的论证显然并不能帮助我们知道任何我们尚不知道的新东西。但这个论证确实由前提和结论组成,其前提的真也确保了结论的真,所以它是一个有效论证。而且,接受这个论证的前提就意味着相信科罗拉多是矩形的。否认它的结论就意味着相信科罗拉多不是矩形的。所以,当你既相信科罗拉多是矩形的又相信科罗拉多不是矩形的时,你所经历的那种冲突就只是当你既接受一个有效论证的前提又否认它的结论时所产生的那种理性不一致的特殊情形。而前者正是我们称之为“人内分歧”的东西。稍后我们将会发现,这点观察很重要,因为我们将借助它对我们在第五章做出的一些进展加以利用。

我们再来看表达主义理论者尝试予以直接解释的有效论证的第二个重要属性;我将把它称作推理许可属性(the inference－licensing property)。为了了解这种属性是什么样子,想象你有个朋友一开始对如下论证的两个前提都接受,但否认它的结论:

P_1 对人友好是错的。
P_2 如果对人友好是错的,那么对陌生人友好是错的。
C 对陌生人友好是错的。

即,他接受 P_1 和 P_2,同时又接受～C:

～C 对陌生人友好不是错的。

所以，他产生了理性上的不一致。幸运的是，你过来指出了他的不对之处。

“你难道看不出来吗？”你说，“把 P_1、P_2、~C 都接受下来，在理性上是不一致的啊。”

好在，你的朋友被你说服了，他表示不再接受 ~C：“哦——我明白了，如果我把 P_1、P_2、~C 都接受下来，确实会产生理性上的不一致。所以我就只接受 P1 和 P2 好啦，这样我就可以避免非理性了。”

然后，你理所当然地问：“所以，你同意对陌生人友好是错的啦？”

但是他回答说：“才不呢！——我为什么非要同意这一点？我的意思是，我当然也不否认它，因为那样做是非理性的——既然我同意‘对人友好是错的’，而且同意‘如果对人友好是错的，那么对陌生人友好是错的’，当然我就不能否认‘对陌生人友好是错的’。但是我就是还没决定该不该认为对陌生人友好是错的。”

很明显，这里肯定出了什么问题。你这位朋友说得对——他如果只接受 P_1 和 P_2，确实可以避免由接受一个有效论证的前提而否认其结论所导致的不一致。但是如果他认为这样子他就可以潇洒脱身、不需要再进一步接受这个论证的结论，那么他就错了。实际上，论证最有用的目的之一就是让人们明白，他们不得不承诺(committed to)接受由他们所接受的前提有效推出的结论。这就是我所说的有效论证的推理许可属性：在某种意义上，接受一个有效论证的前提让你不得不承诺(commits you to)接受它的结论。如果你不打算遵照这一承诺(follow through on this commitment)，那么你就必须放弃该论证的一个前提。有效论证的推理许可属性是表达主义者想要解释的对象之一。

6.3 办法与解释

在我们开始了解任何关于复杂句意义的表达主义说明之前,暂作停留、旁行最后两步不无用处。下面我们就将介绍一些谈论表达主义观点所需的记法,并比较一种普通的非表达主义观点会如何解释有效论证的不一致属性和推理许可属性。

为了更简单地描述表达主义为确定复杂句所表达的心理状态而给出的办法,我将介绍一些你可能没见过的技术性记法。这些只是"记法"而已,所以它们并不能让我们谈论任何我们无法用别的语词谈论的东西。但是正如真值表一样,它们会让我们更简单不费力地谈论一些东西。具体讲来,对于任何句子"P",我会用一个方括号括住它(记为"[P]"),来指句子"P"所表达的心理状态,亦即"认为P"(thinking that P)这个状态。所以,举例来说,[偷钱是错的]即"认为偷钱是错的"这种状态。而[P→Q]则是"认为P→Q"这种状态,也就是"认为如果P,那么Q"这样一种心理状态。

借用这些术语,我们可以更简单地表述我们需要一个关于"P→Q"的意义的表达主义说明做什么:我们需要的是这么一种办法,它能告诉我们,若给定[P]和[Q]这两个输入值,那么[P→Q]是什么。除此之外,这些术语还能让我们更简明地谈论不一致属性和推理许可属性各自是怎么回事:具体说来,不一致属性是指,如果一个人同时处于[P]、[P→Q]和[~Q]这三个状态中的话,他就会遭受人内分歧;而推理许可属性是指,[P]和[P→Q]这两个状态一起,能够使得一个人不得不承诺状态[Q]。总的来说,表达主义的计划是给出一种办法,以从给定的输入值[P]和[Q]得到[P→Q],并使我们可以解释上述两种属性。

下面,我们就可以迈出另外一步了——让我们来看看一个非表达主义理论会如何解释不一致属性和推理许可属性。一个非表达主义理论会先假定一个论证是有效的，然后再从此出发解释上述两种属性。它对不一致属性的解释大致会走下面的路子：首先，注意到信念这种态度满足我们在第五章学过的“人内不一致属性”的一种一般化版本——即，如果你同时相信三样不可同时为真的东西，那么你在理性上就是不一致的。其次，注意到由于我们讨论的这个论证是有效的，所以如果它的前提是真的，那么它的结论也必须为真。最后，注意到“不/并非”的真值表确保了如果 C 是真的，那么 ~C 就不是真的。现在，我们把上述第二点和第三点观察合在一起看，它们蕴涵着(entail)：如果前提 P1 和 P2 都真，那么结论 ~C 就是非真的。而现在，如果一个人接受该论证的两个前提却又否认它的结论，那么他就既相信 P1，又相信 P2，还相信 ~C。即，他同时相信三样不可同时为真的东西——因为如果前两个是真的，那么最后一个就不是真的！因此，根据一般化的信念的人内不一致属性，既接受该论证的前提又否认其结论在理性上是不一致的。

类似地，一个非表达主义的理论对推理许可属性做出的解释可能如下：首先，注意到信念这种态度具有如下属性：你不得不承诺相信由你所相信的东西确保为真的其他东西。其次，注意到既然我们讨论的这个论证是有效的，那么它前提的真就确保了它结论的真。当我们把上面这两点观察合在一起看时，我们就得到了如下结论：如果你接受 P1 和 P2，那么你就不得不承诺接受 C。这就是推理许可属性的内容。

有关普通真值条件语义理论解释不一致属性和推理许可属性的方法，我们就介绍到这里。而表达主义者将会反其道而行之。首先，他们会给出一种从给定的输入值[P]和[Q]出发输出[P→Q]的办法，以使我们可以解释该论证的不一致属性和推理许可属性。之后，他们才会基于该论证具有上述属性中的一个或两个这一事实，来解释为什么该论证前提的真可以确保其结论的真(即，为什么这个论证是有效的)。在本章的余下部分以及下一章中，我们将会集中关注上述表达主义解释方式的前半部分,事实将证明它的难度比较大;然后,在第八章,我们会讨论这种解释方式的后半部分,它多少会更容易些。

6.4 包含性说明

如何从"P"和"Q"的意义出发,得到"P→Q"的意义?首次尝试对这个问题给出一个表达主义解决办法的,是Blackburn(1973)。我把布莱克本在这里做出的说明称为一种包含性说明(an involvement account),缘故稍后自明。布莱克本的包含性说明多少有点模糊不清,但我们可以看出他的想法受此启发:P2这句话之所以听起来言之有理,是因为如果一个人说对人友好是错的,那么他在某种意义上已经不得不承诺接受"对陌生人友好是错的"这个观点了——毕竟,对陌生人友好只是对人友好的一个特殊情形。所以,布莱克本认为,P2所说的其实是,做出P1这个断言已经包含了(involves)对C的断言。即,P2意味着:[P1]包含[C]。按照这种解读,相关论证其实是这么一回事:

P1 对人友好是错的。
P2[对人友好是错的]包含[对陌生人友好是错的]。
C 对陌生人友好是错的。

这个说明最明显的过人之处在于,它解释了为什么以上论证具有推理许可属性。一个人若既接受P1又接受P2,那么他若要理性就不得不承诺接受C,因为根据他自己的看法(P2),他对P1的接受已经包含着对接受C的承诺了。

然而,这个说明所存在的问题也不容低估。比如,它似乎只是基于有限的例子来做出这种说明的。我们可以比较上面的论证和下面这个论证：

P1’说谎是错的。

P2’如果说谎是错的，那么杀人是错的。

C’杀人是错的。

这个论证也是有效的，但是它的大前提（P2’）似乎并不意味着接受P1’包含接受C’。确实，前提P2’言之有理，因为杀人毕竟比说谎要严重得多，所以如果说谎是错的，那么杀人肯定也是错的。但是我们却不能因此说，接受P1’包含接受C’——至少，从任何对“包含”一词的直觉理解出发，这么说显然不太在理。虽然对陌生人友好是对人友好的一个特殊情形，但杀人却并不是说谎的一个特殊情形。像“对人友好”这样的条件句具有如下特征：接受其前件自然地包含着接受其后件。哲学家们称这类条件句为“分析的”（analytic）。但是，并非所有条件句——甚至，并非所有为真的条件句——都是分析的。因此，对于解释以非分析条件句为前提的假言三段论（modus ponens）论证的有效性来说，布莱克本关于包含性的想法似乎缺乏适当的结构。

不仅如此，布莱克本这种关于包含性的说明也不能自然适用于道德－描述（Moral－Descriptive）条件句、描述－道德（Descriptive－Moral）条件句、描述－描述（Descriptive－Descriptive）条件句。（在下文中，我们将把以上三种条件句依其名称首字母分别缩写为MD、DM和DD。）比如，让我们比较如下三种条件句：

MD 如果对人友好是错的，那么我爸妈对我撒谎了。

DM 如果《圣经》上说不要对人友好，那么对人友好是错的。

DD 如果《圣经》上说不要对人友好，那么我爸妈对我撒谎了。

一个说明条件句意义的完备办法必须也能适用于这些句子,并能解释包含这些句子的假言三段论为何具有不一致属性和推理许可属性。但是,布莱克本的包含性说明却做不到这一点。仅以第二个句子,即描述-道德条件句为例就能佐证我的论断。想来,布莱克本是接受一些描述-道德条件句的。但他并不真的认为接受任何描述性语句包含着接受任何规范性语句,因为描述性语句表达普通描述性信念,而规范性语句则表达类欲望的态度;而且,布莱克本在如下想法上和我们在第一章学过的"休谟式动机理论"相一致:一个人可能拥有某种信念,但同时却没有任何特殊的类欲望态度。因此,布莱克本自己的想法已经显示出他的办法对 DM 这类语句无效。

我们还可以通过考察包含性说明如何对待有效论证的两种主要属性——推理许可属性和不一致属性——来检验它是否可靠。在推理许可属性方面,如果我们从字面意义上理解"包含性"一词,那么包含性说明似乎是在说,只要一个假言三段论的条件句前提是真的,那么任何人只要接受了另一个前提就已经接受了结论——而不管他是否接受这个条件句前提。这种说法似乎在两方面上都是错的:一方面,它似乎让条件句前提在论证中扮演了一个错误的角色;另一方面,它似乎未能许可(license)真正的推理,除非那个条件句前提是假的。此外,要检验包含性说明是否能解释不一致条件(inconsistency condition),则是不可能之事。如果我们从字面意义上理解"包含性"的断言,那么它似乎是在说,只要一个假言三段论的条件句前提是真的,那么一个人只要接受了它的两个前提,就也接受了它的结论。现在,让我们假设他同时还接受对这个结论的否定。这时,他是在接受不一致的东西吗?注意,只有在这个结论和对该结论的否定"不一致"的条件下,我们才能推出"他在接受不一致的东西”。但是包含性说明到此为止还没有对一个句子和对该句的否定之所以不一致的原因做出过任何解释,因此,它也丝毫不能解释为什么假言三段论可以满足不一致条件。

问题还不止这些。由于假言三段论并不是有效论证的唯一形式,我们要解释有效论证的推理许可属性就不能只考虑到它。然而包含性说明对推理许可属性的解释并未在任何自然的意义上考虑不包括条件句前提的论证。比如,考虑这种形式的论证:“A&B”;“A”[哲学家们把这种形式的论证叫作“合取消去”(conjunction elimination)]。是什么使得这些论证成为有效论证?又是什么给了他们推理许可属性?

如果布莱克本的回答需要求诸任何对包含性的诉求(claim),那么我们需要知道这个诉求是不是一个附加的前提。在假言三段论的情形中,对包含性的诉求应被视作一个单独的前提,因为从“对人友好是错的”这个前提到“对陌生人是友好的”这个结论的论证不应被解释为有效的——它甚至根本就不具备一个假言三段论的形式。所以,在假言三段论的情形中,P2 那个条件句是一个必要的附加前提。但是如果我们在“合取消去”这种论证中也提出对包含性的诉求,比如,我们说,接受“A&B”包含着接受“A”,那么我们似乎也必须把这一诉求当作这一论证的一个附加前提。然而如果这样的话,我们就根本不是在解释合取消去的有效性了;相反,我们是在解释一个不同的论证形式——“A&B”,“(A&B)→A”;“A”——的有效性,而这只是假言三段论的一个特殊情形。因此,包含性说明无论如何不能被明晰地一般化,以帮助我们解释其他种类论证的有效性。

总而言之,任何在字面意义上认为条件句有着对“包含性”的诉求的想法都难以获得正面支持,许多方面的考虑还直接反对它。不过,这种想法也有着例示性(illustrative)的意义——它充当了一个试验样品,我们可以从对它的考察出发,确立一套任何一种完备的说明所需满足的各项标准,以此检验该说明是否合乎我们的期待——我们应当期待,一个完备的说明不仅能合理解释分析条件句的意义,还能合理解释任何条件句的意义;我们应当期待,一个完备的说明既能够解释推理许可属性,又能够解释不一致属性;我们应当期待,一个完备的说明不仅对 MM 条件句有解释力,还对 MD、DM、DD 条件句有解释力;我们还应当期待,一个完备的说明对论证有效性的一般性考虑不仅可用于假言三段论,也可用于其他形式的论证。这些都是我们在对更精致的观点的检验中将要使用的重要基本标准,也是当我们考虑一个完备的表达主义理论所需满足的一系列标准时,最先要考虑的那几个。

6.5　高阶态度

在表达主义者尝试解决弗雷格-吉奇问题的过程中,接下来的一个重要进展于 1984 年出现。这一年,布莱克本尝试通过发展他 1973 年那篇论文中尚不清晰的一些想法来修正自己的"包含性"说明。Blackburn(1984)里给出的对条件句的表达主义处理方案不仅具有重要的历史意义,还具有重要的代表性:它代表了一种重要的普遍性看法,一些表达主义者认为这种看法可以对"表达主义者如何可能给出确定复杂句意义的办法"这个问题做出回应。这是从包含性说明向前跨出的重大一步。我将把这种普遍性看法叫作"高阶态度进路"(the Higher-Order Attitude approach),或简称"HOA"。在这一节里,我将首先通过介绍一个略经简化的版本来说明布莱克本观点的实际原理,然后评析它为什么是一种 HOA 观点。接着,我们会查看 HOA 观点多么适用于说明不一致属性和推理许可属性,然后再引入一些最终导致我们拒斥 HOA 观点的深刻问题。

布莱克本是这样开始的:他首先设想,一种类似艾耶尔观点的想法是正确的,即,我们用"对人友好是错的"这句话所意指的东西也可以被如下这句话来意指："呸!!（对人友好）"。我们可以设想，"呸!! 对人友好"这句话把我们为了弄清楚它所表达的心理状态所需知道的一切都明明白白显露在外。即，接受这句话的人会向"对人友好"说"呸"也即表示不满。我在下面会直接说，接受这句话的人不赞同(disapprove)对人友好，并将之记作：

[对人友好是错的] = DIS(对人友好)

以上记法的意思是，"对人友好是错的"这句话所表达的心灵状态是对"对人友好"的不赞同(在上面的记法中，DIS 表示 disapproval，即"不赞同")。类似地，"对陌生人友好是错的"这句话的意思也可以用如下句子来意指："呸!!（对陌生人友好）"。所以一个人如果接受"对陌生人友好是错的"这句话，那么他就是在向"对陌生人友好"说"呸"，或者是在不赞同"对陌生人友好"：

[对陌生人友好是错的] = DIS(对陌生人友好)

这样，布莱克本所需要做的就是给出一种办法，使我们可以从以上两行表达式出发，来确定如何完成如下表达式：

[对人友好是错的→对陌生人友好是错的] = ???

布莱克本的答案很简单：这个条件句应当表达对"既不赞同对人友好又并非不赞同对陌生人友好"的不赞同状态。布莱克本的记法跟我的稍有不同，不过我们可以沿用我们的记法，记之如下：

[对人友好是错的→对陌生人友好是错的] = DIS(DIS(对人友好)& ~ DIS(对陌生人友好))[2]

布莱克本认为,就像"认为对人友好是错的"意味着怀有某种特定的将世界匹配到心灵的态度一样,"认为如果对人友好是错的,那么对陌生人友好是错的"也意味着怀有这么一种态度。所不同的是,他认为后者是一种"有关'认为什么'"(about what to think)的态度。它不是一种直接对于"对人友好"的否定性态度,而是一种对于"认为对人友好是错的,但同时又没能得出结论说对陌生人友好是错的"这个对象的否定性态度。正是这点使得这个说明成为一个 HOA 说明。因为该说明认为,"如果对人友好是错的,那么对陌生人友好是错的"这个复杂句表达了一种对于组建起这个复杂句的更短句子所表达的态度的"更高一阶"的态度。

类似布莱克本以上想法的 HOA 说明是建设性的(constructive),因为对于在给定输入值[P]和[Q]时如何确定[P→Q]这个问题,它们能给出一个实实在在的办法。只要心理状态[Q]的缺失本身也总是一种心理状态,这要两种心理状态的合取也总是一种心理状态,只要"不赞同"这种态度的对象也能是一种心理状态,那么布莱克本的办法就总能保证输出一个结果。正是这个保证使得布莱克本的说明能被称为"建设性的"。(在第七章里,我们将会遇到一些非建设性的表达主义理论。)布莱克本的说明背后的一般性办法是这样的:

$$[P \to Q] = DIS([P] \& \sim [Q])$$

这个办法告诉我们,给定任意句子"P"和"Q",如何能基于[P]和[Q]来确定[P→Q]。它告诉我们,[P→Q]是对既处于[P]这种状态又不处于[Q]这种状态的不赞同状态。所以,这个说明有着一个表达主义说明所需具有的结构。余下的唯一问题就是它是否能成功解释条件句的语义属性——即,它是否能解释为什么假言三段论具有不一致属性和推理许可属性。

幸运的是,布莱克本特别是为了能够解释假言三段论的推理许可属性而设计出他的 HOA 说明的。根据表达主义理论,接受一句话就意味着处于这句话所表达的心理状态之中。所以依布莱克本,一个人如果接受了我们的道德假言三段论的前提,却同时又不接受其结论,那么他就处于以下前两种不赞同状态中,而不处于以下第三种不赞同状态中:DIS(对人友好),DIS(DIS(对人友好)& ~ DIS(对陌生人友好)),DIS(对陌生人友好)。但是既然他处于以上第一种状态之中而又不处于第三种状态之中,那么他就应当处于如下状态之中:DIS(对人友好)& ~ DIS(对陌生人友好)。而这恰恰是他所不赞同的![1] 因此,布莱克本总结说,接受这个论证的前提而不接受它的结论是非理性(irrational)的——这样做必然意味着处于某种心灵状态之中,而这种心灵状态恰恰是你不赞同自己处于其中的。这也就解释了为什么你若要合乎理性就不得不承诺接受该论证的结论,只要你不愿放弃任何前提。

然而,不幸的是,布莱克本的说明不能明白告诉我们该怎么解释不一致属性。它确实显示了为什么既接受该论证的前提又不接受其结论是非理性的,但是就布莱克本的理论所及之处,似乎没什么可以表明既接受又否认该论证的结论是非理性的。因为 Blackburn(1984)只给出了一个确定条件句意义的办法,却没有给出确定包含“不/并非”一词的语句的意义的任何办法。所以,我们无法对这个问题进行全面的评估。不过,好在有另一种高阶态度理论可以解释不一致属性。它对确定[P→Q]给出的一般性办法首先假定我们已经有了一个办法,可以在给定输入值[Q]的条件下确定[~ Q]。但如果假定我们已有了这么一种确定[~ Q]的办法,那么确定[P→Q]的办法就变成了下面的样子:

---

① 参考上面第二种不赞同状态。——译者注

$$[P \to Q] = DIS([P]\&[\sim Q])$$

这种理论可以解释不一致属性,因为如果一个人一边接受该论证的前提一边却又否认该论证的结论,那么他就处于以下三种状态中:[P],DIS([P]&[~Q]),[~Q]。但既然他处于第一和第三种状态中,他就恰恰是处在自己所不赞同的状态里(参考这里的第二种状态)。所以同时处于以上三种状态中就应该是非理性的。这样,我们就得到了一个对不一致属性的解释。

然而不幸的是,虽然这种 HOA 说明在解释不一致属性方面做得更好,它却不能在解释推理许可属性方面做得同样好。在这种理论所能说明的范围之内,我们无法弄明白为什么接受该论证的前提会使你不得不承诺在实际上接受该论证的结论,而不是仅仅不否认它。不过,HOA 这类说明的资源尚未被耗尽;我们可以把我们现在已经讨论过 的这两种 HOA 说明结合起来,认为条件句表达两种不赞同状态,也就是上面两种 HOA 理论分别假定的那两种状态。这样,我们就可以对不一致属性和推理许可属性两者都给出相应的解释了。

6.6　高阶态度说明所面临的问题

以上我们虽然讨论了高阶态度说明可能如何解释不一致属性和推理许可属性,但你可能仍然会注意到一些奇怪的地方。在上述两种高阶态度说明里,所涉及的那种特殊的"非理性"都在于,你在做一件你自己不赞同的事情。而根据高阶态度的观点,这种非理性和如下情形所涉及的非理性完全一样:虽然你认为说谎是错的,你却还是说了谎(根据高阶态度的观点,这句话等于说,虽然你不赞同说谎,你却还是说了谎)。然而,把这两种非理性等同起来有点奇怪。因为实际上,我们甚至都不怎么清楚后者是否必然是非理性的，而这反过来又让我们怀疑前者是否是非理性的。

不仅如此。虽然一边认为说谎是错的一边却又说着谎有点问题，但是似乎不能认为，对于解决这点问题来说，转变对“说谎是不是错的”一事的看法和不去说谎是同样好的方式——相反，转变对“说谎是不是错的”一事的看法以与你自己的行为相符，这明显是一种道德上的恶。然而正相反对的是，为了消除相信不一致的事情所造成的紧张，放弃一个有效论证的条件句前提似乎是一个极好的方式。毕竟，如果你既接受一个有效论证的前提又否认它的结论，没有什么会非要限制你该如何解决这种不一致问题：你既可以转变自己对该论证的结论的看法，也可以转变自己对该论证的任一前提的看法。

在我看来，以上这些都是很有道理的忧虑。但是对 HOA 说明来说，还有一些重要问题更为尖锐。这些问题里的第一个从本质上说来是由鲍勃·海尔（Bob Hale）提出的。正如我们在第三节注意到的那样，一个有关条件句意义的好办法必须能够同时适用于如下四种句子：

MM 如果对人友好是错的，那么对陌生人友好是错的。

MD 如果对人友好是错的，那么我爸妈对我撒谎了。

DM 如果《圣经》上说不要对人友好，那么对人友好是错的。

DD 如果《圣经》上说不要对人友好，那么我爸妈对我撒谎了。

但是，虽然一方面，“对人友好是错的”和“对陌生人友好是错的”都是道德语句，都表达不赞同这种类欲望态度；但是另一方面，“《圣经》上说不要对人友好”和“我爸妈对我撒谎了”却不是道德语句——它们是普通非道德语句，表达的是普通描述性信念。

布莱克本的说明有好的一面也有坏的一面。好的一面是,它确实给出了一种办法,让我们不仅可以理解 MM 语句的意义,还可以理解 MD、DM 和 DD 语句的意义。这是因为,无论[P]和[Q]是哪种心理状态,无论它们是不赞同状态还是普通描述性信念,布莱克本的办法都能生效。这种情况的好处是,布莱克本这种说明能告诉我们这些条件句所表达的是什么心理状态,并能告诉我们如何从这些条件句组成部分所表达的心理状态出发来确定这一点。他给出的办法非常简单:[P→Q] = DIS([P]&~[Q])。

然而不幸的是,这个说明糟糕的一面在于,它告诉我们的内容是错的。如果你认为"如果《圣经》上说不要对人友好,那么我爸妈对我撒谎了",那么你怀着的是一种"世界是某种特定样子"的普通描述性信念(这里,世界所是的那种样子即是:如果《圣经》上说不要对人友好,那么我爸妈对我撒谎了)。但是布莱克本的说明告诉我们的却是另一回事。按照布莱克本的说明,认为"如果《圣经》上说不要对人友好,那么我爸妈对我撒谎了"只是在表示对处于某种心灵状态之中的不赞同。而且我们将会发现,这是一个普遍的问题,任何种类的高阶态度说明都必须面对它。如果一个理论告诉我们,复杂句表达了对于它们的组成部分所表达的态度的类欲望态度,那么这个理论虽然可以适用于复杂的描述性语句,但是它不会说这些复杂描述性语句表达了普通描述性信念,而会说它们表达了类欲望的态度。这个结论看起来也太强了。

然而这还没到头。对于试图解决弗雷格-吉奇问题的 HOA 尝试来说,最大也最重要的问题从根本上讲来自马克·范·鲁金(Mark van Roojen)。范·鲁金指出,每个 HOA 说明都做过了头。(shows too much)。任何一个 HOA 说明不仅会将一些属性归给有效论证,还会把完全相同的属性归给明显无效的论证。因此没有一个 HOA 说明可以在真正的有效论证和明显无效的论证之间做出区分。(下面,我对这点的呈现会多少与范·鲁金的有所不同,但基本

的意思是相同的。)欲了解为什么会这样,请比较如下两个论证:

P1 谋杀是错的。
P2a 如果谋杀是错的,那么偷窃是错的。
C 偷窃是错的。

P1 谋杀是错的。
P2b 认为谋杀是错的却不认为偷窃是错的,这是错的。
C 偷窃是错的。

在这两个论证中,第一个是有效的。它前提的真能够确保它结论的真。第二个却明显是无效的。然而,布莱克本为确定 P2a 的意义而给出的表达主义办法为该句分派的意义,和他为确定"错的"一词的意义而给出的办法为 P2b 句分派的意义,这两者完全相同。① 布莱克本可以从他为 P2a 分派的意义出发,对第一个论证做出一些解释;同时,从他为 P2b 分派的意义出发,他也能对第二个论证做出一模一样的解释。但这简直太糟糕了,因为第一个论证是有效的,而第二个论证却是无效的。由于布莱克本能够解释的一切东西都同时适用于以上两个论证,我们可以得出这么个结论:或者他无法解释为什么第一个论证是有效的;或者他能够解释为什么这两个论证都是有效的,但这已经误入歧途了,因为说第二个论证有效与事实不符。如果一个理论一本正经地对假的事情做出一番解释来,那么这个理论一定是个糟糕的理论。

---

① 依布莱克本,P2a 和 P2b 的意义都可以表示为:DIS([P1]& ~[C])。所以,在他这里,这两句意义完全相同。其中,P2a 之所以被分派这样的意义,是因为它是一个条件句,可用 HOA 说明表示成这种形式,这里的 DIS 是条件句所表达的高阶态度即"不赞同(disapproval)";而 P2b 之所以也被分派这样的意义,则是因为表达主义者对"这是错的"中"错的"一词的意义解读是"不赞同(disapproval)"(DIS),所以 P2b 可以直接被改写成 DIS([P1]& ~[C])。记取这一点将有助我们理解下文。——译者注

你可能会认为,这里的问题仅在于,布莱克本在他关于条件句的 HOA 说明中所诉诸的态度,和他在自己关于"错的"一词本身的意义所做的说明中诉诸的态度,是完全相同的态度。或许他本应诉诸一种不同的态度——或许,在他对条件句的 HOA 说明里,应该诉诸一种由"非理性的"(irrational)语句所表达的态度,而非由"错的"(wrong)语句所表达的态度。似乎如果我们采用这种新的说明形式,那么布莱克本就可以避免把语句 P2a 等同于语句 P2b 了。然而问题是,现在他又把语句 P2a 等同于新的语句 P2c 了:

P1 谋杀是错的。

P2c 认为谋杀是错的却不认为偷窃是错的,这是非理性的。

C 偷窃是错的。

所以,我们还是毫无进展;这个论证和包含 P2b 的那个论证一样,都是无效的。

一个更好的想法可能是,为了回应以上问题,我们可以认为条件句所表达的那种高阶态度本身不能被任何普通谓词(ordinary predicts)所表达。比如,我们可以说,P2a 表达了"AGAINST([P1]& ~[P2])"这种态度,而没有任何简单句可以表达"反对着某东西"(being against something)这种态度。但这貌似也不是一个很有希望的策略。即便在英语中碰巧没有一个可以表达"反对"(being against)这种态度的谓词,又有什么可以阻止我们造出一个呢?我们大可以造个新词,"反兮的"('againstisch')①。我们可以为确定"反兮的"一词的意义提供如下表达主义办法:对任意动名词短语"X",

① 这里,作者仿德语构词法生造出一个形容词 againstisch,而英语中原无此词。我把该词译为"反兮的",这也是生造的中文词,由 againstisch 音意结合译来。它的词义完全取决于下文的介绍,读者可把它仅仅当作一个符号。——译者注

“X是反兮的”这个句子表达了AGAINST(X)这种状态——即,“反对着某东西”这种状态。或者,我们可以简明表示如下:[X是反兮的] = AGAINST(X)。现在,有了这个新词在手,我们就可以构造出一个新的无效论证,而新的、精致化的HOA说明仍然在如何把这一无效论证和有效论证区分开来这一点上无能为力:

P1 谋杀是错的。

P2d 认为谋杀是错的却不认为偷窃是错的,这是反兮的。

C 偷窃是错的。

HOA理论要想阻截这个问题的追击,唯一的方式就是说明为什么我们不可以这样引进一个新词“反兮的”。但是我们很难看出有任何构想出此类说明的可能性,因为“反对”(being against)这种态度必须在其他所有方面都和可以被语句表达的态度完全相同——比如,它必须和其他所有种类的信念共享相同的特征,就如我们在第五章讨论过的那样。那么,既然“反对”这种态度和其他种类的信念如此相像,凭什么说我们不能引进一个谓词“反兮的”来表达这种态度呢?

所以,范·鲁金针对HOA说明提出的过度推广问题(overgeneralization problem)有着极其普遍的意义。它看起来是对任何可能的HOA说明的严重威胁,无论这些HOA说明如何阐明自己的细节、如何在其他方面优于早先布莱克本的理论。主要出于这点原因,我们一般论定,旨在解决弗雷格-吉奇问题的HOA尝试是不成功的。

6.7 余下的挑战

范·鲁金还为这个问题的根源做了一番诊断。他的诊断结果是,虽然布莱克本可能解释了为什么既接受一个有效论证的前提又否认该论证的结论有非理性的地方,但是"非理性"(irrational)这个词太宽泛了,以至于不能充分说明有效性(validity)。不同心理状态的混合在很多情况下都是非理性的。处于一种你不赞同自己处于其中的心理状态中是非理性的,在你实际处于某种心灵状态中时却相信你自己并不处在其中也是非理性的。所以如果你同时接受"科罗拉多是矩形的"和"我不相信科罗拉多是矩形的"这两者,那这种状况肯定有些非理性的成分。然而虽说如此,这两个句子实际上却并不是不一致(inconsistent)的。

当你同时接受"科罗拉多是矩形的"和"我不相信科罗拉多是矩形的"这两者时,所产生的那种非理性经常被称作"摩尔式不一致"(Moorean inconsistency),因为摩尔(G. E. Moore)最早指出,说"科罗拉多是矩形的,但是我不相信它是矩形的"在某种意义上自相矛盾。摩尔式不一致是和"P"与"～P"之间那种真正的(genuine)不一致相对而言的。

所以,HOA 进路的失败带给我们的教益就是,如果表达主义者想要解释某种恰当版本的不一致属性和推理许可属性,以足够支持他们在有效论证和无效论证之间做出区分,那么他们就不能只是诉诸任何陈词滥调所指的"不同心理状态之间的理性冲突",而应诉诸存在于内容不一致的信念之间的那种特殊的冲突。所幸,在第五章我们已经做过一些讨论,以考察类欲望态度是否可以以这种方式互相冲突。我们在那里把这点称作"人内分歧"。有一种想法认为,我们可以借用第五章关于人内分歧的讨论来克服范・鲁金提出的问题,这种想法非常重要,而且是表达主义者在思考弗雷格－吉奇问题的过程中做出的一个重大进展。这种想法将把我们带到表达主义理论发展的下一个阶段,在第七章我们就会学习这一内容。

本章概要

在这一章里,我们探讨了表达主义者为给出确定复杂句意义的办法而做出的早期尝试,他们试图以此对弗雷格－吉奇问题做出回应。我们区分了我们可能希望予以解释的不同语义属性,包括假言三段论的不一致属性和推理许可属性。我们还评估了布莱克本早期的“包含性”说明,然后更全面地考察了他自二十世纪八十年代以来的高阶态度理论。布莱克本的高阶态度理论面临的主要问题是范·鲁金问题,即,高阶态度理论过度生成了有效论证。

拓展阅读

读者应结合 Blackburn(1984)的第六章来阅读这一章内容。范·鲁金的论证来自 van Roojen(1996),这篇论文还对几种不同的表达主义理论做出了精彩的比较讨论。布莱克本的早期说明出现于 Blackburn(1973),对于热心的读者来说它仍是必读文献,但现在我们一般是出于对相关历史的兴趣才会读它。Blackburn(1988)和 Hale(1993)比上面这些文献要难读得多,但欲对非认知主义进行严肃研究的读者仍应结合本章内容研读它们。另外,在阅读 Blackburn(1988)之前先读 Schueler(1988)可能会有所帮助,因为前者是对后者做出的回应。

练　习

1 E 理解:考虑如下句子“如果削减税收能够增加收入,那么如果不增加收入是错的,不削减税收就是错的”。试把它所表达的态度用“[ ]”和“→”这样的符号表示出来。如果你在这里遇到了困难,试着用一个字母来代替每个句子(比如,“P”、“Q”等),这样问题可能会显得清楚一些。

2 E 理解:解释不一致属性和推理许可属性两者之间的差别。

3 E 延伸:古典逻辑(classical logic)一般会假定,从任何语句“P”到由“P”和任何其他句子所组成的“或”语句(比如“P 或 Q”)的推理是有效的推理。现在,让我们令“P”为句子“马克斯很矮”,令“Q”为句子“马克斯很高但是很胖”。请你先分别写出“P”和“P 或 Q”这两个句子。然后,检验从“P”到“P 或 Q”的论证是否具有不一致属性和推理许可属性。在这两种属性上,你得到的结论相同吗?

4 E 理解:解释下面两种高阶态度说明的不同之处:

(1)$[P\rightarrow Q]=DIS([P]\&\sim[Q])$

(2)$[P\rightarrow Q]=DIS([P]\&[\sim Q])$

其中,哪一个提供了对假言三段论不一致属性的更好的说明?为什么?

5 M 理解:考虑如下高阶态度说明。它认为条件句表达了一种“轻蔑”(scorn)态度;它所遵行的办法如下:

$$[P\rightarrow Q]=SCORN([P]\&[\sim Q])$$

试通过构造一个无效的但该说明却无法将其与有效论证区分开来的论证,来表明这一观点为何会面临范·鲁金问题。如果你在这儿卡了壳,可以参考后面“答题参考”中给出的提示。

6 M 延伸:通过构造一个无效的、但“包含性说明”却无法将其与有效论证区分开来的论证,来说明布莱克本的早期“包含性说明”

同样逃不开范·鲁金问题。(提示:对前提 1 和结论的选择应该比较容易;关键在于如何以恰当的方式选择前提 2。)

7 M 新问题:从结构上来看,布莱克本的高阶态度办法(即[P→Q] = DIS([P]& ~[Q]))会让我们联想到“A→B”有时会被定义为与“~(A& ~B)”等同这一事实。其实,如下想法是很自然的:对“A→B”的语义学说明要想是完备的,就应当满足它事实上等同于“~(A& ~B)”或至少可蕴涵“~(A& ~B)”这一约束。在这个练习里,请你通过揭示如下这点——在对“且”和“非”的意义的任何自然解读中,并不存在任何可以导致这种等同关系的解读——来表明布莱克本的说明无法满足以上约束。你可以从下面列出的对“且”和“非”的意义所做的可能解读方式出发来开始这项任务;你还可以添加任何你能想到的其他解读方式:

如果[A] = DIS(α)且[B] = DIS(β),那么……

&: [**A&B**] = ……	~ :[~**A**] = ……
(&1) DIS(α&β)	(~1) DIS(~α)
(&2) DIS(α)& DIS(β)	(~2) ~DIS(α)
	(~3) dis(DIS(α))

试解释为什么似乎不存在任何关于“且”和“非”之意义的表达主义说明,以使布莱克本得到本题所述的那种等同关系。

8 M 延伸(接第 7 题):在上一题对“非”之意义所做的可能解读中,唯一看起来像个高阶态度说明的就是标以“(~3)”的那种解读。这一解读预测,如果[A] = DIS(α),那么[~ ~A] = DIS(DIS(DIS(α)))。注意,对于任意语句“A”,“A”和“ ~ ~A”是等同的。即,如果“A”是真的,那么“ ~ ~A”也是真的;而且如果“ ~ ~A”是真的,那么“A”也必然是真的。这就意味着,如果“(~3)”这种解读可以解释从“A”推出“～～A”以及从“～～A”推出“A”这两个论证的推理许可属性的话,那么一个不赞同“不赞同‘不赞同α’”的人就不得不承诺(must be committed to)不赞同α,同样地,一个不赞同α的人也不得不承诺不赞同“不赞同‘不赞同α’”。那么,以上这两个论题是不是都可信?如果其中一个比另一个更加不可信,那么是哪一个?为什么?

9 D 侧向拓展(接第8题):在 Blackburn(1998)的第一章里,布莱克本描绘了他所谓的“情感攀升”的阶梯。当你不仅偏好某事物,而且(在第一级阶梯上)偏好“人们偏好该事物”,或(在上升的第二级阶梯上)偏好“人们偏好‘人们偏好该事物’”时,你就在经历情感攀升。现在,请你用第8题中的问题来论证,关于“非”之意义的高阶态度说明将会导致如下观点:如果一种态度由一个句子所表达,那么任何人只要有这种态度就不得不承诺沿着布莱克本的态度攀升之梯一直向上爬去。另外,布莱克本还暗示,当只谈到口味时,我们并不会攀爬这只梯子。下面,请你用这些论断来展示,对“非”之意义的高阶态度说明意味着语句不可能只表达单纯的口味——即便是像“香草冰淇淋非常可口”这样的句子。

10 D 限制(接第7、8、9题):假定“非”的意义是练习7中的(～3),且假定练习8中的假说是正确的,即 DIS(DIS([P]))和[P]必然承诺另一方(commit to each other)。下面,请你展示,如果你用“～”和“→”来定义“&”,那么你就可以满足如下约束:[P→Q]和[～(P&～Q)]几近于必然承诺另一方。然后,回答下面的问题:为什么它们只是“几近于”必然承诺另一方呢?对于“非”之意义的高阶态度说明来说,这是件好事还是坏事?为什么?

答题参考

5 提示:为了解决这个问题,你可能需要发明一个新词,并为它的意义给予一种表达主义的解释。你可以通过仔细阅读本章第六节来获得启发。

7 在整道题里,假设[A]=DIS(α)且[B]=DIS(β)。然后,首先,设定对"&"的解读为(&1),对"~"的解读为(~2)。这时,根据(~2),[~B]= ~DIS(β)。但接下来,(&1)却无法告诉我们[A&~B]是什么——因为(&1)依其定义只适用于表达了不赞同状态的句子的合取。[1] 因此,(&1)和(~2)不能帮助我们确定[~(A&~B)]是什么。那么,让我们再设定对"&"的解读为(&2),对"~"的解读为(~2)。这时,根据(~2),[~B]即为 ~DIS(β)。再根据(&2),可得[A&~B]为 DIS(α)&~ DIS(β)。然后再回过头来根据(~2),最终得出[~(A&~B)]= ~(DIS(α)&~ DIS(β))。然而问题是,依布莱克本,[A→B]=DIS(DIS(α)&~ DIS(β)),而这一表达式跟我们上面得出的结果并不等同,因为不赞同某一心理状态与不处在该心理状态之中并不是一回事。下面,请你从其他可能的"&"和"~"的解读组合出发,表明在那些情况下布莱克本的处境也不容乐观。

教 益

3 对假言三段论来说,不一致属性和推理许可属性密不可分;但这两种属性未必在所有推理形式那里都密不可分。古典逻辑擅于把握何种推理具有不一致属性,而另一种逻辑——相干逻辑(relevance logic)则旨在把握推理许可属性。我们可能会发现,所有在古典逻辑的意义上有效的论证都具有不一致属性,但它们却并非都

---

① 我们已经定义,(&1)是对[A&B]的解读,而由于[A]=DIS(α)且[B]=DIS(β),即A、B两个句子都是表达不赞同状态的句子,因此(&1)依其定义只适用于表达了不赞同状态的句子的合取。它不能适用于[A&~B],因为"A&~B"是一个表达了不赞同状态的句子(A)与一个表达了并非不赞同状态的句子(~B)的合取。——译者注

具有推理许可属性——而对于后面这种情况,表达主义应当在它对这两种属性的说明中做出相应解释。

7 我们可以这样来理解布莱克本对"→"所做的说明:他接受对"&"的(&2)解读,却缺少对"～"的一致性解读。因为一方面,他需要(～2)来解读"～(A&～B)"中出现的第二个"～",另一方面,他却需要(～3)来解读"～(A&～B)"中出现的第一个"～"。不过,你还可以参阅练习10,它对这种情况做了一种可能的限定。[3]

参考文献

Blackburn, Simon (1973). "Moral Realism." Reprinted in Blackburn (1993), *Essays in Quasi－Realism*. Oxford: Oxford University Press.

—— (1984). *Spreading the Word*. Oxford: Oxford University Press.

—— (1988). "Attitudes and Contents." *Ethics* 98(3): 501－517.

—— (1998). *Ruling Passions*. Oxford: Oxford University Press.

Hale, Bob (1993). "Can There Be a Logic of Attitudes?" In John Haldane and Crispin Wright, eds., *Reality, Representation, and Projection*. New York: Oxford University Press.

Hare, R. M. (1970). "Meaning and Speech Acts." *Philosophical Review* 79(1):3－24.

Kolodny, Niko, and John MacFarlane (unpublished). "Ifs and Oughts." Unpublished manuscript.

Lycan, William (2001). *Real Conditionals*. Oxford: Oxford University Press.

McGee, Vann (1985). "A Counterexample to Modus Ponens."

Journal of Philosophy 82(9): 462 - 471.

Schueler, G. F. (1988). "Modus Ponens and Moral Realism." *Ethics* 98(3):492 - 500.

van Roojen, Mark (1996). "Expressivism and Irrationality." Philosophical Review105(3): 311 - 335.

7

弗雷格－吉奇问题:1988－2006

7.1 小引

在第六章中,我们了解了从复杂句组成部分的意义出发确定整个复杂句意义的建设性表达主义办法是什么样子,并对高阶态度进路做了一番考察。高阶态度说明所面临的首要问题是它们过度生成了有效论证,因为它们不能在有效论证和一些无效论证之间做出区分。而正如范·鲁金指出的那样,之所以发生这种情况,是因为它们在解释为什么既认为P又认为~P是非理性的时候,依赖于一个过于宽泛的"非理性"观念。因此,为了避开过度生成问题,表达主义对不一致属性的解释就必须首先确立这一点:[P]和[~P]——即,P这种想法和~P这种想法——互相冲突,而且它们冲突的方式和普通描述性信念"草是绿的"与"草不是绿的"互相冲突的方式完全相同。

近二十年以来,更有希望解决弗雷格－吉奇问题的表达主义进路便尝试诉诸上面这种观念,以求给出确定复杂句意义的表达主义办法。在这一章里,我们首先会发现,如果我们直接诉诸像"分歧"(disagreement)这样的概念的话,给出一种办法来对复杂句所表达的状态予以描述(descriptions)是多么轻而易举的事情。比起 HOA 说明,这些描述有一个优势——它们不会触犯范・鲁金问题。可以说,这些描述是形式上完备的(formally adequate)。但是,我们还将看到,和 HOA 说明不同的是,这种描述性进路是非建设性的(non - constructive),因此,它并不能对弗雷格 - 吉奇问题带来的主要基本挑战做出真正的回应。

这一章可以说是本书里最难的一章。但我们在前些章节里已经为本章做足了准备,你不用担心会在这儿遇到不可理解的材料。为了更轻松简明地表达某些想法,我会引入另外一些技术性缩略语,并会稍微多使用点逻辑符号和数学符号。不过每引入一个新符号,我都会对它的意思加以解释。如果你在后面跟丢了,可以回过头来在前文中重新查看它的意思。

7.2 吉伯德式语义学

我在前面说过,如果我们允许自己直接诉诸“分歧”这个概念,那么构造出对复杂句所表达的心理状态的描述就是件轻而易举的事情了。那么,到底有多容易呢?让我们从以下观察开始:对于任意句子“P”,如果你认为 P,那么你就会和某些人互相分歧。比如,仅仅因为你认为 P,你就会和认为 ~P 的任何人互相分歧。而如果你认为 P 或 Q,那么你就会和更少的人互相分歧——如果你认为 P ∨Q(“ ∨ ”就是“或”的意思),那么你只和如下这些人互相分歧:这些人既和认为 P 的人互相分歧,又和认为 Q 的人互相分歧。这一简单的观察暗示我们,可以从当你认为 P∨Q 时与之分歧的那些心灵状态的集合出发,刻画出“认为 P∨Q”是什么样子。

我们知道,“[P]”意指的是“认为 P”这种想法,即,它指的是对于任意句子“P”,由“P”所表达的心理状态。现在,我将介绍一个新的术语:我们将用“ | M | ”意指当你处于心理状态 M 时与之分歧的那

些心灵状态的集合。所以,$|M|$就是这样的一个集合:它包含且仅包含所有的心理状态 x,使得任何处于心理状态 M 的人都和任何处于心理状态 x 的人互相分歧。我们还可以把$|M|$叫作 M 的分歧类(disagreement class)。(所以,给定这个术语,我们就可以用“$|[P]|$”来意指“认为 P”的分歧类了,即,它意指当你认为 P 时与之分歧的那些心灵状态的集合。)有了这种记法,我们可以把上一段的结论更简明地表示如下:$|[P \vee Q]| = |[P]| \cap |[Q]|$[1]。也就是说,当你认为 P∨Q 时,你所与之分歧的那些心理状态的集合包含且仅包含所有那些既与当你认为 P 时所处的心理状态相分歧又与当你认为 Q 时所处的心理状态相分歧的心理状态。① [符号说明:“∩”是一个数学符号,表示两个集合的交集(intersection)。交集是指同时处于两个集合之中的所有元素的集合。]

我们知道,在这个例子里,要给出一个满足组合约束的表达主义语义学,就是要给出一种办法,使我们能够在给定输入值[P]和[Q]的时候确定[P∨Q]。前面两段中的观察并没有告诉我们[P∨Q]是什么,但是它确实告诉了我们一些关于[P∨Q]的重要信息:[P∨Q]是这么一种心理状态 x,不管 x 到底是什么,它都满足$|x| = |[P]| \cap |[Q]|$。这样,以上观察就可以让我们通过描述来明确指定[P∨Q]是什么了:它是这么一种心理状态,其分歧类是[P]的分歧类和[Q]的分歧类的交集。这看上去似乎是个进步——因为它毕竟可以让我们说明(起码,通过描述来说明)给定输入值[P]和[Q]时,[P∨Q]是什么。而且,做到这点对这种语义学来说轻而易举。正是因为这些原因,我在本节开头才会说,如果我们允许自己诉诸“分歧”这个概念,那么通过描述来具体说明复杂句表达的心理状态就是件轻而易举的事情。

① 原书此处有误。译者已就此去信作者,得到了作者的赞同。译本中已做改正。——译者注

不仅如此。类似的原理还可以被用于对[~P]的确定。我们知道,关于" ~P"的表达主义语义学要做的事情,就是给出一种办法,使我们可以从给定的输入值[P]出发,确定[~P]。所以如果我们能给出一种办法,使我们可以从给定的输入值|[P]|出发,来确定|[~P]|,那么经过与上段相同的推理过程,我们就能把这个办法变成一个表达主义需要给出的办法了。而事实是,用来确定|[~P]|的这种办法并不难给出,虽然它比用来确定|[P∨Q]|的那种办法多少更复杂些。首先,注意到一个人如果认为 ~P,那么他就和任何认为 P 的人互相分歧。而且,他还和任何持有比 P 更强的想法的人互相分歧。同时,他不和除上面两种人之外的任何人互相分歧。但是,"持有比 P 更强的想法"到底是怎么一回事?——它是这么一回事:当你持有至少和 P 一样强的想法时,你就和所有当你认为 P 时所与之分歧的那些人互相分歧。也就是说,对于任意一种心理状态 y,只有当"认为 P"的分歧类是 y 的分歧类的子集(subset)时,y 才是至少和"认为 P"一样"强"的。我们可以把"'认为 P'的分歧类是 y 的分歧类的子集(subset)"表示为|[P]|⊆|y|(编辑时注意:统一符号的格式,用同种字体),在这里,"⊆"是一个标准数学符号,指"……是……的子集"。所以,综上所述,只有当|[P]|⊆|y|时,才有 y∈|[~P]|。(符号说明:"∈"也是一个数学符号,它的意思是"……是……集合中的一个元素"。)这样,我们就给出了一个办法,可以从输入值[P]出发来确定[~P]。也就是说,[~P]是这么一种心理状态 x,不管 x 到底是什么,它都满足|x| ={y:|[P]|⊆|y|}(如果你以前没见过这种数学记法,那么你可以这样理解:只有当|[P]|⊆|y|时,y 才位于 x 的分歧类之中)。

这些办法可能看起来无足轻重,但它们却能让我们证明很多重要而有意思的东西。比如,从我们为确定[~P]而给出的办法出发,可以很容易就证明出,任何认为 ~P 的人都会和认为 P 的人互相分歧。这是因为,很显然|[P]|⊆|[P]|,所以[P]∈{y:|[P]|⊆

|y|}。因此,[P]∈|[～P]|,意即"认为P"位于"认为～P"的分歧类之中。而依分歧类的定义,上述结论也就意味着,任何认为～P的人都会和任何认为P的人互相分歧。由于这一点正是我们想对"不/并非"(not)一词确立的重要语义属性,所以上面得到的是个振奋人心的结果。而且,如果我们把"P→Q"定义为"～P∨Q"(参见第三章练习第5题),那么一个完全可类比得来的(虽然会稍微复杂些)论证就会表明,假言三段论满足不一致属性。在后面的练习题里,我会邀请你对此做出具体证明。

不仅如此。我们不仅能够证明,我们直觉上看来应当互相分歧的想法确实互相分歧了,而且被这种办法证明互相分歧的想法也不会多于我们直觉认为会互相分歧的想法。也就是说,我们可以证明,这种进路不会引发范·鲁金问题的诘难。对这一点的证明会稍微复杂一些。证明的第一步是,注意到对于一个简单句,比如"P",|[P]|依其定义就是当你处于[P]这种心理状态之中时与之分歧的心理状态的集合。既然对简单句来说这一点是依定义而为真的,那么对于任意简单句"P"来说,处于[P]这种心理状态都不会让你与之分歧的人比直觉看来应当与之分歧的人更多。余下的论证则将表明,一旦我们知道简单句不会让我们面临过多分歧,那么从确定[～P]和[P∨Q]的办法出发,就可以得出复杂句也不会让我们面临过多分歧。本章后面的一些练习题会邀请你一起完成余下的这些证明。

我把我们在这一节通过分歧类进路发展起来的表达主义语义学叫作"吉伯德式语义学"(Gibbardish semantics),因为根据我对这种进路的理解,它实质上就是艾伦·吉伯德在他关于表达主义的两本著作中所提倡用以应对弗雷格－吉奇问题的进路。不过,我在这里对该进路的呈现方式在两个重要方面不同于吉伯德自己的表述,所以这种进路只是吉伯德式的。我们将在练习题中说明和探讨我和吉伯德在相关呈现方式上的不同之处。

7.3 建设性和解释力的缺乏

到此为止,上面所说的这些看起来都是可喜的方面——似乎我们正在做的,恰恰就是一个对弗雷格-吉奇问题的表达主义解决方案所应当做的:提供一种办法,使我们可以根据复杂句中较简单成分所表达的心理状态,来确定复杂句本身所表达的心理状态;然后,再用这种办法解释复杂句的语义属性。然而,事实是,这仅仅是一个幻觉。事实是,这种进路并未真正告诉我们那些复杂句所表达的是什么心理状态;甚至,它根本就不能保证这么一种心理状态是存在的。而因为它并未真正告诉我们复杂句所表达的是什么心理状态,所以它也不能对复杂句的语义属性做出真正的解释。

那么,为什么这种分歧类的进路不能真正告诉我们复杂句所表达的是什么心理状态?为什么它不能真正解释这些复杂句的语义属性?答案是,它所给出的所有说明都只是关于[P∨Q]和[~P]的确定性描述(definite description)。它告诉我们,[P∨Q]是这么一种心理状态 x,不管 x 到底是什么,它都满足 $| x | = |[P]| \cap |[Q]$;它还告诉我们,[~P]是这么一种心理状态 x,不管 x 到底是什么,它都满足 $|x| = \{y: |[P]| \subseteq |y|\}$。这当然挺好——如果这些心理状态确实存在的话。但是如果这些心理状态压根就不存在呢?该进路没法儿确保这些心理状态是存在的——它只能告诉我们这些心理状态必须得是什么样子。

理解这种进路的限度是有益的。我们应该意识到,这种进路所做的是如下工作:先是得出关于[P∨Q]和[~P]的一个恰当表达主义说明所需满足的属性,然后只是简单地假定拥有如上属性的心理状态是存在的。也正因此,该进路才能那么轻而易举地表明,在它的解释下复杂句有着正确的语义属性。换句话说,这种进路只是求出,为了正确地得出[P∨Q]和[~P]的语义属性,这两种心理状态各自必须与什么状态相分歧,然后再假定后者就是分别和[P∨Q]和[～P]互相分歧的心理状态。当然,如果这些心理状态确实存在,那么吉伯德式的表达主义进路就可以诉诸这些心理状态的语义属性来解释诸如"为什么'认为～P'会使你和'认为P'的人相互分歧"这样的问题。但是,即便我们可以列出一个愿望清单,网罗一个关于[P∨Q]和[～P]的表达主义说明若要完备就必须满足的所有特征,我们也不能因此就对表达主义一定能满足这个愿望清单充满信心。

我们不应被如下事实带偏——确实,我们都知道,存在着一个"认为P∨Q"的心理状态,而当你处于这种心理状态时,你确实会和既在你认为P时与你互相分歧又在你认为Q时与你相互分歧的那些人相互分歧。当然,这种心理状态是存在的。它就是"相信P∨Q"这种信念。但是,这里的问题并不在于这种状态可能不存在;问题在于,就我们目前对表达主义的理解,如果表达主义是真的,这种状态可能就不存在了。当然,如果我们已经知道表达主义必须得是真的,那么我们就可以通过诉诸"确实存在这么一种状态"这种信心来论证表达主义必然能够说明它。然而,我们最终感兴趣的问题恰恰是:表达主义——或,就此而言,任何形式的非认知主义——是不是真的。所以,如下事实便事关重大:除了这种吉伯德式的表达主义说明,还存在着一种非表达主义的另选方案,它能够非常简单地解释为什么"认为P∨Q"这种状态是存在的,以及该状态为什么具有相应的属性,即使表达主义不能告诉我们这种状态是什么、不能解释它为什么具有相应的属性。这种另选方案给出的解释就是,表达主义是假的,而[P∨Q]之所以存在并拥有它实际上所拥有的那些分歧属性,是因为它只是一个普通信念,与别的普通信念没什么种类上的差别。

下面,让我们把吉伯德式语义学和HOA进路的长短处做一番对比,这将不无益处。首先,HOA进路是建设性的,因为它并不仅仅为我们提供对复杂句所表达的心理状态的描述——实际上,它所做的是告诉我们那些状态是什么,以及确保那些状态总会存在。除此之外,它还通过诉诸有关这些心理状态的更为一般化的假设,来解释为什么这些状态和其他某些状态在理性上互相冲突。比如,布莱克本就假设,处于一种你不赞同处于其中的某种状态中是非理性的;正是从这一假设出发,他解释了为什么条件句表达的心理状态满足推理许可属性。与之相反,吉伯德式语义学只是基于这些状态的分歧类对这些状态做出了描述。它并没有真正告诉我们有这些分歧类的到底是何种心理状态,也并没有诉诸关于这些心理状态的独立事实来解释这些心理状态为什么和它们实际上相分歧的那些心理状态互相分歧。吉伯德式语义学只是假设这些心理状态是存在的,并希望这种假设能得到满足。

但另一方面,正是 HOA 进路提供的实质性说明造成了它的问题。特别是,这些实质性说明好过了头(too good),因为它们过度生成了有效论证,即使在它们不应适用的地方也能适用——这即是范·鲁金问题。吉伯德式语义学则通过不予提供对分歧关系的实质性说明避开了范·鲁金问题。由于它并未给出对分歧关系(disagreement relations)的实质性说明,它就不可能过多生成分歧关系。所以,可以说,吉伯德式语义学以牺牲建设性(constructiveness)和解释力(explanatory power)为代价,求得了形式上的准确性(formal correctness)。

事实上,在"牺牲建设性和解释力,以求得形式上的准确性"这点上,吉伯德式语义学并不是唯一的一个。存在着一代全新的表达主义理论,它们虽然表面看来彼此迥异,但都像吉伯德式语义学一样,是非建设性的、形式上准确的。而正如我们将在下两节中看到的那样,遍及所有这些观点的非建设性其实事出有因。我们将看到的是,只要满足几个非常简单的约束,任何形式上完备的表达主义理论都不可能具有建设性。与此同时,我们还会更具体地考察为什么对表达主义来说,不能提供建设性办法是如此成问题的一件事。

7.4　否定句难题

自二十世纪八十年代以来,条件句受到的直接关注减少了,而否定句(negation)受到的关注则日益增多。原因很简单:要解释为什么假言三段论具有不一致属性,就是要解释为什么同时接受{"P","P→Q","~Q"}这三个句子是不一致的。但这个问题有很多未定因素。为了解决这个问题,我们不仅需要一个关于条件句意义的表达主义说明,还需要一个关于否定句(negated sentences,即,像"~P"这样的句子)意义的表达主义说明。所以,既然一个关于条件句意义的说明若要完备就必须使假言三段论具有不一致属性,那么为了评估对"如果……那么……"语句意义的某种说明是否令人满意,我们必须首先知道"不/并非"一词的意义。

然而,反过来说,为了评估一个关于"不/并非"意义的说明是否成功,我们并不需要对"如果……那么……"的意义有任何了解。否定句最重要的语义属性就是,它们与它们所否定的句子不一致。即,对于任意句子"P","P"与"~P"不一致。而为了评析这点是否成立,我们不需要对"如果……那么……"的意义有任何了解。所以,在处理"如果……那么……"的意义之前先着手处理"不/并非"一词的意义是一个更有希望的策略。这样,我们就可以在某种程度上减少可能答案的可变性,从而更易将注意力集中于"找到一个有希望的解决方案是否可能"这一点上。

"不一致"经常被定义为"不能同时为真",但正如我在第六章把解释为什么假言三段论是有效的推迟到第八章去做一样[在第八章,我们将会了解非认知主义者应当如何思考"真理"(truth)],我现在将把对"为什么'P'和'~P'总是不一致"的解释——在"不能同时为真"这种严格意义上——推迟到以后再做。表达主义者只会在间接的意义上解释这一点；首先，他们会尝试解释为什么[P]和[~P]相互分歧。所幸，我们已经在第五章了解到，史蒂文森和吉伯德已开始了一项计划，即尝试解释如何可能存在允许人际分歧和人内分歧的“将世界匹配到心灵”①的态度。所以，正像我们在前两节所做的那样，让我们假定“不赞同”这种态度就是一种满足上述条件的态度。特别地，让我们假设“不赞同”是我们对行动(actions)所持的一种态度，并且它在如下方面和信念相像：

> 不一致性的可传递假设(inconsistency - transmitting)：正如“相信 P”这种信念和“相信 Q”这种信念只有在 P 和 Q 不一致的条件下才互相分歧，“不赞同 A”这种态度和“不赞同 B”这种态度也只有在 A 和 B 不一致的条件下才互相分歧。

从以上假设可以推出，“对偷钱的不赞同”这种状态和“对不偷钱的不赞同”这种状态互相分歧。所以，若“偷钱是错的”这句话表达了前者，而“偷钱不是错的”表达了后者，那么如果一个人同时接受这两个句子，他就是自我不一致的，因为他同时有着两种互相分歧的态度。另外，根据我们在第五章第二节对“相信”一词所做的说明，我们可以从以上假设推出，如果一个人相信偷钱是错的，那么他就和相信偷钱不是错的的人相互分歧。由于上面这些都正是我们希望加以解释的事实，所以目前形势看起来似乎还挺乐观。

然而，不幸的是，这里存在着一个小小的麻烦(itty - bitty snag)。更不幸的是，它其实是一个挺大的麻烦。这个麻烦被称作“否定句难题”(the negation problem)，它在 Nicholas Unwin(1999，2001)那里得到了最清晰的表述。正是尼可拉斯·安文清楚地使这

① 原书此处有笔误。译者已就此去信作者，得到了作者的赞同。译本中已做改正。——译者注

个难题成为备受关注的焦点,虽然在他之前就已有人意识到了该问题。这个问题在于,如果“偷钱是错的”表达了对偷钱的不赞同,那么“不偷钱是错的”就应当表达对不偷钱的不赞同。但是“不偷钱是错的”的意思和“偷钱不是错的”的意思相差甚远。前者意味着偷钱是必须当为的(obligatory),后者则意味着偷钱是可被允许的(permissive)。所以,即使“对偷钱的不赞同”和“对不偷钱的不赞同”互相分歧,这看起来也只是解释了“偷钱是错的”和“不偷钱是错的”之间的不一致,而并没有解释“偷钱是错的”和“偷钱不是错的”之间的不一致。

这不仅意味着我们不能给出一个说明,以解释句子“偷钱不是错的”所表达的是一种什么样的心理状态,而且意味着我们无法为“偷钱不是错的”这个句子分派任何一种心理状态,以使我们可以把需要解释的所有不一致性都解释为对不一致内容的不赞同——后者就像有着不一致内容的信念一样,都是有着不一致内容的同种态度,都会以非摩尔式的方式互相分歧。

要想证明这一点也不怎么难。我们可以比较如下四句话:

1“偷窃是错的。”
2“偷窃不是错的。”
3“不偷窃是错的。”
4“不偷窃不是错的。”

其中,语句1和语句2不一致,语句3和语句4也不一致。而如果我们要用这些句子所表达的心理状态之间的分歧来解释它们之间的不一致,那么我们就要指出这些心理状态在理性上互相冲突,且其互相冲突的方式与有着不一致内容的信念之间互相冲突的方式一样;而对这一点的解释又应诉诸如下事实:正如对于“信念”、“意图”这些心理状态来说,有着不一致内容的同种心理状态在理性上相互冲突一样,对于“不赞同”这种心理状态来说,有着不一致内容的“不赞同”态度也在理性上相互冲突。综上所述,语句 2 和语句 4 必定是在表达某种“不赞同”状态:

1’[偷窃是错的] = DIS(偷窃)
2’[偷窃不是错的] = DIS(x)
3’[不偷窃是错的] = DIS(不偷窃)
4’[不偷窃不是错的] = DIS(y)

为了解释语句 1 和语句 2 为什么不一致,语句 2 所表达的必定是对于某种和偷窃不一致的对象的不赞同;同理,为解释语句 3 和语句 4 为什么不一致,语句 4 所表达的必定是对于某种和不偷窃不一致的对象的不赞同。而如果 x 和偷窃不一致,那么 x 就意味着不偷窃。同理,如果 y 和不偷窃不一致,那么不偷窃就意味着非 y。由以上两点可推出,x 意味着非 y——即,x 和 y 不一致。由此又可预测,由语句 2 和语句 4 所表达的心灵状态之间存在着人内分歧,因此语句 2 和语句 4 不一致。然而,事实是,语句 2 和语句 4 并不是不一致的句子!我们完全可以一边认为偷窃不是错的,一边认为不偷窃不是错的,这样做丝毫没有不一致的地方,因为我们可以认为,不管是偷窃还是不偷窃都是可被允许的。

我们在前面提到过,范·鲁金的论证意味着,如果表达主义者不愿把过多的论证解释为有效的,那么他们就要当心不去诉诸随便什么存在于两种心理状态之间的陈词滥调的理性冲突,而只能诉诸我们称之为“人内分歧”的特殊冲突——“人内分歧”存在于有着不一致内容的普通描述性信念之间,也存在于有着不一致内容的意图之间。然而,这一节的证明告诉我们,如果诸如“偷窃是错的”这样的简单道德语句表达了对于该句主词的负面态度,而且不赞同状态之间的分歧和信念之间的分歧产生的原理差不多(这一点正是吉伯德和史蒂文森试图通过论证让我们乐观以待的想法,相关内容参见本书第五章),那么我们就不能说,"偷窃不是错的"表达的是和"偷窃是错的"相同种类的态度。

下面这种思路或许会有助你理解本节所示的反证法(negative proof)的辩证结构:我们不应认为吉伯德式语义学的"分歧类"进路提供了关于确定复杂句意义的成熟办法,而应认为它形式化(formalize)了任何欲对复杂句所表达的状态给出一种说明的办法要想完备所需满足的条件。即,对于任何表达主义办法来说,以下要求是它成为一个完备办法的充要条件:该办法能够解释,为什么[P∨Q]和[~P]有着它们实际具有的那些分歧类,且这些分歧类可由[P]和[Q]的分歧类来表达。而我们这一节的论证所显示的是,给定一组迄今为止所有的表达主义者都接受的有限假设,任何建设性的说明都会推出错误的分歧类。对表达主义来说,这可是个坏消息。

7.5 态度的层序

Nicholas Unwin(1999,2001)用一个简单的例子揭示了以上问题产生的根源。在这两篇论文里,安文邀请我们比较如下四个句子:

w 乔恩认为偷窃是错的。
n1 乔恩不认为偷窃是错的。
n2 乔恩认为偷窃不是错的。
n3 乔恩认为不偷窃是错的。

要提供一种关于"不/并非"一词的表达主义语义学,也就是要给出语句 n2 的内容——因为表达主义认为我们是通过说明"认为

P”是怎么回事来确定“P”的意义的。但是麻烦的是，我们不能从表达主义者对“偷窃是错的”的意义所做的说明中直接解读出这一点，因为语句 w 缺乏充分的结构。正如语句 n1 – n3 所例示的那样，w 中有三个地方可以插入“不/并非”一词。但是下面的语句 n1 * – n3 * 却显示，在表达主义者对语句 w 所做的示范说明中，我们找不到三个地方来插入“不/并非”一词：

w * 乔恩不赞同偷窃。

n1 * 乔恩并非不赞同偷窃。

n2 * ???

n3 * 乔恩不赞同不偷窃。

安文的例子表明，表达主义者对原子句所表达的态度给出的说明不具备充分的结构，因此我们不能从中推出相关复杂句所表达的是何种状态。同理，安文的例子还足够表明，这一问题不仅存在于否定句，还存在于每一种复杂句的构成形式中，如下例所示：

&1 乔恩认为偷窃是错的，且乔恩认为谋杀是错的。

&2 乔恩认为偷窃是错的，且谋杀是错的。

&3 乔恩认为偷窃且谋杀是错的。

∨1 乔恩认为偷窃是错的，或乔恩认为谋杀是错的。

∨2 乔恩认为偷窃是错的，或谋杀是错的。

∨3 乔恩认为偷窃或谋杀是错的。

而且，我们很容易便能把这样的例子无限扩展下去。对每一组例子来说，其中的三个句子必须被区分开来。对每一组例子来说，要提供一种表达主义办法来说明相应复杂句的构成，都是要给出第二个语句的内容。然而对每一组例子来说,语句 w 的结构中都缺乏足够的位置,以致我们无法推出任何对第二个语句的说明。

鉴于这个问题的结构,当代的表达主义理论家们不再尝试通过"P"和"Q"表达的状态所包含的那些态度来分析"~P"或"P&Q"所表达的心理状态。我们在这一节和上一节所讨论的论证要确证的正是,给定这些理论家所做的假设,他们做不到这一点。所以,他们所做的是另辟新路,假定复杂句表达的是新的态度。因此,我们可以构想一种新的态度——容忍(tolerance),并把语句 n2 的意思解读为乔恩容忍偷窃。类似地,我们还可以构想一种新的态度——双项不赞同(double-disapproval),这种态度把两项行为同时作为自己的对象。这样,我们就可以说,语句 &2 的意思是乔恩处于一种双项不赞同的状态之中,该状态的对象是偷窃以及谋杀。

然而,正如我将在练习中邀请你展示的那样,安文的论证不仅表明对原子句的否定不能表达该原子句本身所表达的同种态度,还表明对合取的否定也不能表达相应的否定句或合取句所表达的同种态度。所以,除了假定存在着由"~A"和"A&B"各自所表达的新态度,表达主义者还需要假定另外一种新的态度,它由"~(A&B)"这种形式的语句所表达。但这还没到头;表达主义者还需要假定存在着由"A&~B"所表达的新态度,以及由"~A&~B"所表达的新态度……以及,总而言之,对于任何两个表达不同种类态度的句子,表达主义者都需要假定由它们的合取所表达的一种新态度。

而这意味着,一旦上了这条路,我们就会假定存在着一个由不同种类的态度组成的无穷层序(infinite hierarchy),这些不同种类的态度由相应的不同道德语句所表达。即,我们到头来不仅仅会建议存在着两种信念——道德的和非道德的——而且会建议存在着无穷多种信念。而这反过来又会大大增加我们在第五章遇到的心灵哲学中那些问题的难度。因为这时,表达主义者所要解释的就不仅仅是如下问题:如何可能存在两种不同的态度,而它们又碰巧如此相像，就像道德信念和普通描述性信念之间如此相像一样——接受态度层序观点的表达主义者还需要解释更多的问题：如何可能存在无穷多的不同态度，而它们又碰巧有着和两种信念之间一样多的相像之处。不仅如此，在练习中我还会请你探究这些表达主义者在其他方面是否也面临着类似的压力——他们会不会也必须假定存在着分别由不同种类的欲望、希望、疑惑、恐惧等等态度组成的无穷层序。不难看出，关于心灵的态度层序假说实在是太过繁琐了。

7.6 推理承诺理论

从大约 1988 年以来，表达主义者们发展出了各种各样的进路，以应对弗雷格 - 吉奇问题；尽管这些进路之间明显存在巨大差异，但它们都共享一些相同的本质特征：它们都通过指出复杂句所表达的心理状态必须得是什么样子来告诉我们这些心理状态是什么。我们可以把这些理论放在一起，称之为“推理承诺理论”（inferential - commitment theories）。这些理论都在做相同的事情，但它们各自的做法不同。

比如，某个理论的做法可能是，构想一种叫作“容忍”的新态度，并认为“偷窃是错的”表达了对偷窃的不赞同，而“偷窃不是错的”表达了对偷窃的容忍；并且，不赞同和容忍有着这样的特性：对同一个对象的不赞同和容忍总是互相分歧。所以，这种理论就是通过诉诸如下一点——要使得该理论起效，“容忍”这种态度就必须具备相关的属性——来描述“容忍”这种新态度的。因此，除非确实存在这样一种态度，否则该理论就不可能起效。而且，正如我们在上一节看到的那样，相似的推理会让我们发现该理论必须假定无穷地更多种类的态度。泰瑞·霍根和马克·提蒙斯在他们 2006 年的论文里（Terry Horgan and Mark Timmons，2006）提出的表达主义语义学进路就明确支持态度的无穷层序假说。

一个显然颇不相同的理论可能也会做同样的事情。不过,这种理论不会告诉我们"偷窃不是错的"表达了一种与"偷窃是错的"不同的态度;相反,为了拣选出任何语句所表达的心灵状态,它使用的都是同一种描述;自然地,它也用这种描述来拣选出"偷窃不是错的"所表达的心灵状态。我们在第二节和第三节讨论过的"吉伯德式语义学"就以这种方式工作。吉伯德式语义学有一套统一的记法,可以基于语句所表达的心理状态的"分歧类"来对这些心理状态本身做出描述。这套统一记法可能会带来一幅假象,让我们认为在某种程度上,每个句子所表达的都是同种心理状态。但实际情况并非如此。我们在第四节和第五节呈现的论证同样可以表明,如果我们必须说出有着相应分歧类的心理状态到底是什么,那么这些心理状态肯定也是无穷多种不同的态度。

除此之外,第三种理论[如 Blackburn(1988)]可能会区分"拥护"(hooraying)和"容忍"(tolerating)这两种态度,并指定,拥护 A 总是与容忍 ~A 互相分歧。然后,该理论会告诉我们,给定任意两种心灵状态[P]和[Q],还存在着第三种心灵状态——"系于一树"(being tied to a tree),这种心灵状态处于给定的[P]和[Q]之间,且具有如下属性:对任何人来说,当他在[P]和[Q]之间"系于一树"时,一旦他来到状态[~P],他在理性上就不得不承诺(is rationally committed to)处于状态[Q];相反,一旦他来到状态[~Q],他在理性上就不得不承诺处于状态[P]。但是,该理论却不能进一步阐明自己的观点:如果在[P]和[Q]之间"系于一树"本身就是一种对[P]和[Q]的态度,那么这不过是一种新版本的高阶态度理论;而如果"系于一树"是对一种心灵状态的理性推理属性(rational inferential properties)的描述,那么该观点就不过是另一种推理承诺理论。如果是后者,那么我们在第四节和第五节所呈现的论证就会导致如下结论:我们不可能止步于仅仅三种状态——拥护、容忍和系于一树;相反,我们还必须对更其复杂的心灵状态做出解释——例如,对

“系于一树”这种状态的否定。

因此,虽然所有这些观点看起来都非常不同,但归根结底,它们极为类似。从根本上讲,它们之所以具有如下优势——避开范·鲁金问题,获得形式上的完备性——恰恰是因为它们把自己应当尝试加以解释的假设直接纳为己有。它们所做的不是为确定复杂句所表达的心理状态给出建设性的办法,而仅仅是基于这些状态所需具有的属性来对其做出描述,然后再假定确实存在着具有如上属性的状态。而正如我们已经看到的,我们有很强的理由认为,这意味着它们必须假定存在无穷多种信念。

最后,由于这些理论都是非建设性的,我们自然有理由认为它们并不对复杂句的语义属性做出解释;而在弗雷格-吉奇问题的挑战下,我们原本恰恰是要做这件事。那么,为什么说这些理论并不对复杂句的语义属性做出解释呢?让我们先来比较下面两段话,它们分别是对如下问题的解释:为什么当一个人既认为P又认为~P时,他就是在经历那种我们称之为“人内分歧”的态度冲突:

> * 一是认知主义的解释。首先,注意到普通描述性信念是这么一种心理状态(这一点同样可以适用于“意图”,但不适用于“疑惑”和“假设”):如果一个人对不一致的内容持有这种状态,那么这个人就和自己互相分歧。然后,注意到“P”和“~P”是不一致的——即,它们不可能同时为真;而这一点可由“~”的意义来加以解释(参考我们在第三章学过的“~”的真值表)。最后,注意到“认为P”就是持有一种以P为内容的信念,而“认为~P”则是持有一种以~P为内容的信念。综合以上三条假设可以推出,认为P和认为~P互相分歧。
>
> * 二是推理承诺理论的解释。首先,假设给定任一心理状态[P],总有另一心理状态与之分歧。而我们为确定[~P]给出的办法就是令[~P]即为后者那种心理状态。所以,依假

设,[~P]和[P]互相分歧。

很明显,推理承诺理论给出的解释根本就不是什么解释。它所做的,只不过是把它应当尝试加以解释东西直接纳为己有。我们还可以追问:果真存在[~P]这种心理状态吗?为什么说它和[P]互相分歧?但遗憾的是,推理承诺理论对这些问题无言可对。黑尔早在1970年就承诺,非认知主义者可以给出一种确定复杂句意义的办法,从而可以预测和解释真值条件语义理论能够解释的所有事情;然而我们到此为止所知的是,在兑现这一承诺方面,进展依然颇为有限。弗雷格-吉奇问题仍是横在非认知主义面前的严重阻碍,而我们目前所知的应对进路大多并非鼓舞人心之选。

本章概要

在这一章里,我们从吉伯德式语义学——它由艾伦·吉伯德的表达主义理论变化而来——开始,探讨了在应对弗雷格-吉奇问题方面更晚近的推理承诺进路。我们对推理承诺理论如何以牺牲建设性为代价换取形式上的完备性做了讨论,并证明了为什么在它们的假设之下这是迫不得已之事。我们还了解到,推理承诺理论可能以非常不同的形式出现,它们身上并不总是贴着昭告自己本性的标签。

拓展阅读

读者最好结合吉伯德的相关著作来阅读本章——我推荐Gibbard(2003)的第三章和第四章,但另一些教师可能更偏爱使用Gibbard(1990)的第五章。Horgan and Timmons(2006)是另一篇必读文献,它对推理承诺策略和态度层序假说做出了最明确的辩护。在否定句问题方面,参见 Unwin(1999 或 2001)(1999 年那篇讨论了布莱克本,2001 年那篇讨论了吉伯德),以及 Dreier(2006)。一些读者可能还会对如下问题感兴趣——表达主义者如何可能避开本章呈现的两难困境,为复杂句意义的确定提供既具备建设性又具备形式上的完备性的办法——而 Schroeder(2008c)就给出了该问题的答案,并讨论了该答案将会带来的更多诘难。

练　习

1 E 理解:如果[P]属于 M 的分歧类,即[P] ∈ | M |,那么[P&Q]是否也属于 M 的分歧类?尝试直接从"分歧类"的定义和你对"认为 P&Q"的理解出发进行推理,以回答这个问题。

2 E 理解:西蒙·布莱克本曾说,"偷窃是错的"表达了一种对偷窃不满(booing stealing)的状态。1990 年,艾伦·吉伯德说"哭泣是非理性的"表达了一种对禁止哭泣之规范的接受(accepting a norm that forbids crying)状态。2003 年,吉伯德说"对人友好是应该做的事"表达了一种计划对人友好(planning to be friendly)的状态。2006 年,泰瑞·霍根和马克·提蒙斯说"杰克应当去"表达了一种"杰克去"的"应当"型信念(ought - belief)。下面,请你参照正文中安文所举的例句(w * 以及 n1 * - n3 *),为这四种观点中的每一个列出四个相似的例句。

3 E 延伸:在这道题里,请你通过构造与安文例句里的 n1 - n3 相似的"如果……那么……"句子,来表明安文的问题在条件句那里也同样存在。为本题目标之故,假设"谋杀是错的"表达了对谋杀的不赞同,"偷窃是错的"表达了对偷窃的不赞同,并用这些假设来构造和安文例句里 n1 * - n3 * 相似的句子。最后,比较以上两组句子,并指出问题来自哪里。

4 E 延伸:在这道题里,请你通过构造与安文例句里的 n1 - n3

相似的过去式语句,来表明安文的问题在过去式(past tense)语句那里也同样存在。为本题目标之故,假设"谋杀是错的"表达了对谋杀的不赞同,并用这一假设来构造和安文例句里 n1 * -n3 * 相似的句子。最后,比较以上两组句子,并指出问题来自哪里。

5 E 延伸:在这道题里,请你表明安文的问题在量词(quantifier words)那里同样存在。量词是指诸如"每个"(every)、"有些"(some)和"大多"(most)这样的词。具体来说,你可以这样做:对于上面所举出的三个量词,分别构造与安文所举的 n1-n3 和 n1 * -n3 * 这些例句相似的句子。下面列出的是对每一个量词来说,你需要为其写出的几个例句中的一个;你可以从这里出发完善你的答案:

every1 对于每一种行动,乔恩都认为它是错的。

some2 乔恩认为有些行动是错的。

most3 乔恩认为如下行动是错的:做大多事情。

最后,比较每一个量词对应的两组句子,并指出问题来自哪里。

6 M 延伸:"可被允许的"(permissible)和"必须当为的"(obligatory)被认为是"对偶词"(duals)。这意味着,"可被允许的"可以被定义为"并非必须不去做的"(not obligatory not),同理,"必须当为的"可被定义为"并非可允许不做的"(not permissible not)。也就是说,"可被允许的"和"必须当为的"这两个词中的任何一个都可以被用来定义另外一个。除此之外,"可被允许的"和"不被允许的"也可以被相互定义,因为"可被允许的"可以被定义为"并非不被允许的",而"不被允许的"则可被定义为"并非可被允许的"。类似地,"必须当为的"和"不必须当为的"两个词语也可以以同样的方式被相互定义。而这意味着,这四个词语中的任何一个都可以被用来定义所有其他三个词。然而,对表达主义者来说,在我们将"可被允许的"定义为"并非必须不去做的"(not obligatory not)时,这个定义中前后出现的“并非”和“不”——亦即两个“not”——之间存在着重要的区别。其中,前面出现的“not”可以被称为“外部的”(external)否定,因为它出现在谓词“obligatory”的左边,也即逻辑意义上该谓词“之外”。相反,后面出现的“not”则可被称为“内部的”(internal)否定,因为从逻辑的意义上来说,它出现在谓词“之内”。对于推理承诺理论对否定句难题的解决方案,有一种看待方式是不从“可被允许的”和“外部否定”出发来定义“必须当为的”,而是从“可被允许的”和“必须当为的”出发来定义“外部否定”。首先,请你展示如何从“可被允许的”和“必须当为的”出发来定义“外部否定”。另外,你能从“可被允许的”和“不被允许的”出发来定义“外部否定”吗?从“不被允许的”和“必须当为的”出发又如何?数一数定义“外部否定”的方式有多少种。

7 M 延伸:在第四节里,我们证明了如下论题:如果“偷窃是错的”表达了对偷窃的一种态度,且这种态度的特征在于包含此态度的两种状态只有在拥有不一致内容的条件下才相互分歧,那么“偷窃不是错的”就必然表达了一种不同的态度。在这道练习题里,请你表明同样的论题也适用于诸如“偷窃是错的,且谋杀是错的”这样的合取句(conjunctions)。请依照第四节里的证明过程进行本题的解答,并确保你用到了我们在第二节的观察结论:与一个合取句所表达的心灵状态相分歧的,是且仅是所有与它的任一合取支(conjunct)互相分歧的状态之总和。

8 M 延伸(接第7题):作为对上一道习题的延伸,请你解释为什么“谋杀是错的,且偷窃不是错的”所表达的态度必然与“谋杀是错的,且偷窃是错的”所表达的态度不同。并试用这种推理来论证:必然存在无穷多种类的道德信念。

9 M 延伸:在从第四节到第五节的内容中以及在上面几道练习题中,我们关注的是如下这点:推理承诺理论者们必须假定存在着一个由不同种类的道德信念所组成的无穷层序。而这极大恶化了我们在第五章遇到的“多重种类问题”;因为“多重种类问题”意在让我们解释的是,“道德信念”和“普通描述性信念”这两种如此不同的心灵状态如何却有那么多的共同点。如果说那两种态度之间的共同点不过是一种巧合,那么对无穷多的态度来说这巧合得有多不可思议!在这道练习题里,请你通过展示如何为“希望”和“害怕”这样的态度构造安文式的例句,来表明同样的问题在信念之外的其他态度那里也同样存在。

10 M 限制:在第二节关于吉伯德式语义学的陈述中,我们对心灵状态的刻画是从它们的分歧类出发的——所谓“分歧类”,指的是当你处于某种状态时,你所与之分歧的心灵状态的集合。试解释为什么对于这一进路来说,“存在一些没有任何人曾经处于其中的心灵状态”是个表面上的(prima facie)问题,并思考该如何解决之。

11 M 限制:在第二节和第三节里,我把吉伯德式语义学给出的描述刻画为确切的(definite)描述,而这意味着它们的准确描述仅对应一种心理状态。这样刻画它们恰当吗?吉伯德是否可以通过任何方式来确保满足相关分歧属性要求的心理状态只有一种?比较状态[P&Q]的分歧类和同时处于状态[P]与[Q]之中时的分歧类。比较第五节中 &1、&2 两个句子。

12 M 侧向拓展:我对吉伯德式语义学的呈现意在概括性地、更直观地演示艾伦·吉伯德在他的两本关于表达主义的书中所提出的表达主义语义学。我在本书中呈现吉伯德式语义学的方式与吉伯德本人展示自己观点的方式之间有两点主要区别。第一点是,吉伯德为语句关联的集合是这些语句的非分歧类(non-disagreement classes),而不是它们的分歧类。不过由于每个集合与它的补集之间都存在一一对应的关系,这点差别还只是非实质性的。具体说来,由于吉伯德用的是非分歧类而不是分歧类,所以他给出的办法与我们在书中介绍的办法在工作方式上有一些细微的差别。例如,在本章第二节里,旨在确定[P∨Q]的分歧类的办法告诉我们,[P∨Q]的分歧类是[P]与[Q]各自的分歧类的交集(intersection)。而如果从[P∨Q]的非分歧类出发,结果就不一样了。下面就请你表明,旨在确定非分歧类的办法会告诉我们,[P∨Q]的非分歧类是[P]与[Q]各自的非分歧类的并集(union)。(术语说明:两个集合的并集是指这两个集合中所有元素构成的集合。)

13 D 侧向拓展(接第 12 题):仔细看来,我们在正文中对吉伯德式语义学的呈现方式与吉伯德本人呈现自己观点的方式相比,还有另一点重要差别。这点差别在于,我们考虑的是当一个人认为 P 时与之分歧的任何可能心理状态的集合,而吉伯德却把他的讨论限制在 fully opinionated thinkers 的完整心理状态上。(所谓"fully opinionated thinkers",是指对每一个问题"P",或者认为 P 或者认为 ~P 的人。)吉伯德把这种 fully opinionated thinkers 叫作 hyberplanners。我在正文中对吉伯德式语义学给出的版本用不着"hyperplanners"这个说法,因此也在某种意义上更少导致一些哲学上的问题。但换个角度讲,吉伯德诉诸 hyperplanners 的做法在某种程度上简化了他确定[~P](以及[P&Q])所需的办法。现在就请你表明,将讨论限制在 hyperplanners 之上会简化确定[~P]所需的办法。

14 D 延伸:在第二节里,我们看到了吉伯德式语义学如何能被用来"证明"[P]处于[~P]的分歧类之中。下面请你表明,依据吉伯德式语义学,假言三段论具有不一致属性。具体做法是这样的:首先定义"P→Q"意味着"~P∨Q",其次表明[P&(P→Q)]处于[~Q]的分歧类之中——这样,一个人如果接受了某个假言三段论两个前提的合取,就会与任何否认该假言三段论结论的人互相分歧。[把"P&(P→Q)"的意义定义为"~(~P∨~(P→Q))"。]

15 D 延伸:在第二节最后,我们注意到吉伯德式语义学可以避开范·鲁金问题,但没有完成对这一点的证明。要想完成这一证明,我们就需要说明,两个句子所表达的心理状态只有在这两个句子不一致时才互相分歧。而这一证明的整体策略是,首先表明以上说法对简单句来说是真的,然后表明如果它对简单句来说是真的,那么它对由简单句组成的复杂句来说也是真的。在这道练习题里,请你证明如果|[P]|包含且仅包含所有与[P]互相分歧的心理状态,且|[Q]|包含且仅包含所有与[Q]互相分歧的心理状态,那么|[P∨Q]|就包含且仅包含所有与[P∨Q]互相分歧的心理状态。以上结论将表明,如果你从较简单的句子出发,且这些句子所表达的心理状态的分歧对象不比从直觉看来它们应当与之分歧的更多,那么由确定"∨"的办法可知,这些由较简单句子组成的析取复杂句所表达的心理状态的分歧对象也永远不会比它们应当与之分歧的更多。

16 D 延伸(接第 15 题):在这道练习题里,请你从另一个角度补充这一论证:吉伯德式语义学不会遭受范·鲁金问题的诘难。即,请你证明如果|[P]|包含且仅包含所有与[P]互相分歧的心理状态,那么|[~P]|就包含且仅包含所有与[~P]互相分歧的心理状态。以上结论将表明,如果你从较简单的句子出发,且这些句子所表达的心理状态的分歧对象不比从直觉看来它们应当与之分歧的更多,那么由确定"~"的办法可知,这些由较简单句子组成的否定句所表达的心理状态的分歧对象也永远不会比它们应当与之分歧的更多。如果我们把这道练习题和上一题结合起来看,那么我们就会得出:所有我们可以用"∨"和"~"来定义的句子都可以避开范·鲁金问题(例如,参见第 14 题)。

17 D 侧向拓展:Terry Horgan and Mark Timmons(2006)给出了一个推理承诺的表达主义语义学版本,在那里,泰瑞·霍根和马克·提蒙斯明确承认,他们相信存在一个由不同种类的道德信念组成的无穷层序。在某种意义上,他们的文章是对推理承诺策略所做哲学承诺的最清楚明白的表述之一。他们首先假定存在两种基本的信念——“是”型的信念(is - belief)和“应当”型的信念(ought - belief),且用黑体字把两者分别表示为“I[ ]”和“O[ ]”。然后,他们制定了一系列规则,以假定新的、不同种类的信念。例如,他们假定,对于任意一种信念,Ω,都存在着另一种信念,¬ Ω,它由“表达了包含 Ω 的心理状态的句子”的否定句所表达。类似地,他们假定对于任意两种信念,Ω 和 Ψ,都存在如下另一些信念:Ω∧Ψ、Ω∨Ψ、Ω→Ψ,以及 Ω↔Ψ,它们由相应的合取句(conjunction)、析取句(disjunction)、条件句(conditionals)和双条件句(biconditionals)所表达。[为使讨论简单一些,我将不涉及量词(quantifiers),但是霍根和提蒙斯还为量词假定了其他种类的态度。]如果我们把简单句或原子句(atomic sentences)的复杂度算作 0,把每一个复杂句都视为由“不/并非”(not)、“和/且”(and)、“或”(or)、“如果……那么……”(if…then)、“当且仅当”(if and only if)中的任何一个连结比它简单的、复杂度为 n 或小于 n 的句子而得来,且把该复杂句本身的复杂度计为 n+1,那么为了覆盖复杂度不超过 3 的所有句子,霍根和提蒙斯需要假定存在多少种不同的态度?

18 D 侧向拓展(接第 17 题):在霍根和提蒙斯的框架下,由两个描述句构成的合取句——例如,“乔恩离去,简留在家里”——表达了 I[ ]∧I[ ]这种态度。也就是说,这个合取句所表达的态度不是一种“是”型的信念(即普通描述性信念),而是一种由霍根和提蒙斯的规则所假定的新的、不同的态度。因此,“乔恩离去,简留在家里”这句话所表达的态度是 I[G(jon)]∧I[S(jan)](其中,“I”代表“是”型的信念;“G”代表“goes”即离去;“S”代表“stay”即留在家里)。但另一方面,在霍根和提蒙斯的理论系统中,“应当这样:乔恩离去,简留在家里”这句话所表达的却是一种简单的“应当”型信念:O[G(jon)&S(jan)]。那么,你觉得在霍根和提蒙斯的看法中有没有同组合原则关系紧张之处？如果有,是什么？如果没有,为什么？霍根和提蒙斯对此有什么可说的吗？

19 A 新问题(接第17题):霍根和提蒙斯的表达主义语义学将"应当"(ought)一词视为唯一的道德语词,并依赖于这一前提:"应当"一词不是个谓词,而是个 sentential operator。然而在日常语言中,却存在着作为形容词的道德语词:"好的"、"坏的"、"对的"、"错的",等等。想来,霍根和提蒙斯必然认为这些其他的道德语词都需要被分析为"应当"。那么,在这道练习题里,请你阅读霍根和提蒙斯这篇文章,并试着把"错的"和"好的"都分析为"应当"。然后,看看你还能不能解释下面这个论证为何是有效的——"对人友好是好的";"如果对人友好是好的,那么对人友好不是错的";"对人友好不是错的"？

20 A 侧向拓展(接第19题):由于在霍根和提蒙斯的语义学框架中,"应当"一词对应的是一种人们对待非道德内容的态度,所以他们的表达主义语言无法容纳嵌入句中的"应当"——比如,无法容纳"应当这样:他应当给她那些钱"这句话中的第一个"应当"。[①] 而如果像"错的"这样的道德谓词真的应被分析为"应当",那么即便是一个看起来直截了当的句子如"谋杀应当是错的"也会表达这么一种(嵌入的)状态。请你查看霍根和提蒙斯会对此说些什么。他们就此话题所说的话是否与他们对其形式语言的哲学解读相恰？又是否与尝试在他们的观点之下理解道德谓词的方式一致？为什么？

---

① 这里我的翻译可能跟原文有冲突。我感觉是无法容纳第一个应当,因为这时,它对应的内容就不是非道德内容了。但是作者说的是 their expressivist language isunable to accommodate embedded'oughts', as in 'it ought to be the casethat he ought to give her the money.'被嵌入的好像是第二个应当啊？

答题参考

13 提示：首先，表明当我们把讨论限制在 hyperplanners 上时，非分歧类（non - disagreement class）等同于赞同类（agreement class）。其次，将用以确定 | [~P] | 的办法翻译成确定其非分歧类的办法。再次，观察到如果 y 是一个 hyperplanners 的完整心灵状态，那么赞同 y 的 hyperplanners 的完整心灵状态的集合就是{y}。你应该可以表明[~P]的分歧类是[P]的分歧类的补集——而这将极大简化我们在这里讨论的办法。

教　益

6 只有在你平常会用外部否定来根据一个谓词定义另一个谓词时，你才能由两个谓词出发来定义外部否定。试比较 Blackburn（1984）的第六章和 Blackburn（1988）。注意，在 1984 年那本书里，布莱克本讨论了“拥护”（Hooraying）和“不满”（Booing）两种状态，而且看起来他把这两种状态分别关联于“必须当为的”和“不可允许的”。你能用这两种状态来定义“外部否定”吗？

11 认为 &1 和 &2 之间不存在区别的看法由如下论题中来：信念在合取句中可以结聚（belief agglomerates over conjunction）。[注意此处“信念结聚”与第五章练习 8 中的信念合并规范（norm of conglomeration）之间的异同。]尽管 &1 和 &2 在直觉看来是有区别的，但是可能世界语义学者（possible - worlds semanticists）在建构语义理论的进路中却曾得出结论说 &1 和 &2 并无区别。吉伯德在 1990 年给出的应对弗雷格 - 吉奇问题的进路就建模于可能世界语义学之上，也因此而承袭了一些后者在直觉看来难以置信的地方。然而，我们应当注意到，吉伯德式语义学并不需要接受结聚论——

只要我们放弃"该理论所给出的描述是确切的(definite)描述"这一观念,并立足于"[P&Q]和[P]&[Q]是有差别的状态"这一假设就行(其中,[P]&[Q]是指同时认为P并认为Q的状态)。你可以思考,在吉伯德式语义学的框架下,这如何会成为向承认态度无穷层序迈出的第一步。另外,如果你想进一步了解Gibbard(1990)对弗雷格－吉奇问题的应对进路与可能世界语义学的缺陷之间的关系,请参阅Dreier(1999)。

12 吉伯德用"非分歧类"来强调他的观点与可能世界语义学之间的平行之处(参见"教益",第11题)。而我则反过来用分歧类来处理这一问题,因为这会使得该表述的意义更易分析理解,并因而(在我看来)可以让我们更易全面了解这种观点到底会如何起效以及它的哲学承诺是什么。

13 如果我们把讨论限制在已经完全确定的心灵状态(fully decided states of mind)上,那么确定|[P&Q]|的办法就也反映出了确定|[P∨Q]|的办法:|[P&Q]|＝|[P]|∪|[Q]|("∪"就是"union",即"并集")。这是因为,对于任意一个合取句来说,每一个有完全确定想法的人(fully decided thinker)都只有在不同意其中一个合取支时才不同意整个合取句。然而,对于想法并未完全确定的人来说,情况会变得更加复杂——如果一个人的想法并没有完全确定,他可能会在尚不清楚哪个合取支是假的之时就不同意一个合取句。这也是为什么我对吉伯德式语义学的处理方式需要把"∨"而非"&"当作初始处理对象的原因。

参考文献

Blackburn, Simon (1984). *Spreading the Word.* Oxford: Oxford University Press.

—— (1988). "Attitudes and Contents." *Ethics* 98(3): 501 -

517.

Dreier, James (1999). "Transforming Expressivism." Noûs 33 (4): 558 - 572.

—— (2006). "Negation for Expressivists: A Collection of Problems with a Suggestion for Their Solution." In Russ Shafer - Landau, ed., *Oxford Studiesin Metaethics*, vol. I. Oxford: Oxford University Press.

Gibbard, Allan (1990). *Wise Choices, Apt Feelings.* Cambridge, MA: Harvard University Press.

—— (2003). *Thinking How to Live.* Cambridge, MA: Harvard University Press.

Horgan, Terry, and Mark Timmons (2006). "Cognitivist Expressivism." In Horgan and Timmons, eds., *Metaethics after Moore.* Oxford: Oxford University Press.

Schroeder, Mark (2008c). *Being For: Evaluating the Semantic Program of Expressivism.* Oxford: Oxford University Press.

Unwin, Nicholas (1999). "Quasi - Realism, Negation and the Frege - Geach Problem." *Philosophical Quarterly* 49(196): 337 - 352.

—— (2001). "Norms and Negation: A Problem for Gibbard's Logic." *Philosophical Quarterly* 51(202): 60 - 75.

8

“真”与客观性

8.1 与“真”相关的问题

最早的非认知主义者有时这样描述他们的观点:道德语句不可能为真或为假。我们大可认为这种想法源自他们采用的那些类比。如果“谋杀是错的”和“该死的,不要谋杀!”这句话的意义相似,我们就会期待前一个句子和后面的句子一样,不属于我们一般可以称之为“真的”或“假的”的那类东西。如果你的朋友说“该死的!”,你一般不会认为他说了一些真的或假的话;因此,如果“谋杀是错的”和“该死的!”类似,我们也不会期待它是那种可以为真或为假的句子。

然而,对这种理论不利的事实是,一般情况下,我们确实把道德语句描述为真的或假的语句。当你同意某人刚才表达的道德观点时,你可以说“那是真的!”,这样说跟你再复述一遍他的话效果一样。而当你不同意他的话时,你可以说“那是假的!”,这样说就是在否认他的话。这些现象使得“道德语句其实不能为真或为假”的断言显得不可思议且违反直觉。不仅如此,这个断言听起来似乎是在说,道德这个东西不太严肃,或者,不太“客观”。如果道德断言不能为真或为假，那么它们可能“只是感觉而已”——即，它们只是个人口味的问题，我们可以随心所欲想怎么感觉就怎么感觉；它们无关事实，在这里获得正确的（真的）答案并不重要。毕竟，如果你的道德观点无论如何不可能为假，那么这听起来似乎意味着你无论怎么想都不可能出错。

以上是我们之所以有必要探究非认知主义者如何看待“真”（truth）这一问题的两点原因：一方面是因为，一般情况下我们确实谈论道德断言之为真假；另一方面是因为，如果道德断言不能为真或为假，那么在“道德”这个话题上，很难说我们为什么不能“随随便便、怎么都行”（anything goes）——甚至，就像在关于口味的话题上一样，我们根本就不应该为道德问题而争论。我们在这一章的主要关注点就是，如果我们接受非认知主义，那么该如何处理以上以及其他版本的对“随随便便、怎么都行”的忧虑。

不过，我们之所以有必要探究非认知主义者如何看待“真”这一问题，还有另一点更重要的原因，对它加以说明特别重要。在第六章，我们注意到条件句（形如“如果……那么……”这样的语句）的主要语义属性就是，它们能使某种类型的推理（即假言三段论）有效。而“有效”一词通常由“真”来定义——只有当某种推理的前提的真可以确保其结论的真时，我们才会说这种推理是“有效”的。类似地，我们知道“不/并非”一词的主要语义属性是，“P”和“～P”两个句子互不一致。而“不一致”一词通常也由“真”来定义——当两个句子肯定不能同时为真时，我们就说这两个句子互不一致。在第六章和第七章，我们暂时撇开了条件句和“不/并非”一词的这些语义属性，去探讨表达主义者如何可能解释它们的其他某些语义属性——即，假言三段论推理的不一致性和推理许可属性，以及同时接受“P”和“～P”会导致人内不一致这一事实。我们已经注意到，普通真值条件理论是通过“假言三段论是有效的”这一事实和“‘P’与‘～P’互不一致”这一事实来解释上述这些“其他语义属性”的。

在这一章,我们的目标之一就是理解表达主义者怎么可能反其道而行之,通过条件句和“不/并非”一词的“其他语义属性”(我们在前两章已经尝试阐明了这些“其他语义属性”)来解释假言三段论何以有效、“P”和“~P”何以不一致。

让我们回到第六章提到过的一个类比。如果在某种意义上,真值条件语义学学者可以被类比为马勒伯朗士那样的偶因论者(偶因论者不仅信仰上帝,而且需要上帝做好多好多的事情),那么老练的非认知主义理论者就像是否认偶因论的普通有神论者:普通有神论者虽然信仰上帝,却不会在对一切事物的解释中都直接求助于上帝。关于偶因论的争论不必是有关有神论本身的,相反,我们可以把它理解为有神论者之间对“上帝到底做了多少事”的内部辩论。类似地,真值条件语义理论和非认知主义意义理论之间的差异问题不必要升级为“是否存在道德真理”的争论,相反,我们可以把它理解为有关“道德真理做了多少事”的内部辩论。在第六章和第七章中,我们认识到表达主义者多么希望不诉诸真假就能做出他们需要的解释;现在,我们就来了解他们为什么至少还是希望自己被视为道德真理的信仰者——他们还是相信,存在着道德真理。

8.2 符合论 vs. 紧缩论

根据真之符合论(correspondence theories of truth),一个句子为真的条件和原因都在于,它符合(corresponds to)世界之所是。这种观点认为,直观上,“草是绿的”这句话之所以为真,是因为它把世界描绘成某种样子,而这也正是世界实际上所是的样子。假如世界不是“草是绿的”所描绘的那种样子,那么这句话就不是真的。根据符合论,以上说法就是“真”之所是。只有当句子所描绘的世界与世界实际上所是的样子相匹配时,相应的句子才是真的;类似地,根据符合论,只有当一个句子把世界描绘成某种样子而世界其实不是那种样子时,这个句子才是假的。可以说,根据符合论,“真”在于句子和世界之间的匹配(match),而“假”则在于两者之间的不匹配(mismatch)。

符合论的一个推论就是,不把世界描绘成任何特殊样子的语句不可能为真或为假。比如,以“该死的!”为例。这个句子没有把世界描绘成任何特殊样子。所以,无论世界是什么样子,都和该句所描述的世界既非匹配也非不匹配。因此,无论世界到底是什么样子,这句话都不可能为真也不可能为假。符合论做出的这个预测很不错,因为“该死的!”这句话确实不像是那种可以为真或为假的东西。但是这同时还意味着我们从符合论中能得出这样的预测:如果道德语句并不把世界描绘为什么样子,那么道德语句也不可能为真或为假。

非认知主义者就认为,道德语句并不把世界描绘成某种样子——或,至少,道德语词并不对所在的语句如何描绘世界产生任何影响。以艾耶尔的观点为例,“你偷那钱,这是错的”这句话所描述的世界的样子,和“你偷那钱”这句话所描述的世界的样子一样——加上“这是错的”只是影响了该句描绘世界的样子的方式,而不影响它所描绘的是什么。类似地,依艾耶尔的观点,“偷钱是错的”和“偷钱”所描绘的世界的样子也毫无区别。因此,如果我们接受真之符合论,那么从艾耶尔的观点就可以推出,“你偷那钱,这是错的”这个句子成真的条件和“你偷那钱”成真的条件完全相同——而且,“偷钱是错的”根本不可能为真或者为假。

而这意味着,为了避免这些预测,非认知主义者需要采取符合论之外的另一种关于“真”的理论。通常,非认知主义者所建议的另选理论是“紧缩论”(deflationism)。紧缩论有好几种,但粗疏说来,它们都共享一个基本观念,即“真”这个词被用来表示同意某个说法(agree with),而“假”这个词则被用来表示不同意某个说法,或者与该说法相分歧(disagree with)。如果你的朋友说“科罗拉多是矩形的”而你想表示你同意他，那么你可以重复他说过的话，也可以只是说“那是真的”。相反，如果你想表示你不同意他，那么你可以说“科罗拉多不是矩形的”，也可以只是说“那是假的”。

紧缩论者指出，“真”一词总有它的用武之地，因为它能使你更简便地对别人的观点做出回应，而且，即使你不知道你的朋友说了什么，你也能用它来表示自己同意你朋友的话。比如，如果你没听到你朋友的话，但是信任他，那么你可能会很自信地告知另一个人：“我没听到他说了什么，但是他说的肯定是真的。”然而，如果你根本没听到你朋友说了什么，那么你就不可能为了表示同意他而重复他说过的话。以上观察看起来似无关紧要，但实际上却不容小视。紧缩论者就曾主张，我们之所以有“真”和“假”这些词，是因为有了这些词我们就可以表示同意或不同意，而不必重复我们同意或不同意的是什么。比方说，“真”这一词可以让一个人不必逐字复述正本《圣经》就能总结说他同意《圣经》里的所有内容——他所需说的仅仅是：“《圣经》里说的都是真的。”按照紧缩论者的看法，这就是“真”的意义的全部——即，“真”和“假”是这样的词：我们用它们来分别表示对人们所说的话的同意或不同意。

如果紧缩论者是对的，如果以上便是“真”的意义的全部，那么我们无论如何都有理由把道德语句称作“真的”或“假的”——即使非认知主义是真的。你可以把那些你同意的句子称作“真的”，把那些你不同意的句子称作“假的”。所以，举例来说，只要你认为女性外阴切除是错的，你就可以说如下这点是真的：女性外阴切除是错的；或者你也可以说，“女性外阴切除是错的”这个句子是真的。相反，如果你认为女性外阴切除不是错的，那么你就不同意认为它是错的的那种想法了。这时，你会说如下这点是假的：女性外阴切除是错的；或者你也可以说，“女性外阴切除是错的”这个句子是假的。如果你想说“女性外阴切除是错的”这一点既不真也不假，或者想说“女性外阴切除是错的”这句话既不真也不假，那么唯一的可能就是你既不认为女性外阴切除是错的,也不认为它不是错的。给定紧缩论,任何一个对道德问题有观点的人都应当给出或真或假的答案。

因此,到目前为止我们所知的是,当非认知主义与符合论结合时,会导致如下论点:道德语句——或至少,一些道德语句——不能为真或为假。而当非认知主义与紧缩论结合时,则会带来这样的观点:道德语句可以为真或为假。只不过后者确实要稍微更复杂点儿;正如我们上面说过的,假定非认知主义和紧缩论都是真的,那么即使一个没有任何道德观点的人可能会认为(并且正当地认为)没有什么道德语句是真的或假的,这也不妨碍我们相信非认知主义和紧缩论的结合会带来"道德语句可以为真或为假"的观点——紧缩论的想法本身只是表示,一个有道德看法的人会说(而且,给定"真"和"假"在紧缩论中的意义,这种说法是适当的),有些道德语句是真的,而另一些则是假的。

非认知主义者对"真"的讨论大多止步于此;对他们来说,得到如下结论——给定紧缩论,我们就可以合理地认为道德语句可以为真或为假——已经足够。但还有一种更强的紧缩论观点,除了展示"认为道德语句为真或为假"是可能的,它还意欲展示道德语句确实非真即假。在下一节里,我们就会举例说明一个表达主义版本的紧缩论可能是什么样子,并用它来解释为什么"谋杀是错的"这句话必须非真即假,以及为什么即使有人对谋杀是否为错毫无看法,他也不能自我一致地否认"谋杀是错的"这句话必须非真即假。接下来,我们会了解这种紧缩论观点如何可被用来解释道德假言三段论何以有效[这里的"有效"是在"保全真值"(truth - preserving)的意义上说的],以及解释"谋杀是错的"和"谋杀不是错的"何以不一致(这里,"不一致"是在"不可同时为真"的意义上说的)。

8.3 紧缩论与适真性

在有一点上,真之符合论显然说得对:诸如"该死的!"和"呸,偷钱!”这样的句子不能为真或为假。符合论对此给出的解释是,这些句子并未把世界呈现为任何特殊的样子。而在紧缩论者那里,乍看之下他们似乎认为,说某内容是真的差不多跟一开始就说了这内容相等同——也正因此,如果你愿意一开始就说“偷钱是错的”,那么说“偷钱是错的”是真的也就是自然之事。然而,假若紧缩论者同时还预测,我们可以有意义地说“呸,偷钱!”可以为真或为假,那么它的预测就过强了。所以,紧缩论者最好不要让自己不得不承诺接受这个观点——说“‘呸,偷钱!’是真的”与说“呸,偷钱!”一样有意义。因此,紧缩论者必须找到某些方法,以在如下两类句子之间做出区分:对其中一类句子而言,“‘P’是真的”和“P”一样可被接受,而对另一类句子而言,“‘P’是真的”并不像“P”那样可被接受。

这个问题在学界的表述方式是:如何给出一种说明,以确定哪些句子是适真(truth - apt)的。事实上,任何一种真之紧缩论都需要对适真性(truth - aptness)加以说明,因为任何一种真之紧缩论都必须回答如下问题:对于哪些句子,我们可以仅凭它们能够被有意义地说出这个事实而断定它们为真——最好,“呸,偷钱!”和“该死的!”不在这些句子之列。但是,对于一个希望利用紧缩论来解释为何道德语句可为真假的非认知主义者来说,如果他想提供一个能满足自己理论需求的适真性说明,那么他还面临另一个附加的挑战——我们知道,非认知主义者通常把道德语句的意义类比为不可能为真或为假的句子,但怎么一来,“偷钱是错的”就是适真的,而与之有着同种意义的句子“呸,偷钱!”却不是适真的呢?非认知主义者认为这些句子有着同种意义——或甚至是同样的意义,而正是这点构成了任何关于适真性的理论都不得不面对的最重要挑战:我们怎么可能一方面把道德语句划归为适真的,而另一方面却不把与之同语义的其他句子划归为适真的呢?

有些哲学家相信,我们可以用非常简单的方式解决这个疑难。按照他们的看法,适真的句子和不适真的句子之间的区分根本就不是一种语义上的区分。相反,它只是一种句法(syntactic)上的区分。这些哲学家认为,为检验一个句子“P”是不是适真的,我们只需看“P是真的”这句话是不是合乎语法的(即,该句是不是以合乎句法的方式组织起来的)。根据这种观点,适真的句子与不适真的句子之间的区分根本不是语义上的,而纯粹是句法上的;因此,即使我们一面持“偷钱是错的”与“呸,偷钱!”完全同意义(即,同语义)的假说,一面又相信前一个句子为真而后一个句子不为真,我们也不会陷入任何疑难的境地。

之说以这样说,是因为尽管这两个句子在语义上是等价的,但它们却在句法上相异颇巨。具体说来,句子“‘偷钱是错的’是真的”合乎语法,而句子“‘呸,偷钱!’是真的”却不合语法。因此,这种关于适真性的句法理论不光能告诉我们什么句子是适真的,也不光能以如非认知主义者所愿的方式在这对句子中做出区分;它做到如上两点的方式还与最强版本的非认知主义相容不悖——即,即使上面两个句子有着完全相同的意义,它仍能行之无虞。

然而不幸的是,如果我们接受这种想法,认为适真性仅是一种句法属性,而在语义中全无根基,一些新的问题又会找上我们。当然,我们可以肯定,就我们对英语中现存语句的实际区分来说,上述想法无甚偏差;但问题是,这种想法还预测,我们能够把一个非适真的句子变成一个适真的句子——为此,所需做的只是改变它的语法。德雷尔的论文Dreier(1996)通过引入一个新谓词“来友的”(hiyo)[①]对该预测进行了检验。依德雷尔,“鲍勃是来友的”的用法和“嗨,鲍勃”的用法完全相同——两者都用来跟鲍勃搭话。而且,依德雷尔,“来友的”一词在语法上是个谓词,所以“鲍勃是来友的”是个普通陈述句,而这样的话,“‘鲍勃是来友的’是真的”这句话就

---

① 这里的“hiyo”是生造的英文词,相应地,汉译“来友”是音意结合译来的中文词。该词意思完全取决于下文规定。——译者注

是个合乎句法的句子。因此,根据上述句法准则,“鲍勃是来友的”就是适真的;如果一个人愿意跟鲍勃搭话,那么他也应当愿意承认“鲍勃是来友的”这句话是真的。德雷尔把上述这种关于“来友的”的观点称作“搭话主义”(accostivism)。

然而,真的应当如此吗?在有关道德语句的情形中,我们当然一般会说它们可为真假。它们也当然是陈述句。但这里的要害问题恰恰在于,这些道德语句的陈述句句法自身是否就足以确保它们可为真假。在“搭话主义”方面,同样的问题也晦而不明——我们是否真的应当说“鲍勃是来友的”这句话可以为真或为假,仅仅依据我们愿意或不愿意跟鲍勃搭话?

德雷尔指出的另一些现象则愈发加剧了这种担忧。他指出,若“来友的”是个普通谓词,那么“如果鲍勃是来友的,那么我就不在这里”和“任何不来友的人都是讨人厌的”这些句子也都是以合乎语法的方式组织起来的——而且,根据适真性的句法准则,它们还是适真的。不仅如此,由于这些句子是在它们组成部分的基础上以符合真值函数的方式组织起来的,我们还能由此确定这些句子在何种条件下是真的。然而,德雷尔指出,即便我们知道“鲍勃是来友的”用来跟鲍勃搭话,因此我们理解该如何使用这个句子,我们仍然不能理解诸如“任何不来友的人都是讨人厌的”这样的句子的意义是什么,也不知道该如何使用它们。如果一个理论告诉我们能够如此简单地赋予这些句子以意义,那它从句法中所推知的也太多以至于过度了。

德雷尔的讨论迫使非认知主义者回到语义的基础上解释“偷钱是错的”与“呸,偷钱!”这两句话之间的区别。单单依据适真性的句法准则,我们太容易把句子说成是为真或为假的,因此该准则会太容易生成依推定而有意义的(putatively meaningful)复杂句,而其中有些显然根本毫无意义。为避免得出结论说“来友的”是个完全可理解的谓词,非认知主义者需要的是某种语义约束——一方面,直觉地,这种语义约束和自然语言中的陈述句句法并行不悖,而另一方面,当德雷尔试图简单地为含有“来友的”一词的句子约定陈述句句法时,就会违反这种语义约束。

对于德雷尔的挑战,我所知道的现存最好的回应来自艾伦·吉伯德。吉伯德的想法与我们最初对紧缩论的刻画——“真”一词被用来表示同意,而“假”一词被用来表示不同意(或分歧[①])——紧密相连。他的想法大致是,有些句子所表达的心理状态不可能被同意或被不同意,这样的句子就不是适真的。在吉伯德看来,我们不可能对一句搭话用语表示同意或不同意,因此我们不可能对“鲍勃是来友的”这句话表示同意或不同意。而且,我们也不能有意义地说“鲍勃是来友的”是真的或是假的,即便你可以愿意也可以不愿意跟鲍勃搭话,即便这句话在句法上是个陈述句。

这样,吉伯德的说明就给如下问题带来了一种语义上的解释:为什么“呸,偷钱!”和“该死的!”不可能为真或为假,而“偷钱是错的”却可能为真或为假。他的解释是,“偷钱是错的”所表达的心理状态可能被同意或被不同意,而依我们对紧缩论的刻画,“真”和“假”恰恰就是被用来表示同意或不同意的。同理可知,我们不能有意义地说“鲍勃是来友的”是真的或是假的。这种做法把解释道德语句为何可以为真或为假这个问题还原为解释对道德思想的不同意(即,与相关道德思想的分歧)为何可能这个问题,而后者正是我们已经在第五章考虑过的、非认知主义在心灵哲学领域面临的问题之一。当然,为了给出这种语义解释,吉伯德必须拒绝艾耶尔那种早期情感主义观点,即拒绝认为“呸,偷钱!”和“偷钱是错的”有着完全一样的意义,但是作为一名表达主义者,吉伯德从没说过这两句话有着完全一样的意义。

---

① 这里的“disagree”既可译为“不同意”,也可译为“分歧”。为保持中译文从字顺,我在第五章把该词译为“分歧”,在本章多译为“不同意”。但读者应注意到它们在英文中是同一个词。——译者注

吉伯德这种从同意与分歧[①]出发对适真性所做的解释还有另一个优点：依这种解释，我们可以从“分歧”出发，直截了当地说明一个表达主义版本的真之紧缩论会是什么样子。在本章第四节里，我们就将借助我们在第七章所学的工具来例示一个表达主义版本的真之紧缩论会是什么样子；然后，在第五节，我们将应用这种说明来了解表达主义者如何能够论证道德语句必须或真或假，而不仅仅是论证我们可以有意义地说道德语句可以为真或为假；此外，我们还将在第五节探讨非认知主义者如何能够论证道德的假言三段论是有效的（这里说的“有效”，是在如下这种传统的意义上：假言三段论前提的真能确保它结论的真）。

8.4 表达主义的紧缩论

我们知道，表达主义的紧缩论背后的基本观念是，“P 是真的”被用来表示同意“P”，而“P 是假的”则被用来表示与“P”的分歧。从这一点我们已经可以推想，“分歧类”——我们在第七章第二节为解释吉伯德式语义学而采用的工具——也会成为解释表达主义紧缩论所坚守的观点的极好工具。（请回想：在第七章中，我们用方括号括住一个句子——[P]——来指谓该句所表达的心理状态，即“认为 P”。另外，我们在一个指谓心理状态的术语两边画上竖直线——| M |——来指谓 M 的分歧类；即，当你处于 M 这种心理状态时，就会与 | M | 所指谓的那些心灵状态相分歧。）

所以，从分歧类出发，关于[P 是真的]的一个重要事实就是，它和[P]有着相同的分歧类——即，|[[P 是真的]| = |[P]|；同理，关于[P 是假的]的一个重要事实就是，它和[~P]有着相同的

① 为保持与第七章的衔接，下文一般把“disagree”译为“分歧”，但它跟上文的“不同意”实为一词。——译者注

分歧类——即,|[[P是假的]|=|[~P]|。又因为由“且”、“或”、“不/并非”、“如果……那么……”构成的复杂句所表达之心理状态的分歧类是它们的组成部分所表达之心理状态的分歧类的函数,这两条假设就足以确保“互可替换原则”(Intersubstitutability)为真了:

> “互可替换原则” 对于任意两个句子“A”和“B”,如果它们之间的区别仅在于在其中一句中句子“P”的出现被另一句中“P是真的”的出现而代替,或者仅在于在其中一句中句子“~P”的出现被另一句中“P是假的”的出现而代替,那么,|[A]|=|[B]|。

后面有些练习题将邀请你来证明“互可替换原则”以及与它紧密相联的一些变式。

“互可替换原则”的一个直接推论就是,[“偷钱是错的”不是真的,且“偷钱是错的”不是假的]与[偷钱不是错的,且偷钱并非不是错的]有着相同的分歧类。我们知道,认为“偷钱不是错的,且偷钱并非不是错的”在理性上不一致,所以,认为“‘偷钱是错的’既不是真的也不是假的”也在理性上不一致。而既然认为“‘偷钱是错的’既不是真的又不是假的”在理性上不一致,那么在理性上一致的唯一观点似乎就是,认为“‘偷钱是错的’非真即假”。同时,既然这是在理性上一致的唯一想法,我们最好就这样想。既然我们最好这样想,所以我们不妨直接说:“偷钱是错的”是非真即假的。

表达主义者就是这样来论证“偷钱是错的”非真即假的。这不是一个直接的论证;实际上,这是一种很不寻常的论证。我们看到,表达主义者所做的并不是直接论证“偷钱是错的”非真即假,而是先直接论证“‘偷钱是错的’非真即假”在理性上不可否认(rationally undeniable),然后再做出一个先验转向(transcendental turn)——既然“‘偷钱是错的’非真即假”是在理性上不可否认的，那么就不去否认它，而是肯定它。毕竟，我们还是别去否认那些在理性上不可否认的事情为好。换句话说，表达主义者先是论证，在他给出的理由下，我们不得不认为 P；继而断言 P。这种论证是一种“先验”形式的论证，因为这位表达主义者并未在任何一处直接证明 P。相反，他给出的是一种间接证明：首先，证明 P 是不可否认的，或 P 是这么一种东西：无论我们接受别的什么东西，都不得不承诺接受 P。然后，既然 P 是不可否认的，或我们不得不承诺接受它，那么我们还是接受它为好。

我们还可以用同种风格的论证来证明假言三段论是保全真值(truth - preserving)的。它和如上论证的展开方式极其类似，都要溯及“互可替换原则”。该论证过程大致如下：“互可替换原则”的另一个直接推论是，[P 是真的，且(如果 P，那么 Q)是真的，且 Q 不是真的]与[P，且(如果 P，那么 Q)，且 ~Q]有着相同的分歧类。由于认为“P，且(如果 P，那么 Q)，且 ~Q”在理性上是不一致的(我们在第七章练习第 14 题中证明过这一点)，所以认为一个假言三段论的前提为真而其结论不为真的想法在理性上是不一致的。

一个表达主义者会推断说，既然以上想法在理性上不一致，那么我们就别这样想。换句话说，让我们反过来想。所以，这位表达主义者通过做出先验转向得出了这样的结论：我们应当接受，如果一个假言三段论的前提为真，那么其结论也为真。即，既然“如果一个假言三段论的前提为真，那么其结论也为真”这点在理性上不可否认，那么我们还是接受它为好。而既然我们接受了它，那么我们就不妨直说：如果一个假言三段论的前提为真，那么其结论也为真。亦即，假言三段论是保全真值的。[1]

这样，通过又一个先验论证，我们得出如下结论：当我们在“保全真值”这种通常意义上理解“论证有效性”时，假言三段论总是有效的——表达主义者对此给出的解释与一般解说的不同之处仅在于,他们的解释方式是倒转过来的。真值条件语义学者所提供的一般性解说先是基于"如果……那么……"的真值表来解释假言三段论的有效性,然后再诉诸假言三段论可保全真值这点来解释为什么该论证具有不一致属性。相反,表达主义者则反其道而行之——他们先是解释假言三段论的不一致属性,然后利用这点展开一个先验论证,得出"假言三段论可保全真值"的结论。就如那些信仰上帝却又否认马勒伯朗士"偶因论"的有神论者一样,表达主义者相信存在着关于道德问题的真答案,但否认道德语句的真在复杂句意义或复杂句语义属性方面能扮演解释性角色(因为他们拒斥真值条件语义学)。

8.5 更多的先验论证

在上一节里,我们了解了一种表达主义的策略,它能论证存在着对于"偷窃是否是错的"这种道德问题的真答案,也能论证假言三段论可保全真值。这种论证风格在某些方面显得不同寻常;表达主义者并没有在论证中列出其结论所由以推出的前提。相反,表达主义者所做的是列出一些前提,以推出某一结论是在理性上不可否认的,或是所有人在理性上都不得不承诺接受的。正因此,我们可以说这种论证做了一种先验转向(transcendental turn)。这类论证能说明为什么唯一的理性之途是接受其结论,但是它们并不特别阐明这些结论为何会是真的。

在思考以这种方式得以确立的结论时,一种有所助益的方法是设想它们有一种类似于逻辑真理的地位。比如,从"~"和"&"的意义可以推出任何"~(P&~P)"形式的实例都是在理性上不可否认的,无论表达主义者用什么句子来代换P。而就是这点使得"~(P&~P)"成为一个逻辑真理。类似地,从"→"和"~"以及"……是真的"的意义可以推出,任何"(P是真的,且P→Q是真的)→(Q

是真的)”形式的实例也都是在理性上不可否认的。所以,类比地说,这就是关于“真”之逻辑的真理——或者,用我们在哲学中一般用到的说法,这是一个分析的真理。

同样的先验方法还被表达主义者们尝试用以确证更多有趣的结果——从根本上讲,表达主义者们试着通过语词的给定意义来证实,某些句子是在理性上不可否认的。实际上,先验方法是一种表达主义者广为使用的工具,它可被用来完成许多不同的目标。我们可以举一个非常重要的例子——艾伦·吉伯德就曾在他2003年的书中用这种论证风格来说明:道德属性随附于(supervenes on)非道德属性。

随附论的口号是,“没有非道德的区别就不会有道德上的区别”;意即,要使两种情形在“某人应当做什么”或“什么是好坏善恶”这些方面有所区别,这两种情形就必须在其他一些方面也有所区别。这个论题背后的观念令人难以抗拒:如果两种情形中一者善好而另一者恶坏,那么这两种情形怎么可能在所有非道德方面都完全相同?它们之间肯定得存在某些相关的区别,以解释两者在好坏善恶上的区别。

随附论背后的基本观念是如此令人难以抗拒,以至于实际上每个道德哲学家都接受某种版本的随附论。也正因此,随附论在元伦理学中——尤其是在关于道德形而上学的争论中——扮演着非常重要的角色,因为随附论似乎暗示着,事物在道德方面的状态取决于(depends on)它们在非道德方面的状态。所以,当吉伯德尝试给出一个对随附性的先验论证时,他也在试着借鉴这些关于道德形而上学的争论;在此意义上,他的论证表明,随附性可以在表达主义的框架下得到解释,而无须做出任何关于道德形而上学的假设。不过,吉伯德对随附性的先验论证虽然有趣,我们在这里却没有足够的时间讨论它的诸多细节。但我们应该知道的是,它出色地例示了超验策略如何可能发挥比我们在这里讨论过的更多的作用;当然,重要的还有,我们应当知道吉伯德这个论证具有我们在这里讨论的先验特征。

8.6 客观性

哲学家们对各个版本的非认知主义理论有一种普遍的忧虑,即,依照非认知主义,似乎事涉道德思考时"怎么都行"。既然道德思考不对世界负责,那么道德判断似乎归根结底与对口味的判断相似。而在口味这个话题上,常言道"众口各殊,相安无事"。不过,关于"真"的表达主义说明多多少少减弱了这种忧虑的力度,因为它允许表达主义者说,道德问题是有正确答案的——即便我们自己还不确定偷窃是不是错的,我们也必须承认(不然我们就是在理性上不一致的了)这个问题有一个真答案:或者"偷窃是错的"为真而"偷窃不是错的"为假,或者"偷窃是错的"为假而"偷窃不是错的"为真。因此不管怎样,对于"偷窃是不是错的"这个问题的看法中总有一个是应被否定的。所以根本就不是"怎么都行",因为其中一个答案会是假的。

我们在上文中说,关于"真"的表达主义说明减弱了"依表达主义,怎么都行"这种忧虑的力度,这不仅仅是因为它允许我们说,(如果我们认为偷窃是错的,那么)认为偷窃不是错的"不行",因为这个答案是假的,而且因为它要求我们承认,即使我们不知道偷窃是不是错的,其中一个答案(虽然我们不知道是哪个)也"不行",因为该答案是假的。

然而,一些表达主义的批评者仍有别的抱怨——他们说,根据表达主义,对与错取决于我们的态度,而这使道德成了不那么客观的东西,同时让我们在"道德"的内容上有了过多的控制权。但是,很难在没有理解混乱的基础上明确阐述这种反驳的某个版本。确实,表达主义者根据道德语句所表达的类欲望态度来解释道德语句的意义。但他们同样也根据非道德语句所表达的普通描述性信念来解释非道德语句的意义。因此,是非对错并不比“矩形”和“铝”更多地取决于我们的态度。毕竟,正是这一点在最重要的意义上促使表达主义者从说话者主观主义的废墟中腾升而出。通过声称“偷窃是错的”这句话与对偷窃的不赞同之间具有和“草是绿的”这句话与“草是绿的”这个普通描述性信念之间相同的关系,表达主义者确保了如下事实:“过错”取决于我们态度的方式不可能比“绿色”取决于我们态度的方式更加难以接受。

然而,即便这样,很多哲学家仍然感到不满,因为在他们看来,表达主义似乎不能把“怎么都行”的忧虑完全清扫出去。一方面,从表达主义的语义理论出发,以下观点仍然是对的:在认为偷窃是错的(或者,认为“偷窃是错的”是真的)和认为偷窃不是错的(或者,认为“偷窃是错的”是假的)之间并无区别。另一方面,在诸如“草是绿的”这样的普通非道德语句那里,由世界而来的影响会造成“草是绿的”与“草不是绿的”之间的不对称,但在“偷钱是错的”这里却不会产生这种不对称。从道德思考之内看来,我们可能无法否认道德问题有一个正确答案,但一旦我们跳出道德语言之外来看道德语言,就会发现似乎不管我们认为正确答案是哪一个,它都和另一个一样好。

当然,表达主义者还可以接着以同样的方式回应这个忧虑:对“正确答案是哪一个”的回答总有一个会是假的,因此在理性上不可否认的是,“正确答案是哪一个”这个问题存在一个正确答案。他还会说,在这一点上,道德问题也不比非道德问题更取决于我们的态度。但是同样的问题还会产生——从道德观点之内看来,我们能够确定,正确答案的存在是在理性上不可否认的;但我们却显然不能确定它到底是什么。

事实上,如果一个表达主义者注意到令人感兴趣的先验论证的可能性,他就能找到一个有趣的方法来摆脱这种辩证的诘难,并坚持如下观点:至少对于某些重要的道德问题来说,确实存在着两种可能答案之间的不对称。这种做法背后的观点非常简单:我们在前两节讨论的那种先验论证最有意义的特性之一就在于,即使表达主义语义学没办法直接告诉我们哪些句子为真哪些句子为假,我们仍然可以由之确定有些句子是在理性上不可否认的,这与它不能直接告诉我们所有句子的真假并不冲突。上述这些特殊的句子——即,在表达主义语义学框架下那些分析的真理(analytical truths)——是那些只要你在理性上是一致的就无法否认的句子,无论你在别的方面怎么想。所以,如果这些句子和它们的否定句也在回答一些道德问题,那么表达主义语义学无论如何不会把这些答案当成对称的来看待——毕竟,其中一个答案将被证明是在理性上不可接受的。

的确,就我们目前所知,先验策略虽然能对某些问题给出确定的回答,但不能真正帮助我们直接回答任何有意义的实际道德问题——先验策略能够得出的是下面这样的结论:存在着对于"偷窃是否是错的"这个问题而言的真答案;假言三段论可以保全真值;道德属性随附于非道德属性。不过,还是有一些(为数不多的)持非认知主义或其他相关理论的哲学家相信,我们可以用同样的先验方法来确证更多有意义的结论。例如,我们可以很自然地把依曼努尔·康德的道德理论理解为对类似这种先验论证的策略的赞成。实际上这也正是黑尔(R. M. Hare)理解康德的方式,而黑尔本人也是非认知主义者中拥护先验策略的最佳例子之一。另一种当代的康德主义理论——克里斯汀·科尔斯戈德(Christine Korsgaard)的道德理论也可以被理解为一种表达理论,根据这种理论,一些有意义的道德断言是在理性上不可否认的。[2]

不过,探求这些策略中的任何一个是否行之有效对我们来说将离题太远。对我们来说,重要的是注意到,任何这种策略要想行之有效,都得满足很多要求。比如下面这点必须得是事实:存在一些有意义的道德断言,它们在本质上有着逻辑真理的地位。而这个论题不管怎么说都太雄心勃勃了。非认知主义者如果不能确证像上面这样的论题,就将被迫承认他们的语义理论不能在“偷窃是错的”和“偷窃不是错的”这两种看法之间做出区分。这样,他们就只能说,决定偷窃是对是错的唯一方式就是从道德的视角之内来想问题。对语词意义的元伦理学研究在这个问题上将束手无策。

本章概要

在这一章里,我们探讨了非认知主义理论是否以及如何可能对如下假设做出说明:存在着关于道德问题的真答案。我们看到,如果我们接受非认知主义,那么这个假设就和真之符合论冲突,但它并不与紧缩论冲突。我们还看到,一种关注“不同意/分歧”(disagreement)的紧缩理论能够解决“什么使得一个句子成为适真的(truth - apt)”这个问题。接着,我们又了解了一种表达主义版本的紧缩论如何可以通过先验风格的论证来说明存在着关于道德问题的真答案,以及说明道德假言三段论是保全真值的。最后,我们简要探讨了对于非认知主义者来说这类先验风格论证的有限性,以及我们可以说些什么来支持“道德真理是客观的”这个观点。

拓展阅读

本章适合与 Blackburn(1984)的第六章结合着阅读。其中,欲了解非认知主义和紧缩论之间的关系,可参阅 Smith(1994b)。另外,本章第三节适合与 Dreier(1996)结合着阅读。欲了解吉伯德对随附性的先验论证,请读 Gibbard(2003)的第五章;而若想了解科尔斯戈德的观点,请读 Korsgaard(1996),尤其是其中的第四讲。

练　习

1 E 理解：Gibbard（2003）讨论了一个（自造）谓词“呦喂的”（yowee），该谓词的意义如下：“我是呦喂的”和（疼痛时的叫声）“哎哟！”（ouch）有着同种意义；用吉伯德自己的话说，即“说‘我是呦喂的’并不是在说我头痛，而是在表达我的头痛”（第 65 页）。现在，假设如上所述就是“呦喂的”一词的意义，那么下面这些句子里哪些是适真的？

（1）我是呦喂的。

（2）哎哟。（疼痛时的叫声）

（3）你是呦喂的。

（4）如果我是呦喂的，那么哎哟。

（5）我昨晚喝多了。

（6）如果我是呦喂的，那么我昨晚喝多了。

（7）如果哎哟，那么我昨晚喝多了。

请分别在以下条件下作答：（a）根据真之符合论回答该题；（b）根据真之紧缩论和关于适真性的句法理论回答该题；（c）根据真之紧缩论和吉伯德的适真性理论回答该题。如果你认为你需要知道更多的东西来对其中一些句子进行归类，那么请说明那些东西是什么。

2 E 理解：下面这句话是写在克里普克教授办公室门上的唯一一句话：“克里普克教授不在”，而现在，克里普克教授刚好出去吃午饭了。首先，用真之符合论来判定这句话是不是真的。然后，再用真之紧缩论来判定其真假。你在这两种情况下是否得到了相同的答案？不管你的答案是否相同，请解释其原因。

3 M 理解：下面这句话是写在克里普克教授办公室内白板上的唯一一句话：“任何写在克里普克教授办公室内白板上的句子都不

是真的”。像在上面那道题中一样,请你先用真之符合论再用真之紧缩论来判定该句是否为真。(提示:这道题比上面那道要难一些。)你会不会发现其中一种理论比另一种更难用来回答本题?它们是否将你带向了相同的答案?为什么是,或为什么不是?

4 M 延伸:你应该还记得,依艾耶尔,就如“偷钱是错的”的实指意义(significance)和“偷钱”的实指意义相同,“你偷了那些钱,这是错的”这句话的实指意义也和“你偷了那些钱”的相同。因此,如果我们可以因为“偷钱”缺少真值而说“偷钱是错的”缺少真值,那么我们同理可以料想“你偷了那些钱,这是错的”是有真值的,因为“你偷了那些钱”这句话有真值。试解释为什么这种论断会给“你偷了那些钱,这是错的”这句话带来错误的真值。(提示:可以找一个包含该句的无效论证,然后指出如果该句与“你偷了那些钱”有着相同的真值的话,那么这个无效论证就是保全真值的。)

5 M 延伸:考虑这一理论——据此理论,“他说的是真的”仅仅意味着“我同意他所说的话”。请表明该理论可以引发我们在第四章遇到的模态问题和分歧问题,并由此思考我们该如何理解紧缩论的观点:是“真”语句被用来说我们同意呢,还是“真”语句被用来表达同意?

6 M 延伸:用第七章的术语来说,我们在本章所陈述的表达主义真理理论是非建设性的,即,它并没有真的告诉我们复杂句所表达的是什么心理状态,而只是从这些复杂句的分歧属性出发对它们所表达的心理状态做出了描述。但是针对如下问题——要使|[P是真的]|=|[P]|,那么[P是真的]可能是种什么样的心理状态——却有一个明显的候选答案。你知道该答案是什么吗?你是否又能预见到关于该候选答案的任何问题?

7 M 新问题:我们在本章中考虑过的那种“先验证明”是一种不同寻常的论证方式。仅仅根据“不持有某想法是非理性的”这个事实似乎不足以证明某想法就是真的——可能存在着这么一些真理,我们承认它们反而是非理性的。比如,就像摩尔指出的那样,认为“P,但是我不相信 P”是非理性的,但是这句话却很可能是真的。那么,有什么根据可以表明,我们本章所考虑的先验论证至少比从“如果我认为‘P,但是我不相信 P’,那么我就是非理性的”到“如果 P,那么我相信 P”的论证具有更牢靠的基础?试讨论这种论证形式是否仍然是成问题的。

8 M 延伸:在正文中,我们讨论了表达主义者如何可能论证这一点:条件句可产生有效的假言三段论。我们还提到,对于表达主义者来说,表明“P”和“~P”必然不一致(即,它们不可能同时为真)是重要的。那么,你能不能模仿我们正文中的论证形式,用“互可替换原则”来论证“P”和“~P”不可能同时为真?

9 D 新问题:在第四章里,我们了解了表达主义者如何可能声称“道德思想是信念”;在这一章中,我们又了解了表达主义者如何可能声称“存在道德真理”。非认知主义过去常被定义为“认为道德语句不可能为真或为假”的观点,所以当人们逐渐意识到一些被称作“非认知主义”的观点实际上能够通过诉诸紧缩论而认为道德语句可以为真或为假时,许多哲学家转而将“非认知主义”定义为“道德思想不是信念”这种观点。而现在,如果我们既说道德思想是信念又说道德语句可为真,那么我们就需要第三种方式来刻画非认知主义了。然而,根据“潜行的极小主义”问题(the problem of creeping minimalism),任何用来刻画非认知主义的第三种方式都会使用非认知主义者仍欲纳为己用的语词,就像非认知主义者已经设法把“真”和“相信”纳为己用一样。但是,如果非认知主义者把所有我们可能用来声明认知主义与非认知主义之间区别的语词都纳为己用,那么我们就再也不可能分辨出这两种观点之间的区别了。请你评价我们应该在何种程度上对此问题感到担忧。这种担忧是否为时过早?

10 D 新问题(接第 9 题):尽管早期非认知主义者有时乐于声

称道德语句不可能为真或为假、道德思想不是信念，西蒙·布莱克本却很把自己这个提议当回事：表达主义者应当尝试仿效实在论者会说的话（包括“道德语句可以为真”、“道德思考是信念”）。他把这个想法称为“拟实在论”（Quasi - Realism）。有时候，人们描述拟实在论的方式让我们觉得它似乎是个特殊的理论，但实际上它只是对一项非认知主义研究计划所设的一系列目标的表述。不过，我们应当区分这里所说的研究计划的两种可能样态。其中，第一种的目标在于阐释“前理论”的材料（pre - theoretical data）——比如，有些道德断言似乎是真的，而另一些似乎是假的，以及我们似乎确实有道德信念。相反，第二种研究计划的目标不仅在于阐释“前理论”的材料，而更在于阐释实在论者在提出自己理论的过程中会得出什么说法。这两种研究计划在阐释道德真理和道德信念时互相重叠，但可能在其他主题上各行其道。那么，在哪些主题上这两种研究计划可能各行其道？对非认知主义者来说，更重要的是在哪一个计划上取得成功？为使第 9 题里提到的“潜行的极小主义”问题存在，哪个计划必须是成功的？

11 D 侧向拓展：如下说法显得高度可信：“并非如此：偷窃和不偷窃都是错的”。在这道练习里，请你在下述表达主义理论的框架下，提供一个对上述断言的先验论证：首先，假设存在一种心灵状态叫作“支持”（being for），它是不一致性可传递的（inconsistency - transmmiting）（如果你忘了“不一致性可传递”是什么，请回头参看第七章相关内容）；然后，假设如果“X”指谓的是 X，那么“X 是错的”就表达了这一状态：支持不去做 X。现在，请你证明，接受“偷窃是错的，且不偷窃是错的”这句话在理性上是不一致的，并解释为什么这是你为了给出题中所要求的先验论证而必须做的。

12 D 延伸：在如下假设下证明“互可替换原则”（Intersubstitut-ability）：|［P 是真的］| = |［P］|，|［P 是假的］| = |［~P］|。你的证明过程应当遵循对公式复杂程度所做的归纳（induction on

formula complexity)。也就是说,你一开始要表明“互可替换原则”适用于“P是真的”或“P是假的”这种形式的简单句。然后你要表明如果“互可替换原则”适用于一个句子,那么它也适用于对该句子的否定。接着,你再表明如果“互可替换原则”适用于两个句子,那么它也适用于这两个句子的析取。这样,你就表明了“互可替换原则”对任何由这样的简单句组成的句子都适用了——只要那些句子是以“~”、“∨”或任何可基于“~”和“∨”而得到定义的方式构成的。

13 D 新问题:本题的目标在于把应对“真理”问题的分歧类进路加以扩展,以把“真”一词应用在句子上。一个重要的事实是,一个人如果接受了“S是真的”,而“S”指的是一个句子,那么他就只需要承诺接受“P”,如果他相信S的意义是P的话(也就是说,如果他接受“S的意义是P”这句话的话)。而这一观察将导致下面的想法:“S是真的”这句话的意义近似于下面这个无限长的句子:“(如果S的意义是A,那么A)&(如果S的意义是B,那么B)&(如果S的意义是C,那么C)&……&(S的意义是A,或S的意义是B,或S的意义是C,或……)”。现在,请你用这个想法,结合我们在第七章学过的吉伯德式语义学中分歧类进路所用的其他工具,尝试推导出|[S是真的]|的表达式。

14 D 延伸:用你在第13题中得出的|[S是真的]|的表达式来论证:对于一个接受“S的意义是P”的人来说,“P”和“S是真的”是互可替换的。

15 D 侧向拓展:正如上面两道练习题所示的那样,分歧类有时候是一种臃肿笨重的工具。一种思考相关问题的更好的方式是从承诺表(commitment tables)出发。承诺表跟真值表差不多,但它们向我们展示的不是一个复杂句的真值如何取决于其他句子的真值,而是你对一个复杂句所不得不承诺持有的态度如何取决于你对其他句子所持的态度。在考虑承诺表时,开敞这么一种可能性不无用处:除了“接受”(acceptance)和“否认”(denial)这两种态度,还可能存在第三种可能的态度——拒绝(rejecting)一个句子。我们应把“拒绝”(rejection)理解为不同于前两者的第三种态度,它在理性上与“接受”和“否认”都不一致。现在,请你为“ ~ ”构造一个承诺表,来展示从你对“P”持有的态度出发,会不得不承诺对“ ~ P”持有某种态度。

16 A 延伸:当且仅当一个复杂句满足如下条件时,我们说它是“可构成承诺函数的”(commitment - functional):你不得不承诺对它持有的态度是你对其组成部分所持态度的函数(上一道练习题就说明,由“ ~ ”构成的语句就是可构成承诺函数的)。现在,请你借助下面这段关于“真”的承诺表(在这个表中,“A”代表“accept”即“接受”,“R”代表“reject”即“拒绝”,“D”代表“deny”即“否认”)来证明“语句中的互可替换原则”(Sentential Intersubstitutability):

> 语句中的互可替换原则:如果你接受“S 的意义是 P”,且如果 S^* 是任意以 P 为组成部分的“可构成承诺函数”的句子,那么你在理性上就不得不承诺对 S^* 持有和你对如下句子相同的态度:这一句子除了将 S^* 中的“P”替换为“S 是真的”之外,与 S^* 无异。

P	S 的意义是 P	S 是真的
A	A	A
R	A	R
D	A	D
A	R	
R	R	
D	R	
A	D	
R	D	
D	D	

17 A 侧向拓展：下面就是所谓“句子的 T 图式”(sentential T - schema)：

如果 S 的意义是 P，那么只有当 P 时，S 才是真的。

首先，把上句话出现的所有“S”都替换为“说谎者的话”，所有“P”都替换为“说谎者的话不是真的”，并解释为什么如果你接受替换过的句子，就会导致自相矛盾的结果——如果“说谎者的话”确实包括“说谎者的话不是真的”这句话的话。然后，用第 16 题里的“语句中的互可替换原则”来表明，否认任何“句子的 T 图式”具体例子的做法在理性上都是不一致的。那么，如果接受这句话在理性上是不一致的，否认这句话在理性上也是不一致的，你应该怎么做呢？（这个问题不是很难，不过它建立在上一道题的基础上。）

答题参考

6 为确保｜[P 是真的]｜=｜[P]｜，一个很明显的候选答案就是认为[P 是真的]便是[P]。主张“[P 是真的]=[P]”的理论是“真理的冗余论”(the redundancy theory of truth)的一种表达主义版本。根据真理的冗余论，“P 是真的”与“P”的意义完全一样，也正因此，这两者中的每一个都可被用来表示同意另一方。然而，冗余论的一个问题是，一个人有可能认为 P，但同时却没有认为 P 是真的。冗余论的另一问题则与“真”一词更有趣的用法有关；根据这些用法，你可以同意《圣经》里的每一句话，但却不必把它们再复述一遍。你能说明这一问题是什么吗？

参考文献

Blackburn, Simon (1984). *Spreading the Word*. Oxford: Oxford

University Press.

Dreier, James (1990). "Internalism and Speaker Relativism." *Ethics* 101(1):6 - 25.

Gibbard, Allan (2003). *Thinking How to Live.* Cambridge, MA: Harvard University Press.

Hare, R. M. (1981). *Moral Thinking: Its Levels, Method, and Point.* Oxford: Oxford University Press.

Kant, Immanuel (1997). *Groundwork for the Metaphysics of Morals.* Mary Gregor, trans. Cambridge: Cambridge University Press.

Korsgaard, Christine (1996). *The Sources of Normativity.* Cambridge: Cambridge University Press.

Smith, Michael (1994b). "Why Expressivists about Value Should Love Minimalism about Truth." *Analysis* 54(1): 1 - 12.

9

认识论:愿望式思维

9.1 愿望式思维

到现在为止,我们已经讨论了非认知主义理论所面临的一系列重要问题;它们中的大多数出自语言哲学,还有一些出自心灵哲学。正如我们所见,弗雷格-吉奇问题是非认知主义理论面临的核心问题,因此它占用了我们的大部分注意力,大多数相关文献也不遗余力地集中于对它的讨论。但是,非认知主义理论毕竟也面临来自其他哲学领域的重大挑战,对这些方面的了解同样必不可少。在这一章,我们将把注意力转向非认知主义理论面临的另一重要问题,它出自认识论(epistemology)领域——认识论主要关心我们何时以及何以知道某些事物或者我们对某些事物的信念何时以及何以得到辩护(justified)。特别地,我们将集中探讨席安·多尔在 Cian Dorr (2002)一文中指出的一个特殊问题——愿望式思维问题(the wishful thinking problem)。值得庆幸的是,和弗雷格-吉奇问题的极高文献关注度相反——人们对弗雷格-吉奇问题至少讨论了七十多年,积累了成千上万页的文献——愿望式思维问题相对而言比较新,有关的文献也很少,所以我们有可能很快就赶上最新研究的进度。

愿望式思维问题背后的想法如下:直觉上,我们一般认为,如果我们仅基于自己个人欲望中希望事物所是的样子,而形成关于世界样貌的信念,那么这种做法就是非理性的,因为这是一种“愿望式思维”;但如果表达主义是对的,那么有时候,当我们实质上基于欲望而形成了某种关于世界样貌的信念时,这种做法却应当是理性的——正如我们由接受一个道德-描述假言三段论(moral-descriptive modus ponens)的前提出发,进而接受它的结论时所做的那样。

作为例子,请考虑下面这个道德-描述假言三段论;它取自多尔的原文:

> P1 如果说谎是错的,那么说谎者的灵魂将在来世受到惩罚。
>
> P2 说谎是错的。
>
> C 说谎者的灵魂将在来世受到惩罚。

直觉上,一个人(让我们跟着多尔叫他“埃德加”)可能在初见这个论证时合乎理性地接受它的结论,因为从该论证的前提到其结论是有效的推理。比如,埃德加可能一开始只接受P1,而缺乏任何支持C的证据,然后他又接受了P2——而这时他可能就会合乎理性地继而推论出C。

以上这些都很符合直觉。但是它将表达主义者置于一个两难困境之中。我们知道,可能的情况有如下两种:或者,以上说法都是对的,也就是说,如果埃德加一开始只是接受P1,那么他真的能够基于P2而合乎理性地接受C;又或者,以上说法并不正确,埃德加并不能基于上述事实而合理地接受C。但问题是,一方面,如果以上说法并不正确,那么这就是表达主义自身的问题,因为从表面看来,以上论证是一个完全合理的推理过程。因此作为这个两难困境之一维的是,表达主义者不能解释一个从直觉看来完全合理的推理所具有的合理性。而另一方面,如果以上说法是正确的,那么依照表达主义的观点,埃德加就是在基于一种类欲望的态度形成一种关于世界的普通描述性信念,而且这种做法是合理的——毕竟,接受C就是持有一种关于说谎者的灵魂在来世将遭遇什么的普通描述性信念,而根据表达主义,接受P2只是拥有一种类欲望的态度。所以在这第二种情况下,整个推理过程看起来似乎是一种愿望式思维。因此,作为这个两难困境之另一维的是,表达主义者不得不承诺,愿望式思维在有些时候可以是理性的。[1]

愿望式思维问题是特别针对表达主义的问题,它与其他形式的非认知主义相安无碍。别忘了,是表达主义者认为接受P2意味着欲求一些东西——即,有某种类欲望的态度;而这个两难困境的第二维所提出的指控正是,基于你自己想要什么而接受一个关于世界的论断是愿望式思维。所以这条指控是专门用在表达主义者身上的。然而,与此相关的一个问题也能给其他种类的非认知主义观点带来诘难。比如,借用其他种类的非认知主义观点,我们可以假设接受P2意味着发出一种特殊的命令,或意味着尝试创生一种特别的影响。那么,当一个人仅仅为了与他所下的命令相适配或者仅仅为了与他所尝试创生的影响相适配而改变他对世界的看法时,虽然在确切的意义上讲,他并没有做那种我们一般称之为"愿望式思维"的事情,但是他这种做法一点都不比"愿望式思维"显得更有理性。事实上,任何认为"接受P2"与"持有某种新的信念或其他认知状态"有所差别的观点看起来都会具有这种普遍的非理性属性——根据这些观点,一个人怎么可能理性地得出一个关于世界之所是的结论?这样看来,愿望式思维问题似乎可以普遍化,从而成为一个所有种类的非认知主义观点共同面临的问题。不过,为了聚焦问题的关键所在,我在下文中仍将集中于对表达主义的讨论。

9.2 问题概貌

认识到如下两种问题之间的区分非常重要:一个是愿望式思维问题,它要求表达主义者解释从 P1 和 P2 出发推断出 C 这个过程的合理性;另一个是解释推理许可属性的问题,我们曾在第六章和第七章对之做过讨论。我们知道,只有当一个接受某论证前提的人在理性上不得不承诺继而接受其结论时,我们才说这个论证具有推理许可属性。但从这点并不能推出,对这个人来说最终接受该论证结论的做法实际上总是合乎理性的;有时候,唯一合乎理性的做法可能是不再接受某个前提。举例来说,如果埃德加有反对 C 的证据,且该证据比他支持 P1 和 P2 的证据要好得多,那么合理的做法就不是接受 C,而是放弃 P1 或 P2。又或,如果埃德加接受 P1 的唯一原因是他确信 P2 是错的(比如:“如果月亮是生奶酪做的,那么我就是只公山羊。”),那么当他最终接受 P2 时,相应的合理做法是不再接受 P1——而不是去接受 C,即使他缺乏其他反对 C 的证据。

所以,推理许可属性适用于每一个假言三段论——只要你接受了一个假言三段论中所有的前提,你在理性上就不得不承诺接受它的结论。但只有在一些情形下,以最终接受相应结论的方式来履行这项承诺才是合理的。在其他情形下,对付这项承诺的唯一合理方式是放弃某个前提。

我们在第六章已经看到,传统弗雷格 - 吉奇问题的部分要求就是解释适用于各个有效论证的推理许可属性,因为弗雷格 - 吉奇问题的当务所需之一就是解释道德论证的有效性;我们还看到,非认知主义者的做法是把做此解释的通常次序给倒转过来,从推理许可属性出发来解释有效性,而不是遵循通常的策略,从有效性出发去解释推理许可属性。但与此不同的是,愿望式思维问题只关心一个人实际上最终接受某结论的合理性,而我们只有在某些情形下才会在实际上最终接受相关结论。因此,愿望式思维问题不是关于逻辑或有效性的问题,而是认识论(epistemology)中的问题——它关心的是对知识的辩护(justification)。[2]

正如我们刚才提到的,推理许可属性适用于每一个假言三段论——只要你接受了一个假言三段论中所有的前提,你在理性上就不得不承诺接受它的结论。但只有在一些情形下,以最终接受相应结论的方式来履行这项承诺才是合理的。在其他情形下,对付这项承诺的唯一合理方式则是通过放弃某个前提来避开它。我们在第六章和第七章关心的问题是解释推理许可属性,它适用于所有有效论证的情形。但愿望式思维问题只关心一个人在实际上最终接受某结论的合理性,它只适用于某些情形。所以,为讨论之便,我将区分如下两类情形:在第一类情形中,埃德加最终接受 C 的做法在直觉上是合理的,我将务实地称之为(在讨论愿望式思维问题时)"目标所涉"(target - included)的情形;相反,在第二类情形中,埃德加最终接受 C 的做法在直觉上是不合理的,我将把它称为"目标无涉"(target - excluded)的情形。

如果我们使用这两个术语,那么上文中所言两难困境中的第一维便在于并非所有情形都是"目标无涉"的情形——至少有一些情形是"目标所涉"的。然后,我们可以把这种两难困境看作是每一个"目标所涉"的情形分别面对的问题:该两难困境的第一维在于,在某一"目标所涉"的情形中,表达主义理论认为埃德加接受相关论证结论的做法其实是不合理的(而这与我们对"目标所涉"的定义相矛盾);该两难困境的第二维在于,即使在某一"目标所涉"的情形中,表达主义理论宣称埃德加接受相关论证结论的做法是合理的,它也逃不出另一问题的罗网——正如多尔在他论证中指出的那样,既然表达主义认为埃德加之所以接受结论只是缘于他类欲望态度中的某种转变,那么埃德加的做法只能算是一种愿望式思维(而表达主义者竟要说这种做法是合理的)。

我们将会发现,把这种两难困境看作每一个“目标所涉”的情形分别面对的问题将大有助益。因为,回应这种两难的方式之一就是对埃德加所处情形做出更多假设,然后试着用那些假设来解释为什么埃德加最终合理地接受 C 的做法不只是一种愿望式思维——因为在那种情形下,埃德加拥有支持结论 C 的独立、普通、描述性证据,他对 C 的接受是基于这些别的、普通的、描述性信念之上的,而非仅仅基于他的类欲望态度 P2。在此,不同的提议会做出不同的相关假设,而当我们评析每个提议时,重要的并不在于关注任何一种解释是否行得通,即,并不在于关注任何一种解释是否可以应用于每一个“目标所涉”的情形。要说明的确存在愿望式思维问题,只需证明存在着一些“目标所涉”的情形,在它们那里任何解释都不可能行得通。相应地,要以眼下的方式解决这个问题,不必提供一个可应用于每一种情形中的万能解决方案,因为可能存在许多不同的解决方案,它们分别对不同的情形起作用,而只要每一个“目标所涉”的情形都能被某一些解决方案充分覆盖,我们的任务就达成了。因此,在评析这些解决方案时,我们应当关注的是它们合起来能否覆盖所有“目标所涉”的情形。它们越接近于联合覆盖(jointly cover)所有“目标所涉”的情形,剩余的反直觉情形也就越少。而一旦有任何“目标所涉”的情形遗漏在覆盖网之外,就说明愿望式思维问题还未得到完满的解决。

从原则上讲,对愿望式思维问题而言存在着几种不同的可能回应。第一种可能的回应是硬着头皮认同两难困境的第一维看法,认为即使在直觉看来,埃德加在某个给定情形中接受 C 是理性的,但实际上却并非如此。第二种可能的回应是硬着头皮认同两难困境的第二维看法,认为有些时候愿望式思维其实是理性的。第三种可能的回应是认为在仅基于 P2(以及 P1)而不基于其他证据的条件下,接受 C 的做法是理性的,但同时否认这种做法真的是愿望式思维;我稍后会就此多谈一点。不过,在至今已获发表的两种回应中,我们看到的主要回应方式是尝试在两难困境的两条迷途之间寻找一条中间路线,其做法是论证如下内容:在每个"目标所涉"的情形中,埃德加都拥有支持 C 的普通描述性证据,这些证据可以为他推断出 C 的做法提供辩护,而不会引发愿望式思维问题。

当然,上述最后一种策略要求我们说明埃德加据以推断出 C 的描述性证据从何而来。对此,我们可以区分两种可能情况。我们知道,根据表达主义观点,当埃德加最终接受 P2 时所发生的唯一变化就是他最终有了某种类欲望态度,因此第一种可能情况就是,埃德加有这种态度这个事实本身就是埃德加得以最终推断出 C 的普通描述性证据。大卫·伊诺克在 David Enoch(2003)一文中就尝试讨论了这种可能情况:伊诺克论证,对任何人而言,只要他接受 P1 的做法是得到辩护的,那么他从自己"持有 P2 所表达的态度"这个事实出发推断出 C 的做法也是会得到辩护的。

第二种可能情况是,既然埃德加最终接受 P2 的做法是合乎理性的(不然这就不是一个"目标所涉"的情形了),那么他肯定有一些支持 P2 的证据。因此,或许埃德加支持 P2 的证据也是支持 C 的证据,如果这些证据是普通描述性证据的话,就可确保埃德加对 C 的接受不只是愿望式思维了。这种可能性在詹姆斯·伦曼回应多尔的 James Lenman(2003)一文中得到了讨论。在下面第三节中,我们将关注第一种可能性能带我们走多远;然后在第四节中,我们将关注第二种可能的情形。

9.3 伊诺克:接受 P2 意味着什么?

根据伊诺克的想法,在每一个"目标所涉"的情形中,当埃德加接受了 P2 时,他也就有了一种以 C 为结论的独立、纯粹的描述性论证,因此,埃德加接受 C 的做法可以得到丝毫不带愿望式思维色彩的辩护。具体来讲,当埃德加接受 P2 时,他就会得到一个据以推出

C 的新前提,P2 *:

P2 * 我不赞同说谎。

而为了得到一个以 C 为结论的描述性论证,埃德加需要另外一个前提 P1 *:

P1 * 如果我不赞同说谎,那么说谎者的灵魂将在来世受到惩罚。

因此,伊诺克的策略若能起效,埃德加接受 P1 * 的做法就必得在每一个"目标所涉"的情形中都得到辩护。

为了确证如上这点,伊诺克采取的是各个击破的策略;他注意到,只有当埃德加接受 P1 的做法是被正当辩护的时候,埃德加基于 P1 和 P2 推断出 C 的做法才是合理的,因此,伊诺克建议我们考虑使埃德加接受 P1 的做法得到辩护的不同可能方式,然后在每一种可能情况下论证:如果那就是使得埃德加接受 P1 的做法得到辩护的方式,那么埃德加也能经正当辩护而接受 P1 *。[3] 伊诺克的计划是以这种方式覆盖所有的"目标所涉"情形。不过,我们不必挨个儿看过伊诺克考虑的每一个情形,而只需要探究其中一个例示性情形就足够一窥他策略的精髓了。在这一例示性情形中,为埃德加接受 P1 的做法提供的辩护,来自为 P1 的全称推广(universal generalization)(即 ∀P1)提供的归纳证据(inductive evidence)。∀P1 如下:

∀P1 对于任意行动 A,如果做 A 是错的,那么做 A 的人的灵魂将在来世受到惩罚。

下面,我们就来考察这个情形,以评判事实是否果真如伊诺克所言——一个持有支持∀P1 的归纳证据的人也一定会持有支持∀P1 * 的归纳证据。(有些练习题会邀请你考察伊诺克在他所举的其他情形中提出的论证。)

> ∀P1 * 对于任意行动 A,如果我不赞同做 A,那么做 A 的人的灵魂将在来世受到惩罚。

为什么伊诺克会认为任何一个人只要有支持∀P1 的归纳证据就会有支持∀P1 * 的归纳证据?原因很直白。我们知道,一个人在获得支持∀P1 的归纳证据之过程中,会考虑到很长一系列他认为"做 A 是错的,而且做 A 的人的灵魂将在来世受到惩罚"的行动 A 的例子;相反,他不会考虑到任何在他看来"做 B 是错的,而且做 B 的人的灵魂不会在来世受到惩罚"的行动 B 的例子。而伊诺克进一步推理道,在每一个埃德加认为"做 A 是错的,而且做 A 的人的灵魂将在来世受到惩罚"的情形中,他同时也能够意识到自己不赞同 A,因此也就能够认为"我不赞同做 A,而且做 A 的人的灵魂将在来世受到惩罚";这样子,埃德加就获得了支持∀P1 * 的归纳证据。

以上想法显然很巧妙。但是我们应当对它保持怀疑。这一方面是因为,与它完全同类的推理似乎会预测,对任何人来说,接受如下论题都是得到辩护的:

> "自以为是"论题(hubris) 对于任意行动 A,只有当我不赞同做 A 时,A 才是错的。

然而可以确定的是,表达主义者不应接受一种会导致这般自以为是的预测的"友好建议"——事实上,正如我们在第四章了解到的,表达主义最重要的最初动机之一正在于避免认同诸如"自以为是"论题这样的断言。

其实,不难看出伊诺克的推理至少还在其他几个地方存在问题。第一,当埃德加认为做 A 是错的而并没有认为他不赞同做 A 时,他就获得了支持∀P1 的归纳证据,但却并未获得支持∀P1 * 的归纳证据。第二,埃德加有可能错以为自己不赞同某个他实际上并非不赞同的对象——这甚至在理性上也是有可能的。比如,假设埃德加并非不赞同看色情作品,但是他通过向自己信任的心理医师咨询而相信了自己是不赞同看色情作品的。然后,进一步假设埃德加还认为色情作品观看者的灵魂不会在来世受到惩罚。在这种情形下,埃德加将会接受"我不赞同看情色作品,而且情色作品观看者的灵魂不会在来世受到惩罚",因此拥有一个针对∀P1 * 的确凿反证,但却不会拥有任何针对∀P1 的反证。所以,他可以在接受∀P1 * 一事上得到归纳辩护,却不能在接受∀P1 * 一事上得到归纳辩护。

除此之外,伊诺克的推理还会以第三种方式出错。即使埃德加在且仅在所有他正当地(justifiably)不赞同某事物的情形中正当地认为他不赞同该事物,这个推理过程仍然不靠谱。这是因为,归纳推理(inductive inferences)是否恰当取决于所用谓词(predicates)是否合适,亦即它们是否可投射(可投射性:projectability)。通过对一系列鹰的观察,你可以成功地概括出"鹰会飞"。但是通过对一系列同样数目的鸟的观察,你却不能成功概括出"鸟会飞"。你可能观察到很多会飞的鸟,然后概括说所有的鸟都会飞,但这并不成立,因为就飞行的能力而言,"鹰"这个类别统一而"鸟"这个类别混杂。伊诺克的推理要求归纳证据在如下两种情形中同样有效:一是当埃德加概括"什么是错的"时,二是当埃德加概括他自己的想法时。但我们似乎没有任何先验(a priori)理由来认为这是对的。实际上,埃德加自己可能都会明确认为这不是对的。

总而言之,伊诺克的说明看起来似乎不能应用于所有埃德加接受 P1 的做法得到归纳辩护的情形。当然,它完全可能应用于一些这样的情形中。但是看起来它并不能成功地覆盖所有的"目标所涉"情形。后面有些练习题会引导你把这一结论推广到埃德加接受P1 的做法可能得以辩护的其他一些情形,并引导你跟进一些相关细节。

9.4 伦曼:从 P1 与 P2 的证据出发

从表面看,伊诺克的策略陷入麻烦这个事实应该不会太令人吃惊。因为它甚至没有充分利用对于解释埃德加接受 C 的做法何以得到辩护来说理应可得的全部资源。正如伊诺克所指出的,只有当埃德加接受 P1 和 P2 的行为是得到正当辩护的(justified),他基于P1 和 P2 而接受 C 的做法才是合乎理性的。但是伊诺克自己对此给出的说明却只是诉诸了"埃德加接受 P1 的做法是得到正当辩护的"这个假设,而丝毫没有利用"埃德加接受 P2 的做法是得到正当辩护的"这个假设——伊诺克只是直接假设埃德加实际上就接受了P2。而这意味着,伊诺克的策略一方面过度泛化了(overgeneralize),另一方面遗漏掉了有用的解释性资源。说他的策略过分泛化,是因为它对埃德加推断出结论的做法何以合理给出的解释甚至能用在"目标无涉"的情形中,即埃德加接受 P2 的做法不能得到正当辩护的情形中。说他的策略遗漏掉了有用的解释性资源,则是因为它根本没有利用"埃德加接受 P2 的做法是得到正当辩护的"这个假设。所以,为了解释在"目标所涉"的情形中埃德加何以总是拥有支持 C 的普通描述性证据,一个与之不同的策略会希望试着说明如下这点:埃德加对 P1 和 P2 持有的证据本身必定也是支持 C 的描述性证据。我觉得我们用这种方式来理解詹姆斯·伦曼在为回应多尔而作的 James Lenman(2003)一文中所采取的策略应该差不离。

实际上,伦曼采取的是这种策略的一个很强的版本;他认为,任何时候,只要埃德加在接受 P1 和 P2 一事上是得到正当辩护的,这种做法所基于的信念都可以独立于 P1 和 P2 而被用于直接论证出

C。为了表明这种想法如何可能起效,他给出的最清楚的例子是如下论证:

R1 德里克从不触犯摩西十诫(the Decalogue)。

R2 所有且只有对摩西十诫的触犯是错的。

R3 故:德里克从不做任何错事。

R4 故:如果怀着色欲的意图看一个女人是错的,那么德里克从不怀着色欲的意图看一个女人。

R5 怀着色欲的意图看一个女人是触犯摩西十诫的。

R6 故:怀着色欲的意图看一个女人是错的。

R7 故:德里克从不怀着色欲的意图看一个女人。[4]

在上述例子中,R4 和 R6 构成了一个推出 R7 的道德 - 描述假言三段论(就像埃德加对 C 的论证一样)。而 R4 是基于 R1 和 R2 得到辩护的,R6 是基于 R2 和 R5 得到辩护的,同时,R1 和 R5(它们是给出对 R4 和 R6 的辩护的一部分)又构成了一个推出 R7 的独立、直接、描述性的论证。所以,既然 R4 和 R6 是以上述方式得到辩护的,那么基于 R4 和 R6 而接受 R7 就不会比基于普通描述性信念而接受 R7——因为埃德加接受 R7 的做法也是由 R1 和 R5 独立地支持的——更倾向于将埃德加引入歧途。

伦曼的例子表明,至少有一些"目标所涉"的情形不必以任何令人不满的方式牵涉愿望式思维。因此,至少对一些情形来说,他解决了愿望式思维问题。但你应还记得,真正意义上的问题并不会就此消失,除非伦曼的解决方案可以覆盖所有的"目标所涉"情形。而后面这点正是伦曼声称自己的解决方案力所能及之处。他断言,所有的"目标所涉"情形都与以上例示的情形相似,只不过有些情形可能会比这个例子稍微复杂点罢了。伦曼表明,如果埃德加没有相关的背景信念以确保他拥有一个以 C 为结论的独立的描述性论证,那

么,

> 在这种情形下,非认知主义者可能会欣然让步说,如此这般的埃德加是非理性的。这种让步全然无害,因为无论我们是或不是非认知主义者,它都独立地高度可信。如果多尔坚持要考虑一个存在这种彻底的断裂的情形①,那么无论从谁的标准出发,我们都会得出在这种情形中埃德加是非理性的。[5]

伦曼这里的意思其实是说,任何情形只要不满足他给出的方案中所描述的条件,就应被划归为一种"目标无涉"的情形——即,在这样的情形中,埃德加最终接受一个论证之结论的做法无论如何在直觉上都是非理性的。

然而从直觉上看,这个说法颇为奇怪。在非道德的论证那里,我们没有任何理由认为,只有当一个人拥有一些进一步的、不同的、可以独立地辩护某个结论的论证时,他在接受原本那个论证的结论一事上才是理性的。实际上,情况根本就不可能如此,因为这样会导致恶性的无穷后退(vicious regress)。某些论证必须足以在没有进一步论证帮助的情况下支持它们的结论,不然根本就不会存在任何可以支持其结论的论证了。所以,如果伦曼的假设对道德-描述假言三段论来说竟是真的,那该是个多么不可思议且限制性极强的论断啊。

在伦曼的论点和一种更弱、更可信的论点之间做出区分很重要:伦曼认为,支持 P1 和 P2 的证据必须提供一种对 C 的独立辩护;而更弱的论点认为,支持 P1 和 P2 的证据必须提供一种对 C 的辩护。后面这种观点令人难以抗拒,因为既然 C 由 P1 和 P2 推断出

---

① 即这样一种情形:埃德加虽然有一个以 C 为结论的道德-描述论证,却没有相关的背景信念以确保他拥有一个以 C 为结论的独立的描述性论证。——译者注

来,那么任何足以对 P1 和 P2 给出辩护的证据也都足以经由(by way of)辩护 P1 和 P2 来衍生地(derivatively)辩护 C。而伦曼的解决方案所要求的是更强的论点:必须存在一种从 P1 和 P2 的证据到 C 的直接论证,就像他在“摩西十诫”的例子中所展示的那样。但是我们已经看到,我们没有任何理由认为所有的“目标所涉”情形都满足这一点。[6]

除了伦曼自己的方式,还有一种追寻与其相似策略的更弱的方式。这种方式认为,即使 C 只能通过(through)P1 和 P2 得到辩护,这也不是真正意义上的愿望式思维——只要 P1 和 P2 最终建基于更进一步的描述性证据之上。但是这条路线的问题——很可能这里的问题也是伦曼之所以没有采取这条路线的原因——在于,它意味着经由(by way of)类欲望态度而形成关于世界的信念这种做法是有欠稳妥的(non - conservative),因为这种做法会让你得出你用其他方式无法得出的关于世界的论断。而这正是多尔对愿望式思维的担忧所在。

除了以上问题,这一进路还面临着另一种更深意义上的限制。指出如下这点是一回事:只有当埃德加在接受 P1 和接受 P2 的做法上都得到辩护时,他基于 P1 和 P2 而接受 C 的做法才是理性的。论证如下这点是另一回事:只有当埃德加持有对 P2 的证据时,他在接受 P2 一事上才是受到辩护的。而断言如下这点却是另一回事:埃德加对 P2 的证据必定全部都是普通描述性证据,它们基于埃德加对世界的信念,而非基于进一步的规范性判断。如果埃德加对 P2 的证据本身来自一个进一步的规范性前提,那么我们就根本没有解决问题,而只是把问题推后了。所以,一个人要想追寻这个策略,就必须首先坚信这不是一条完全由规范性证据组成的证据链。

与此相反,一个一般意义上的认知主义理论者可以欣然接受如下这点:在整条证据链上,我们对道德理论给出的证据本身都可以是规范性的——或至少部分是规范性的,而不必由普通描述性证据给以最终的辩护。另外,他也可以在这一点是否可能的问题上保留中立态度。[事实上,对于大卫·休谟(David Hume)的著名评论——没有可以从"是"(is)推出的"应当"(ought),有时被称作"休谟法则"(Hume's Law)——一种理解方式就是认为,对于任何规范性断言来说,其证据的某些部分必须(must)实际上是些进一步的规范性断言。]而这意味着,即使是采纳伦曼策略的较弱版本,一个表达主义者也会因此高度受限——与伦曼所声称的相反,这种策略将迫使他接受额外的条件,而我们很难说这些条件也是认知主义者愿意接受的,甚至很难说它们竟是可信的。

9.5 何不认同两难困境的第二维?

这样看来,似乎伊诺克和伦曼的建议都没怎么做到不辱使命。而依我之见,考虑两难困境第二维的优越之处似乎不无意义。首先,观察到"愿望式思维"是一种说服性定义(persuasive definition)。真正意义上的愿望式思维情形是由想要 p 出发进而相信 p 的情形。那显然是种很糟糕的做法,也配有一个特殊的名字。但问题是,P2 与 C 之间的关系是否也满足这样的定义并不明显,除非"说谎是错的"表达了"想要说谎者的灵魂在来世受到惩罚"这样的状态。所以,从一个类欲望态度和其他条件出发得到描述性结论的做法可能并不像愿望式思维的典型情形那么糟糕,而这个问题的名字本身却似乎在有效劝止我们从两难困境的第二维着想。如果事实果真如此,我们似乎就应当保持警惕了。

第二点观察是,尽管在多尔所描述的情形中,埃德加一开始就接受了 P1,然后才接受了 P2,但是埃德加对 P1 的接受本身并非与对 C 的辩护毫无干系。然而,虽然接受 P2 很明显即是持有一种类欲望态度,我们却并不明显知道接受 P1 所对应的是何种状态,除非表达主义者已经给出了完备的有关"嵌入问题"(the embedding problem)的解决方案、对“逻辑不一致”(logical inconsistency)的说明和对“逻辑蕴涵”(logical entailment)的说明。而无论这种状态最终被证明是什么,它都必须拥有如下属性:它能和信念与类欲望态度一起,产生不一致的情形。比如,同时处于 P1 所表达的状态、P2 所表达的类欲望态度以及 C 的否定所表达的信念之中必定是不一致的。而令人困惑的是,怎么可能存在任何满足以上条件的状态;同时,这种困惑也能在重要的方面说明,为什么给出关于道德 - 描述混合条件句的说明是“嵌入问题”中尤为困难的一部分。

因此,或许表达主义者应当认同这个两难困境的第二维,并论证我们关心的情形无论如何都与愿望式思维的一般情形相差得足够远,以至于无论那些一般情形的糟糕之处是什么,要把它们也用在我们所关心的情形上都不是明智之举。不过,为了弄清楚该策略是否切实可行,我们仍需对它进行远更深入的考察。

9.6 认识论中的其他问题

在这一章里,我们考虑了非认知主义在认识论中面临的一个重大问题——愿望式思维问题。我之所以要集中于对它的讨论,一方面是因为这个问题相对而言比较新、比较有趣,另一方面是因为迄今为止代表非认知主义给出的回应虽引人入胜却终欠可信,而且我们尚不清楚从这个问题出发哲学家们可能给出什么令人满意的观点。然而值得一提的是,除了愿望式思维问题,非认知主义者在认识论领域还面临着多种其他重要问题。比如,在我们这章的整个讨论中,伊诺克和伦曼都假设,在非认知主义的框架内,谈论 P1 和 P2 的“证据”(evidence)是有意义的,谈论哪些假设能够“辩护”(justify)埃德加接受 P1 或 P2 的做法也是有意义的。但问题是,从非认知主义观点出发,该如何对“P2 的证据”做出说明?“某人的道德看法(而非一个普通描述性信念)得到了辩护”又是指什么?这些都颇不明朗。

不仅如此,一个完整的非认知主义认识论在给出对“证据”的说明时,似乎还需确保它是对描述性结论和道德结论同样适用的单个说明。毕竟,如果在谈论描述性结论和道德结论所需的证据时,我们使用的都是同一个词“证据”,那么有关“证据”的语义理论也应该只有一个,而对描述性证据的适当说明与对道德证据的适当说明则是该语义理论的特殊应用。除此之外,这种关于“证据”的说明还需抵御某些对其关于道德证据之说明的反驳。这些反驳的形式是,认为前者对道德证据的说明不能确证我们对“证据”的公认看法——比如对 p 给出的证据必须是使 p 显得更可能(more likely)的真考量(true consideration)。而为了评估这一点,我们当然首先还需知道对于一个道德断言来说,使它显得更可能或更不可能到底是什么意思。

类似地,非认知主义者尚欠一个特殊的说明,以告诉我们该如何在非认知主义的框架下理解“辩护”(justification)与“知识”(knowledge)。艾伦·吉伯德在他的书里(2003,第十一章)已经开始阐释一个关于知识的表达主义说明了,但在他的说明中仍有些许谜团和很多问题未能得到解决。总的来说,非认知主义者还只是刚刚开始解决在他们的观点下认识论中出现的问题。我这么说并非无理:如果一个人只有在真的(truly)相信(believe)某事物的情况下才算是知道该事物,那么要想给出一个关于知识的表达主义说明,就至少和给出一个关于信念(belief)的表达主义说明和给出一个关于真(truth)的表达主义说明两者加起来一样难——而我们光是讨论后面这些话题就用了整整两章(第五章和第八章)的篇幅。而且,这还没算上其他问题呢——比如说,真信念要变成知识需要什么进一步的条件?即使在非认知主义为假这个假设下,研究认识论的学者们在理解这一问题上也已经遇到了够多的麻烦。所以总而言之,我们有充分的理由认为表达主义者所面临的认识论问题非常困难,尤其是当他们没能首先解决我们在前些章节探讨过的逻辑、真、信念这些问题时,这个任务更会难上加难。不过,尽管这些问题很难,它们却仍是非认知主义不得不面对的突出的、更深入的问题。

本章概要

在这一章里,我们遇到了席安·多尔向非认知主义提出的愿望式思维问题。作为对该问题的回应,我们探讨了大卫·伊诺克和詹姆斯·伦曼分别给出的解决方案,以及另一种可能的策略。除此之外,我们还看到这个问题如何与非认知主义在认识论领域所面临的更普遍问题相连,并了解了后者之所以极其困难的部分原因。

拓展阅读

读者应结合 Dorr(2002)、Enoch(2003)和 Lenman(2003)这些文献来阅读本章内容。若欲进一步阅读非认知主义者在认识论领域的看法,可以把 Gibbard(2003,第十一章)作为一个很好的起点。另外,里奇在 Ridge(2006)一文中捎带讨论了他的混合型非认知主义观点如何能够避免愿望式思维问题;这个话题将在本书第十章得到进一步讨论。

练　习

1 E 理解:愿望式思维问题和解释推理许可属性的问题之间有什么区别?

2 E 理解:表达主义者为什么不能简单地说,埃德加在这种条件下推出 C 的做法都是缺乏辩护的?

3 E 延伸:第三节里伊诺克的提议存在一些问题,其中一个就是，一个归纳论证是否恰当取决于所考察的谓词是否可投射。在两个谓词之中，能使相关的归纳推理更恰当的就是更可投射的。尼尔逊·古德曼（Nelson Goodman）曾这样举例说明这一问题：考虑一个谓词“绿蓝的”（grue①），它被定义为具有如下意义：“或者在2100年1月1日之前被首次观察到，且是绿色的；或者只在2100年1月1日之后被首次观察到，且是蓝色的”。我们知道，每一颗曾被观察到的祖母绿都是绿色的——因此，这就是“所有祖母绿都是绿色的”的证据。但由于每一颗曾被观察到的祖母绿也都是在2100年1月1日之前被首次观察到的，所以它们也都是绿蓝的。而这似乎是“所有祖母绿都是绿蓝的”的证据。那么，你预计在公元二十二世纪里发现的祖母绿是什么颜色的——绿色的还是蓝色的？为什么以上讨论可以作为证据，说明一些谓词必定比另一些更可投射？

4 M 延伸：归纳推理并不是在接受P1的做法上得到辩护的唯一方式；另一种方式是通过理解使P1为真的下层机制来辩护对P1的接受。例如，伊诺克就说过，“也许我们对上帝品性的所知足以令我们知道，它会确保所有且唯有作恶者的灵魂在来世受到惩罚”。伊诺克接着论证道：“如果上帝的品性会确保所有作恶者的灵魂在来世受到惩罚，那么它同样会确保（在非认知主义的假定下——因为在回应多尔的质疑中我们有权这样做）所有我对其怀有某种非认知态度——这种态度是通过称他们为“作恶者”而表达的——的人都会在来世受到惩罚。”首先，请你说明伊诺克此处推理中的诱人之处，然后，请你说明它在哪里是成问题的。

5 M 延伸：在第三节里，我声称内嵌论题（the inset thesis）（即“自以为是”论题，hubris）可以通过与伊诺克用来辩护∀P1＊的论证同类的方式得到辩护。那么，请你说明对于“自以为是”论题，相

① “grue”（绿蓝的）是新造的词，即“green”（绿色的）和“blue”（蓝色的）的合写。——译者注

应的论证会是什么样子。你能解释为什么这两个论证中的一个要比另一个更易受攻击吗?

6 M 延伸:杰里米接受功效主义的道德理论;该理论认为,只有当一个行动不最大化幸福时,它才是错的。而杰里米之所以接受功效理论,并不是因为它体系化或者讲清楚了他的其余道德信念,相反,他是一开始就接受功效主义,然后才基于该理论接受关于"什么是错的"、"当某事是错的时可推出什么"这些其他论断的。因此,什么都不能使杰里米修正这一理论,因为他据以评析任何与道德有关的问题的基础就是参照这一理论得来的。下面,请你通过讨论伦曼对愿望式思维问题提出的解决方案是否可能在杰里米的例子里失效,来评估伦曼这个方案的优劣。假如我们都像杰里米那样,那么伦曼的解决方案还可行吗? 抑或,为使伦曼的解决方案行之有效,我们必须得像杰里米那样? 请说明你的理由。

7 M 延伸:本题讨论伊诺克为 P1 提供的证词证据(testimonial evidence)的第一部分。伊诺克暗示,为了在接受 P1 一事上得到基于来自乔恩的证词的辩护,埃德加必须在认为乔恩是可靠的这一点上得到辩护——即,接受 R1:

> R1　如果乔恩认为,如果说谎是错的,那么说谎者的灵魂将在来世受到惩罚;那么如果说谎是错的,那么说谎者的灵魂将在来世受到惩罚。

现在,请你说明埃德加如何可能在他对 R1 和 R2 的接受已经得到辩护的条件下,在接受 P1† 一事上得到辩护:

> R2　如果乔恩认为说谎是错的,那么说谎是错的。
>
> P1†　如果乔恩认为说谎是错的,那么说谎者的灵魂将在来世受到惩罚。

你会预计一个拥有对 R1 的辩护的人同时也拥有对 R2 的辩护吗？为什么？在什么条件下？

8 M 延伸：本题讨论伊诺克为 P1 提供的证词证据的第二部分。上一道题关心的是埃德加如何可能在接受 P1† 一事上得到辩护，其中 P1† 是一个描述 - 描述条件句（a descriptive - descriptive conditional）。而埃德加要想从那里出发，最终在接受 C 一事上得到实际辩护，他就需要在接受 P1† 的前件这点上得到辩护——即，他需要在接受“乔恩认为说谎是错的”这一点上得到辩护。现在，请你用伊诺克在其他地方采用的那种推理来论证，如果埃德加在接受 R3（见下）一事上得到了辩护，那么他就能在接受 P1† 的前件上得到辩护。你能解释我们为什么应当期望埃德加拥有对 R3 的辩护吗？

R3　如果我认为说谎是错的，那么乔恩认为说谎是错的。

9 M 延伸：本题讨论伊诺克为 P1 提供的证词证据的第三部分。请你表明埃德加如何可能从对 R4 的辩护得到对“接受 P1† 的前件”的辩护：

R4　如果说谎是错的，那么乔恩认为说谎是错的。

伊诺克暗示以上就是埃德加在接受 P1† 的前件一事上得到辩护的方式，并声称埃德加应当在接受 R4 一事上得到辩护，因为他能够从乔恩[①]那里得到关于 P1 的证词证据。你觉得伊诺克的说法合理吗？你是认为埃德加必须在接受 R4 一事上得到至少和 R2 一样强度的辩护呢，还是认为他不必在接受 R4 一事上得到辩护，虽然他

① 原书此处有笔误。译者已就此去信作者，得到了作者的赞同。译本中已做改正。——译者注

已经在接受 R2 一事上得到了辩护?请说明你的理由。

10 M 延伸:本题讨论伊诺克为 P1 提供的证词证据的第四部分。注意 R4 像 P1 一样,都是规范–描述条件句。从这一点出发,可知伊诺克对规范–描述假言三段论提出的新辩护又把一个规范–描述假言三段论作为一个正当部分。那么,这是否会导致恶性的无穷后退?为什么?如果不会,那么它是否会引发其他的问题?如果它确实引发了其他问题,那么这些问题是什么,它们又有多严重呢?

11 D 延伸:在第三节里,我们观察到伊诺克的论证要求如下这点:对于"我不赞同 X"和"X 是错的"来说,"做 X 的人的灵魂将在来世受到惩罚"的可投射性是相同的。请你通过将"我不赞同 X"翻译为"我相信 X 是错的"(因为根据表达主义的看法,"相信 X 是错的"就是"不赞同 X")来寻找对这一论点的反证。

答题参考

4 提示:试着将题中"所有我对其怀有某种非认知态度——这种态度是通过称他们为'作恶者'而表达的"替换为"所有我相信是作恶者的人"。

7 提示:在乔恩不是 P2 的可靠信息源的条件下,他还可能是 P1 的可靠信息源吗?

9 提示:有些人极少在他们的看法上出错,但这只是因为他们在很多事情上都没有看法。解释这一点为什么和本题有关。

教　益

8 在正文中 P1 得到了归纳辩护的情形下,伊诺克声称埃德加对 C 的证据来自于他接受 P2 这一事实。但这道习题却暗示,在相关知识经由证词获取的情形下，相似的论点令人难以置信。也正因此，伊诺克在相关知识经由证词获取的情形下诉诸了一种不同的看法，第9题和第10题便探索了他这种看法。

参考文献

Dorr, Cian (2002). "Non – Cognitivism and Wishful Thinking." *Noûs* 36(1):97 – 103.

Enoch, David (2003). "How Noncognitivists Can Avoid Wishful Thinking." *Southern Journal of Philosophy* 41: 527 – 545.

Gibbard, Allan (2003). *Thinking How to Live.* Cambridge, MA: Harvard University Press.

Lenman, James (2003). "Noncognitivism and Wishfulness." *Ethical Theory and Moral Practice* 6: 265 – 274.

Ridge, Michael (2006). "Ecumenical Expressivism: Finessing Frege." *Ethics*116(2): 302 – 336.

10

混合型计策

10.1　乐观态度的凭据——从轻蔑语出发

从第二章到第九章，我们不仅了解了非认知主义理论的早期形态，还见识了它在当代的情状；前者包括艾耶尔和史蒂文森的情感主义、黑尔的规定主义，后者则主要指表达主义。同时，我们还梳理了非认知主义理论在形而上学、认识论、心灵哲学尤其是语言哲学中分别面临的主要问题。在这些章节里，我们观察了这些问题的样貌，探究了它们从何而来，考察了不同种类的非认知主义者在处理这些问题时可用的工具种类，并讨论了非认知主义者在仍未解决这些问题的情况下依然对自己将能解决这些问题抱有信心的部分原因。

我在前面把非认知主义给出的如下论证叫作“为乐观态度提供凭据的论证”(arguments for license for optimism)：即使非认知主义者尚未能发展出一种解决他们所面临问题的方案，这些解决方案也肯定存在。也就是说，为乐观态度提供凭据的论证不是直接表明如何解决相关问题，而是尝试展示，存在着一些别的无可争议的现象，它们的表现与非认知主义者眼中道德思想和道德语言的表现非常相像,但是它们却肯定能以某种方式克服非认知主义面临的那些问题。所以,举例来说,当黑尔论证说因为存在着复杂的祈使句和它们之间的逻辑关系,所以就一定存在某种方式,以使非认知主义者能对复杂句的意义和复杂句之间的逻辑关系做出说明时,他就是在给出一种为乐观态度提供凭据的论证。

差不多在最近十年里,一些同情非认知主义的哲学家开始把视线转移到别的地方,来重新建构为乐观态度提供凭据的论证。他们所关心的不再是艾耶尔那里表达情感的术语或标点符号,也不再是黑尔那里的祈使句,而是轻蔑语(pejoratives)或侮辱语(slur terms)。他们试图做的,是把轻蔑语或侮辱语作为模型来研究道德语词的意义可能所是的样子。对于这个进展,史蒂文森和其他一些早期非认知主义者若在天有灵,将会感到无比熟悉。不过,该进展的不当之处——至少在有教养的讨论场合中——在于,虽然侮辱语最恰当地例示了给"为乐观态度提供凭据的论证"奠基的现象,但它们本身却很是冒犯无礼。因此,我在本书中将不会直言其名。不过,你应该懂得我指的侮辱语是什么——最有力的例子包括那些用在某一种族或性取向人群身上的词语。所以,想象"＊＊＊"就是这么一种无礼的侮辱语,它用在属于某个种族或民族的人们身上;在下文中,我将把该族人记为"R"。

在提供凭据以支持对非认知主义的乐观态度方面,像"＊＊＊"这样的侮辱语就可以提供一个具有启发性(provocative)的论证。这首先是因为,它们的意义似乎并不会被寻常真值条件理论给它们确定的内容所穷尽。毕竟,虽然称某些人是"＊＊＊"的确是在说他们是R,但是"＊＊＊"的意义要比R多些东西;如果你不知道"＊＊＊"仅在你对属于R的人持有一种轻蔑态度时才会使用,你就并不真正理解"＊＊＊"的意义。我们似可合理地认为,"＊＊＊"意义的这一方面可能超出了真值条件意义理论鞭长所及的范围。因此"＊＊＊"可以很好地代表这么一种语词:该语词至少具有在非认知主义者眼中道德语词所具有的部分重要特征。

不仅如此,我们还可以很直接地观察到,相比于本书中所述非认知主义面临的诸多问题,“＊＊＊”却超然于这些问题的矛头之外。比如,我们不会对“相信阿尔是个＊＊＊”是怎么回事而感到困扰,也不会为某个相信“阿尔是＊＊＊”的人和一个相信“阿尔不是＊＊＊”的人互相分歧的原因而心怀迷惑。同样地,“相信阿尔是＊＊＊”和“相信阿尔不是＊＊＊”这两种态度之间的人内分歧也不会成为谜题;一个人大有可能对阿尔是或不是＊＊＊一事怀有或多或少的信心抑或希望抑或怀疑,这也没什么好费思量的;“相信阿尔是＊＊＊且想避开＊＊＊这类人”这种状态会成为某人避开阿尔的动机,我们也不会对个中缘故感到大惑不解。所以说,我们在第四章中遇到的非认知主义在心灵哲学领域所面对的问题似乎都与“＊＊＊”相安无事,或至少,即使“＊＊＊”也面临相似的问题,这些问题在它那里也总能得到解决。

我们还很容易看到,包含“＊＊＊”的复杂句绝对是有意义的(meaningful),不管它们被如何构成——比如用“不/并非”、“且”、“或”、“如果……那么……”等等。而且,包含“＊＊＊”的有效论证显然具有不一致属性和推理许可属性。以如下论证为例:

1 阿尔的母亲是个＊＊＊。

2 如果阿尔的母亲是个＊＊＊,那么阿尔是个＊＊＊。

3 阿尔是个＊＊＊。

显然,一个人若接受该论证的两个前提却否认它的结论,那么他就是人内不一致的。此外,一个人若接受该论证的两个前提,那么他就不得不承诺接受其结论。所以,包含“＊＊＊”的有效论证看起来既具有不一致属性又具有推理许可属性。

把以上这些观察放在一起,我们就得到了对如下看法保持乐观态度的凭据:假如“错”就像“＊＊＊”一样的话,那么以彼类推,下面这些现象和问题就都不成问题了——包含“错”一词的复杂句是有意义的;包含“错”一词的有效论证具有不一致属性和推理许可属性;“相信某行为是错的”这种状态意味着什么,以及该心灵状态何以与普通描述性信念如此相像。

那些尝试由此出发为乐观态度提供凭据的非认知主义理论通常被称作“混合型理论”(hybrid theories)。因为它们既与表达主义理论共享某些重要特征,又与寻常的认知主义理论共享某些重要特征。特别地,混合型理论一般认为道德语句的意义包括两部分:其中一部分从根本上讲是一种普通描述性内容,它们与普通非道德语句所具有的那种内容同类;另一部分则是多出来的东西(something extra),它们为道德语句所特有。事实上,混合型理论并非一种全新的进展——比如,我们在第二章已经看到,史蒂文森的想法就有一种“混合型”特征,一些别的早期非认知主义观点也同样初具类似看法的雏形。但是重要的是,直到最近,混合型理论的倡议者们才更为明确地将“混合型计策”(the hybrid gambit)作为“纯粹”非认知主义观点之外的第二选择加以实施,认为该计策能够对非认知主义者所面临的部分问题做出回应。

差不多在最近十年里,涌现出了相当多不同的混合型理论,它们都以某种方式尝试利用以上想法,即道德语句的意义是以如我们上面所述的方式混合的;另外,它们中的很多理论都明确以轻蔑语或侮辱语作为建模的基础。不过,考察所有这些想法以及它们所面临的特定问题对我们来说就离题太远了,因此在这一章里,我将集中讨论作为某些版本之表达主义的混合型理论,以此简化我们的任务。一方面,这些理论就像我们在前些章节中所遇到的纯粹表达主义理论一样,认为语句的意义由它们所表达的心理状态给出;而另一方面,与纯粹表达主义理论认为一个句子只表达一种心灵状态相反,这些混合型理论认为一个句子可以表达不止一种心灵状态,而且其中一种心灵状态总是某种普通描述性信念。

由此可知,“阿尔是个＊＊＊”这句话的意思和“阿尔是R”这句话的意思有所不同,因为虽然它们都表达了“阿尔是R”这种普通描述性信念,但“阿尔是个＊＊＊”同时还表达了某种进一步的态度。因此,一个接受“阿尔是个＊＊＊”的人所持有的不仅仅是“阿尔是R”这种普通描述性信念——他还持有这种进一步的态度。以此类推,混合型表达主义者会说,对于“谋杀是错的”这个句子,可能存在某个普通非道德句子“谋杀是K的”与其呼应,从而使两个句子都表达“谋杀是K的”这种普通描述性信念。但是它们的意义仍有不同,因为“谋杀是错的”同时还表达了某种进一步的类欲望态度。故而,一个接受“谋杀是错的”的人所持有的不仅仅是“谋杀是K的”这种普通描述性信念——他还持有这种进一步的类欲望态度。

10.2 混合型理论:唾手可得的优势

在上一节中我们看到,诸如“＊＊＊”的轻蔑语可以为我们提供对非认知主义持乐观态度的凭据;而下面我们将会了解到,混合型表达主义理论——即认为道德语句既表达普通描述性信念又表达类欲望态度的理论——还能够解决非认知主义面临的所有问题。不过,重要的是理解混合型理论如何以及何以能够避开这些问题。之所以要这么做,首先是因为,理解这些将会帮助我们弄明白为什么轻蔑语不会引起这些问题;其次是因为,理解这些还会有助于我们知道传统非认知主义理论的哪些优势可被混合型理论保留。

为此,把这些普通非认知主义所面临、混合型理论可避开的问题划分为两个阵营不无益处。对于第一阵营里的问题,混合型理论之所以能避开仅仅因为它们是混合的,也即,仅仅因为它们认为道德语句也表达信念。混合型理论对这些问题的解决与道德语句还表达类欲望态度这个事实毫不相干——它们对这些问题的解决既不因道德语句所表达的任何一种类欲望态度而更容易,也不因之而更困难。所以,我们若想理解为什么混合型理论可以避开这些问题,也不需要关心道德语句是否表达类欲望态度,以及如果它们确实表达类欲望态度,那么该态度具体究竟是什么。而对于第二阵营里的问题,只有当混合型理论对于道德语句所表达的究竟是何种类欲望态度做出正确的假设时,它们才能避开这些问题。具体讲来,使得混合型理论能够避开这些问题的是这么一种假设:它们可以将轻蔑语作为切近的模型。在本节的余下部分,我们将了解混合型理论如何避开第一阵营里的问题;然后在第三节中,我们将讨论为什么第二阵营里的问题仍遗落未解,并探究我们需要哪些进一步的假设来避免它们。

下面,我们就开始讨论混合型理论如何避开第一阵营里的问题。首先,注意到侮辱语中的描述性成分本身已经足够独当一面,来解释包含它们的语句之间那些不一致关系以及分歧关系了。欲知具体如何,可以比较下面两个包含"＊＊＊"的句子;每一个句子都被拆分为两部分:一部分是其描述性成分,另一部分则是"多出来的东西":

句子	其意义包括:	描述性成分	"多出来的东西"
3 阿尔是个＊＊＊。	⇒	阿尔是R。	+?　+?　+
4 阿尔不是个＊＊＊。	⇒	阿尔不是R。	+?　+?　+

如果一个人在接受一个包含像"＊＊＊"这样的侮辱语的句子时,必定会对该句的描述性内容有一种普通描述性信念,那么当拜尔特接受"阿尔是个＊＊＊"而艾尔尼接受"阿尔不是个＊＊＊"时,他们两人之间的分歧就可以由他们分别持有内容不一致的普通

描述性信念这一事实得到解释了;而要解释上一事实,只需诉诸普通描述性信念的分歧属性就能做到。为使这种解释行之有效,我们无须假设存在任何涉及分歧的其他态度,甚至无须知道该贬义句的意义中“多出来的东西”到底是什么。类似地,要解释拜尔特同时接受“阿尔是个＊＊＊”和“阿尔不是个＊＊＊”的做法为什么是人内不一致的,我们可以先从如下事实出发:上述做法将使拜尔特持有内容不一致的普通描述性信念;然后,再由普通描述性信念的相关属性来解释这种做法为何是人内不一致的。同样地,为使这种解释行之有效,我们无须假设存在任何可能导致人内不一致的其他态度,甚至无须知道该贬义句的意义中“多出来的东西”到底是什么。

同样的推理还可以使我们明白为什么包含像“＊＊＊”这样的侮辱语的有效论证具有不一致属性。让我们再列出两个句子来观察:

句子	其意义包括:	描述性成分	“多出来的东西”
1 阿尔的母亲是个＊＊＊。	⇒	阿尔的母亲是R。	+? +? +
2 如果阿尔的母亲是个＊＊＊,那么阿尔是个＊＊＊。	⇒	如果阿尔的母亲是R,那么阿尔是R。	+? +? +

句子1和2一起构成了一个推出句子3的有效论证,因此接受1和2而否认3(亦即接受4)的做法应当是在理性上不一致的。而我们可以很容易明白事实为何如此:接受1必然意味着持有“阿尔的母亲是R”这个普通描述性信念,接受2必然意味着持有“如果阿尔的母亲是R,那么阿尔是R”这个普通描述性信念,接受4则必然意味着持有“阿尔不是R”这个普通描述性信念。而同时持有这三种普通描述性信念是在理性上不一致的。因此,包含像“＊＊＊”这

样的侮辱语的有效论证之所以具有不一致属性,就和包含普通描述性语词的有效论证之所以具有不一致属性的原因一模一样。无论该侮辱语的意义中包含什么特别的“多出来的东西”,都既不妨碍也不有助于我们对有效论证的分歧属性的解释——那只不过是个附加轮罢了。

让我们再考察一下侮辱语模型的另一优势。同样地,这一优势也不必求助于“多出来的东西”是什么——即,不必求助于道德语句所表达的是何种欲望态度。在第九章里,我们了解到席安·多尔对非认知主义者的如下指控:如果接受非认知主义的观点,那么也就得承认愿望式思维在推理中的有效性。像下面这样的道德-描述假言三段论就能引发这个问题:

P1 如果说谎是错的,那么说谎者的灵魂将在来世受到惩罚。

P2 说谎是错的。

C 说谎者的灵魂将在来世受到惩罚。

我们知道,对于如上之类的论证,从接受其两个前提出发进而接受其结论的做法有时是合乎理性的。然而依据一般的纯粹表达主义,一个人如果一开始只是接受 P1,然后又接受了 P2,那么在此过程中他只是改变了他的某种类欲望态度。所以,基于此而接受 C 的做法似乎是一种愿望式思维的情形——你应还记得,所谓“愿望式思维”是指仅仅基于一个人想要世界所是的样子而形成一种关于世界所是的信念。

所幸,我们可以很容易弄明白混合型理论解决该问题的方式。正如前面几个问题一样,我们仅需知道下面这点:道德语词具有描述性内容。如果道德语词具有描述性内容,那么接受 P2 这件事就不仅仅是持有某种类欲望态度了。相反,它意味着同时持有某种普通描述性信念以及别的东西。而正如前面已获讨论的问题一样，我们甚至不需要知道这里的“别的东西”是什么，因为我们根本无须向之求助。既然接受 P2 就必然意味着有某种信念，那么基于接受 P1 和 P2 而接受 C 的做法本身就不是一种愿望式思维的情形——因为它部分地基于一种普通描述性信念。

在这一节里，我们已经了解了为什么侮辱语不会引致有关“不一致性”或“分歧”的问题、为什么包含侮辱语的论证具有不一致属性是理所当然，以及为什么包含侮辱语的论证不会产生愿望式思维问题。所有这些都可以仅仅基于如下假设而被轻易解释：包含侮辱语的句子具有普通描述性内容。而如果侮辱语的意义所包含的不止这些普通描述性内容，也于这种解释过程无益无损。因此，如果道德语词也像侮辱语一样，其意义既包含普通描述性内容又包含某种“多出来的东西”，那么有关“不一致性”和“分歧”的问题以及道德论证的愿望式思维问题就都可以获得解释了。不过，在下面第三节中，我们将把注意力转至第二阵营中的问题，并讨论混合型理论在解决那些问题时的潜在优势；而事实将证明，侮辱语意义中包含某些“多出来的东西”这一点绝对有可能阻碍我们对问题的解决。

10.3 “多出来的东西”是什么？

任何一种一般的认知主义理论都会认为，当你接受“偷窃是错的”时，你持有某种普通描述性信念。在上一节，我们也看到了混合型理论为什么可以通过认可上述观点来解决很多一般非认知主义者所面临的问题——特别是关于不一致性和分歧的问题，以及愿望式思维问题。但是，把混合型理论和一般的认知主义理论区别开来在于，它们认为道德语句不光表达某种普通描述性信念；换句话说，当你接受一个道德语句时，你所需要做的不仅仅是持有某种普通描述性信念——你还必须持有某种类欲望态度。在这一节里，我们就将讨论为什么混合型理论的某些潜在优势取决于这种类欲望态度到底是什么。

我们知道,如果一个论证具有不一致属性,那么一个人既接受其前提又否认其结论的做法就是不一致的。因此,如果存在着某种来自理性的压力,使得一个人只能在接受和否认该结论的做法中选择其一,或至少必须在其中一个行不通时选择剩下的一个,那么一个人只要接受了该论证的前提,就会迫于理性的压力而不得不接受其结论。因此,对于任何一个论证,只要它的结论是人们不得不承诺在接受和否认中择一而行的,那么如果该论证具有不一致属性,就足以确保它也具有推理许可属性了。然而不幸的是,如果接受一个道德语句所要求的不只是拥有某种信念,那么道德语句就不应该是那种人们必定会或接受或否认的句子。

为什么这么说呢?考虑句子"阿尔是个＊＊＊,或阿尔不是个＊＊＊"。如果你没有"阿尔是个＊＊＊"这句话所表达的那种对R人的轻蔑态度,那么你就既不会接受"阿尔是个＊＊＊"也不会接受"阿尔不是个＊＊＊"——"＊＊＊"压根就不是你会用的词。因此,你也不会接受"阿尔是个＊＊＊,或阿尔不是个＊＊＊"这个句子。所以,虽然对你来说接受"阿尔不是个＊＊＊"是在理性上不一致的,但这丝毫不表示你因此就不得不在理性上承诺接受"阿尔是个＊＊＊"。也就是说,当语句表达不止一种态度时,不一致属性自身就不足以确保推理许可属性。

那么,一个混合型理论需要什么来确保推理许可属性呢?你应该还记得,根据混合型理论,包含"错的"的句子既表达了一个普通描述性信念又表达了一种类欲望态度,相应地,接受这个句子也需要一个人同时持有相应的普通描述性信念和类欲望态度。例如,假设"错的"一词的描述性内容是K,那么一个道德假言三段论所包含的句子可能会是如下样子:

句子	表达了:	信念	态度
5 偷窃是错的。	⇒	偷窃是 K。	D_1
6 如果偷窃是错的,那么谋杀是错的。	⇒	如果偷窃是 K,那么谋杀是 K。	D_2
7 谋杀是错的。	⇒	谋杀是 K。	D_3

以上论证要想具有推理许可属性,就必须满足以下条件:一个人若接受了它的前提,就不得不承诺接受其结论——也就是说,"偷窃是 K"和"如果偷窃是 K,那么谋杀是 K"这两个普通描述性信念和 D1、D2 这两种类欲望态度一起,将会使一个人不得不承诺接受"谋杀是 K"这个普通描述性信念和 D3 这种态度。

很容易看出,接受该论证的前提会使一个人不得不承诺接受由其结论表达的信念,因为这三种信念之间的关系,也就是一个普通非道德假言三段论中的前提与结论之间的关系。故而,只要普通非道德假言三段论具有推理许可属性,那么接受以上道德论证的前提就足以使一个人不得不承诺接受其结论所表达的信念了。这样看来,只要我们有可能解释为什么人们也不得不因接受该论证的前提而承诺持有 D3 这种类欲望态度,就可以充分确保这个论证具有推理许可属性了。而值得注意的是,这一点取决于 D3 是什么。虽然我们在第二节讨论过的混合型理论的优势都不取决于道德语句所表达的是何种类欲望态度,但推理许可属性却密切依赖于 D1、D2 和 D3 到底是什么。

为弄清楚该如何解决这个问题,最简单的方法就是参考轻蔑语的例子——毕竟,我们已经看到那些例子就是满足推理许可属性的。包含诸如"＊＊＊"这样的轻蔑语的论证之所以具有推理许可属性,是因为在这些论证中,结论所表达的类欲望态度也总被其中一个前提所表达。而这又是因为,每个包含诸如"＊＊＊"这样的轻蔑语的句子都表达对 R 人的一模一样的轻蔑态度。比如,当你说“阿尔是个＊＊＊”时,你就在表达对 R 人的这种轻蔑态度;而当你说“阿尔不是个＊＊＊”时你表达的也是这种态度。类似地,当你说出“如果我没弄错的话,阿尔是个＊＊＊”或“如果阿尔的母亲是个＊＊＊,那么阿尔是个＊＊＊”或“如果阿尔是个＊＊＊,那么我可不愿跟他说话”等等句子时,你都在表达这么一种轻蔑态度。也就是说,无论“＊＊＊”出现在句子的哪个位置上,包含“＊＊＊”的句子都总是表达完全一样的轻蔑态度。

也正因此,一个人只要接受了如下论证的前提,就不得不在理性上承诺接受其结论了:

1 阿尔的母亲是个＊＊＊。
2 如果阿尔的母亲是个＊＊＊,那么阿尔是个＊＊＊。
3 阿尔是个＊＊＊。

虽然接受 3 既要求一种信念又要求一种类欲望态度,但反正只要一个人接受了 1 和 2 就已经有了接受 3 所需的那种轻蔑态度了。所以,这个人要想接受 3 的话,就只需要形成“阿尔是 R”这个信念。而这个信念正是他不得不承诺接受的,因为他通过接受 1 和 2 就会形成这种信念——1 所表达的信念是“阿尔的母亲是 R”,2 所表达的信念是“如果阿尔的母亲是 R,那么阿尔是 R”,持有这两种信念也将使他持有“阿尔是 R”这个信念。因此,只要一个人接受了该论证的前提,也就不得不承诺接受其结论。

所以,如果混合型理论认为,无论“错的”一词在句中何处出现,每个包含“错的”一词的句子都表达一模一样的态度,那么这些理论也将能为假言三段论的推理许可属性提供说明——更一般地,它们还将能为别的有效论证之所以具有推理许可属性提供说明(虽然对于这些别的有效论证,要注意一个重要的限制,见习题)。这是混合型理论相对一般非认知主义观点的一个优势，因为正如我们在前面章节中所见，一般的非认知主义观点在解释道德论证何以具有推理许可属性这一点上有极大的困难。

需要注意的是，对于道德语句所表达的类欲望态度，混合型理论和一般非混合型表达主义所持的看法极为不同。为了领悟这两种观点之间的差异，认识到上述不同之处非常重要。我们知道，根据一般的非混合型表达主义理论，比如布莱克本和吉伯德的理论，"偷窃是错的"和"说谎是错的"这两句话表达的是不同的态度——前者是对偷窃行为的态度，后者是对说谎行为的态度。事实上，他们不得不这样说，因为依他们的观点，这两句话之所以有不同的意义就在于它们表达的是不同的心灵状态，而每个句子所表达的唯一心灵状态就是某种类欲望态度，因此，这两句话所表达的类欲望态度必须是不同的。与此相反，以轻蔑语为模型的混合型理论认为，"偷窃是错的"和"说谎是错的"之所以有不同的意义是因为它们的描述性成分不一样。而另一方面，两者所表达的类欲望态度却是完全一样的，这种态度既不是专门对偷窃而言的又非专门对说谎而言的。

不仅如此，以上想法——即所有包含"错的"一词的语句都表达完全相同的类欲望态度——也使弗雷格－吉奇问题显得容易了很多。如果包含道德语词的复杂句所表达的类欲望态度与句子成分所表达的类欲望态度完全相同，那么关于复杂句意义的组合规则(compositional rules)就会很简单。这种规则将包括两部分。第一部分是把复杂句意义的描述性部分表示为由它各组成部分的描述性内容构成的函数；在这里，混合型理论只需用一般真值条件语义学所使用的那种办法就可以了。第二部分则只需表明，如果某个组成部分表达了一种类欲望态度，那么整个复杂句也表达了与之相同的类欲望态度。这差不多是非认知主义理论关于复杂句意义所能给出的最简单办法了，而且至少对于诸如"＊＊＊"之类轻蔑语的意义来说它高度可信。

10.4 非认知主义的优势

我们在这一章中已经看到,一些混合型理论以诸如“＊＊＊”这样的轻蔑语的意义为模型,来确定诸如“错的”这样的道德语词的意义。这样子,它们就可以避开一些其他非认知主义理论面临的潜在陷阱。然而,这种做法也会令它们付出代价:很难说它们是否仍能保留非认知主义最吸引我们的那些优势。让我们回想一下——我们之所以对非认知主义感兴趣,是因为它具有两种不同的潜在理论优势。其一,非认知主义有望帮助我们避开来自形而上学、认识论、语言哲学和心灵哲学的“独立于特定领域的”核心问题;其二,对于元伦理学中“局限于特殊领域的”问题,尤其是动机问题,非认知主义也可以提供合理的解释。而在这两方面,以轻蔑语作为道德语词之切近模型的混合型理论却因丧失了部分非认知主义的突出特征而与这些相关优势无缘。

让我们先以来自道德形而上学的问题为例:某事物怎么才算是错的?一般的“纯粹”非认知主义理论会通过说“某事物本身无所谓对错”来避开这个问题——它们会说,称某事物为“错的”或认为它是错的只是在持有或者表达或者赞成某种对该事物的态度。如果“＊＊＊”也满足这种描述,那么应有如下说法:

> 某人本身无所谓是不是一个＊＊＊——以“一个＊＊＊”称呼他或认为他是个＊＊＊只不过是在持有或者表达或者赞成某种对待他的态度罢了。

不幸的是,以上说法并不对。事实上,一个人只有是 R 时才可能是个＊＊＊,所以某人之为＊＊＊是有其自身缘由的。当然,在某种意义上,这并不是使得某人是个＊＊＊的全部,因为以"＊＊＊"称呼某人不只是简单地说他是R,而是在同时表达对R人的某种轻蔑态度;但是至少在部分意义上,称呼某人"＊＊＊"的确是在说他是R。因此,如果道德语词起作用的方式和"＊＊＊"相似,那么某事物之为错也就应当是有其自身缘由的。而无论这缘由是什么,我们都可以继续往下追问道德形而上学的问题:究竟什么是某事物之为"错的"的缘由?当我们说某事物是"错的"时,是什么使我们能说它"错"?

除了形而上学问题,尚待解决的还有本书伊始提到的道德认识论问题。如果当我们说某事物是错的时,该事物确实是我们所谓的"错的",那么我们何以知道这一点?类似地,来自心灵哲学和语言哲学的老问题也会卷土而来:我们如何能够谈论事物之为"错的"的样子?以及最重要的,我们如何能够思考它?

这还没完,我们还面临着关于道德动机的问题。这多少有点奇怪,因为你可能这样想:如果"认为某事物是错的"这种想法不仅意味着有一种普通描述性信念,还意味着有某种类欲望态度,那么一个有此想法的人之所以有不去做该事的动机应该就是可以得到解释的——相关的类欲望态度会和信念一起促使他不去这样做。从表面上看,这似乎正是解释该现象的正确思路。

然而不幸的是,如果道德语词和诸如"＊＊＊"的轻蔑语类似,那么以上想法就行不通了。在第三节中,我们讨论了能够解释推理许可属性的轻蔑语模型,而这个模型要求每一个包含"错的"一词的句子都表达完全相同的类欲望态度。所以,只有当你有这么一种类欲望态度时,你才有可能接受一个道德语句。以此类推,对于每一个曾就如下话题有过想法的人来说,必然存在着某种由他们共享的类欲望态度——这些话题包括:某做法是否为错、在什么条件下某做法为错、如果某做法为错又会如何,凡此等等。简言之,任何人只要曾经接受任何包含"错的"一词的句子,就必然与他人共享某种类欲望态度。

然而问题在于,以上假设——即,存在某种类欲望态度,使得任何人只要曾经接受任何包含"错的"一词的句子,就必然持有它——是一个异乎寻常的经验假设(empirical assumption)。在解释人们为何会因其道德判断而具有某种动机时,一旦我们做了以上假设,再进一步假设"该欲望态度由'错的'一词所表达"看起来就是画蛇添足了。因为对于每一种混合型理论,都存在着一种对应的非混合的、普通的认知主义理论,它们会同意道德语句具有混合型理论所主张的那种普通描述性内容,但认为道德语句不表达任何类欲望态度。有趣的是,普通认知主义理论也会像混合型理论一样假设存在某种类欲望态度,这种态度是如此普遍,以至于每一个人只要曾经接受过含"错的"一词的句子就会分享它。有了这个假设,普通认知主义理论就能和混合型理论一样好地解释人们的道德判断为何会激发相应的行动了——他们被自己的信念以及背景性的几乎每个人都有的类欲望态度所激发。

由于每一种混合型理论都对应着一种普通认知主义理论,而后者可以对道德动机提供和前者完全相同的解释,所以混合型理论的混合部分在解决动机问题方面实际上毫无用处。起了全部作用的只是那个强经验假设——存在着某种类欲望态度,被人类历史上几乎所有人共享,或者说被所有对是非对错有过想法的人共享。因此,虽然这个假设使得混合型理论能够解释推理许可属性并避开提供组合语义学时可能遇到的问题(正如我们在第三节所见),但它却同时意味着混合型理论在解释道德动机方面毫无助益。这是混合型理论所面临的两难困境,而且难以克服:一方面,它们越是切近地模仿轻蔑语,就越能避开非认知主义面临的传统问题;而另一方面,它们越这样做就越会丧失非认知主义的传统优势。

10.5 “大假说”与判断内在主义

在上一节里，我们看到在核心问题和动机问题方面，混合型理论难以保留其他非认知主义理论所具有的优势。这样看来，即便混合型理论能就其他非认知主义理论所面临的某些问题提供极好的乐观凭据，采纳它却也意味着牺牲非认知主义的一些理论效益。不过，相较于普通认知主义理论，混合型理论还是可以提供某些细微(subtle)优势的。

这些细微优势中主要的一种便与动机问题有关。根据一些哲学家的观点，不仅存在下面这一重要事实——我们一般会期望人们有相应的动机不去做他们认为是错的事情，而且还存在下面这一概念真理(conceptual truth)——人们会有相应的动机不去做他们认为是错的事情。在上一节里，我们看到每一种混合型理论都对应一个普通认知主义的竞争理论，后者为道德语句指派的描述性意义与混合型理论在这点上的看法完全相同，但后者还认为道德语句的意义仅止于此，而不是像混合型理论一样要求道德语句的意义包含更多内容——比如说它们还表达一种类欲望态度。混合型理论和普通认知主义理论都假设有某种几乎被所有人共享的类欲望态度存在，并诉诸这种欲望以及当一个人接受一个道德句子时持有的普通描述性信念，来解释这个人为何会因接受该道德句子而有做某事的动机。由于这两种理论都承诺接受“存在某种所有人共享的类欲望态度”这一经验假设，因此在解释一个人为何会因其道德判断而产生某种行为动机时，它们谁都不比谁更高明。但是，混合型理论还可以解释为什么人们因其道德判断而产生某种行为动机是一种概念真理。

这种解释背后的推理如下：如果“偷窃是错的”表达了两种心理状态——一种信念以及一种类欲望态度，那么可推出，接受“偷窃是错的"要求这个人同时处于这两种心理状态之中——即,既持有该信念又持有该类欲望态度。因此,接下来的推理就是,"艾丽认为偷窃是错的"必然意味着艾丽既有这种信念又有这种类欲望态度。相反,如果"偷窃是错的"只表达一种心理状态——即一种信念,那么可推出,接受"偷窃是错的"只要求这个人处于一种心理状态之中——即,持有该信念。这时,"艾丽认为偷窃是错的"就必然只意味着艾丽有这种信念。因此,在混合型理论的观点下,艾丽有一种类欲望态度是内在于"艾丽认为偷窃是错的"这句话的意义之中的(built into the meaning);而它对应的认知主义理论则会认为,艾丽有这种类欲望态度只是一种背景性的经验事实。进而,对于一个人会因认为"偷窃是错的"而产生不去行窃的动机这一现象,混合型理论就可以声称它能够由"错的"一词的意义推出,而根据认知主义理论,这仅仅是个经验事实。

值得注意的是,即便认知主义理论也可以说:我们之所以期待人们有动机不去做他们认为是错的事情,至少部分是由"错的"一词的意义造成。假如"错的"的意义是别的——比如,它的意思是"异乎寻常的"(unusual)或者"必须的"(required)——那么关于何者为错的信念就不会涉及上述那种几乎人尽有之的背景性类欲望态度了,也就是说,那时人们就不必有避免做自己心中的"错"事的动机。所以,混合型理论的特别之处并不在于它主张如下一点:我们之所以期待人们有动机不去做他们认为是错的事情,部分是由"错的"一词的意义所造成。相反,它的特别之处在于如下想法:人们有动机不去做他们认为是错的事情这一点之所以为真,完全归功于"错的"一词的意义。

因此,如果你也倾向于认为,"人们有动机不去做他们认为是错的事情"这一点不只是我们普遍期待的,而更是可以从"错的"一词的意义中完全预测出来的,那么对你而言,混合型理论在这一问题上就比它对应的普通认知主义理论具有更多优势。但是,我必须强调这只是个细微的优势，而且我们应该当心它是否真的值得拥有。不过，一些混合型理论者——特别是丹尼尔·布瓦维尔(Daniel Boisvert)——相信，这个优势与其他一些类似的细微优势一道，足以令我们在一种混合型理论和一种普通认知主义理论中偏好前者。

那么，为什么可以说“道德判断激发行为动机”是个概念真理？为了解释这一点，所需的首要假设便是，“艾丽认为偷窃是错的”意味着艾丽同时持有“偷窃是错的”所表达的信念以及它所表达的类欲望态度。我称这一假设为“大假说”(the Big Hypothesis)，因为我们很难说轻蔑语也遵循类似的假设。对于像“＊＊＊”这样的种族侮辱语来说，相应的“大假说”是如下假设：“安妮特认为阿尔是个＊＊＊”意味着安妮特既相信阿尔是R，又对R人持有相关的轻蔑态度。

为了弄清楚这为什么不明显为真，想象老顾是个典型的老顽固，他对R人有种轻蔑的态度，而老郝则是个典型的老好人，他对R人没有任何轻蔑态度①。两人都相信阿尔是R，都知道对方有这种信念，而且都知道老顾是个老顽固、老郝是个老好人。现在，想象你向老郝求问老顾认为阿尔是哪族人。如果“大假说”对“＊＊＊”也适用，那么我们会期待合适的回答是“老顾认为阿尔是个＊＊＊”——因为，毕竟这最准确地描述了老顾的观点：他既相信阿尔是R，又对R人持有某种轻蔑态度，而根据“大假说”，以上正是“老顾认为阿尔是个＊＊＊”的意思。但是直觉地看，老郝永远不会说出这样的话。即便在描述老顾的观点时，他也不会用“＊＊＊”这个词，而是会避之而言“老顾认为阿尔是R”。类似地，想象你向老顾求问老郝认为阿尔是哪族人。如果“大假说”对“＊＊＊”也适用，那么我们会觉得如果老顾回答“老郝认为阿尔是个＊＊＊”，那么这

① 老顾、老郝分别对应老顽固、老好人。英文原书中的用词则以 Bigot 为 bigot 之人的名字，以 Nice Guy 为 nice guy 这样的人的名字。——译者注

个回答是不合适的,因为它是假的——因为,这个回答不仅意味着老郝相信阿尔是R,而且意味着老郝对R人持有某种轻蔑态度——而老顾知道,老郝并不对R人怀有这种态度。但是直觉地看,这样描述老郝的态度对老顾来说毫无不适之感。实际上,对于像老顾这样的老顽固来说,如果他竟然说出“老郝认为阿尔是R”这样的话,那才是挺奇怪的。

显而易见,以上对老顾和老郝这个例子的考察并不支持认为“＊＊＊”遵循“大假说”的想法——根据“大假说”,“安妮特认为阿尔是个＊＊＊”应该表达两种心灵状态,一是安妮特相信阿尔是R这个信念,一是某种对R人的轻蔑态度。相反,以上例子支持的是另一种理论。根据这另一种理论,如果你对R人并无轻蔑态度,那么“＊＊＊”根本就不是你会用的词语——即使在你描述其他人想法的时候。所以,为了重拾自己的细微优势,以解释动机内在主义如何可能是个概念真理,混合型理论在此必须放弃和轻蔑语的类比。那些希望保有这一优势的混合型理论者们应当认为,道德语句所表达的类欲望态度是遵循“大假说”的,在这一点上,道德语词并不完全像轻蔑语。

那么,哪个词的用法能大致合乎混合型理论者所愿呢?一个很好的例子是“但”(but)这个词。试比较下面三个句子:

8 沙克身材高大但身手敏捷。
9 并非:沙克身材高大但身手敏捷。
10 如果沙克身材高大,那么沙克身材高大但身手敏捷。
11 马弗认为沙克身材高大但身手敏捷。

哲学家和语言学家们已经注意到,“但”一词在某种意义上可用以暗示某种对立,但是在另一方面,它的意义与“且”(and)一词相像。所以,说出句子8的人一方面暗示沙克身材高大且身手敏捷,另一方面还表明自己看到了“身材高大”和“身手敏捷”之间的某种对立。句子 9 和 10 则表明,这种对立在像否定句和条件句这样的语境中可以“投射”(“project”),因此,即使说话者不必承诺(is not committed to)“沙克身材高大且身手敏捷”为真,在这样的复杂句里他仍然不得不承诺在“身材高大”和“身手敏捷”之间存在某种对立。“但”一词的这种表现正与“＊＊＊”所伴随的那种负面态度的表现一致。但是,句子 11 表明,当“但”一词出现在像“认为”这样的动词之后的从句中时,说话者所不得不承诺的就不是这种对立本身,而是“马弗认为存在这种对立”这种说法了。“但”一词的这一表现与“大假说”一致,而与“＊＊＊”的表现不一致,因为我们在本节已经看到,即使在“认为……”这样的态度归属句(attitude - ascriptions)中,“＊＊＊”看起来也是可投射的。

这样看来,最有希望的混合型理论将不会太依赖于和轻蔑语的类比。相反,它将认为道德语词在某些方面与轻蔑语相似,而在另一些方面和“但”相似。具体地说,一方面,道德语词和轻蔑语一样都关联某种类欲望态度,而不像“但”一样关联某种假定的对立;另一方面,并不是所有包含道德语词的复杂句都表达道德语词所关联的类欲望态度,而是只有某些复杂句才会,在这一点上,道德语词的表现和“但”一词相像。特别地,像“相信……”这样的态度归属句只会报告它们的主语有这种态度,而它们自身却并不表达该态度。这种理论尚待进一步完善,但一些理论家已经在概述其样貌方面做出了一些进展,同时,很多其他的混合型理论也在最近得到了辩护。

本章概要

我们在这一章里了解了混合型非认知主义理论。它们对非认知主义所面临的问题持乐观态度,而它们为此乐观态度提供的凭据在很大程度上源自对轻蔑语(比如种族侮辱语)的考虑。正如我们所见,尽管从直觉上看来种族侮辱语不止具有纯粹的描述性意义,但其他非认知主义理论所面临的问题却大多不会对它们构成挑战。对于这些其他非认知主义观点所面临的问题,我们一一剖析了它们为什么会在侮辱语那里销声匿迹,从而理解了为什么适当的混合型观点可以避开它们。然后,我们还回顾了非认知主义理论本应具有的理论优势,并转而讨论了其中哪些可以被混合型理论保留,以及这需要什么进一步的假设。

拓展阅读

将本章内容与布瓦维尔的 Boisvert(2008)结合起来阅读可能颇为有益,因为布瓦维尔的混合型理论和我们在这里讨论的非常相像;另外,Copp(2001)也能提供一个有益的参照,这篇文献在激发当今学界对混合型元伦理学理论的兴趣上起了重大作用。读者还可补充阅读里奇的 Ridge(2007a,b),他在这里讨论了一种非常不同的混合型理论,远不像我们这里介绍的混合型理论那样依赖和侮辱语的类比。此外,Schroeder(2009)对混合型理论面临的一些普遍问题做了更具体的讨论,有兴趣的读者可参阅之。

练　习

1 E 理解:依米歇尔·里奇,“偷窃是错的”不仅表达了对一个理想观察者的赞同,还表达了“该理想观察者不赞同偷窃”的信念。请你说明里奇会如何解释这个问题:既认为“偷窃是错的”又认为“偷窃不是错的”在理性上是不一致的。

2 E 理解:根据丹尼尔·布瓦维尔,“折磨猫是错的”被用来主张折磨猫是 F,并表达某种对 F 之事物的态度。请你把有关混合型理论为何不会产生愿望式思维的解释应用在布瓦维尔的观点上。

3 E 延伸:“傻瓜”(jerk)是另一个侮辱语;你可以认为它部分是描述性的,部分是表达性的。那么,“傻瓜”一词会遵循“大假说”吗?为什么?

4 M 延伸:在第四节里,我们观察到混合型理论所具有的一个细微优势。在这道练习中,请你通过考虑如下句子来表明,接受“大假说”的混合型理论如何可以取得另一个细微优势:

(1) 马克斯认为偷窃不能最大化幸福,但马克斯认为偷窃是错的吗?

(2) 马克斯认为偷窃是错的,但马克斯认为偷窃是错吗?

(3) 马克斯认为偷窃是错的,但马克斯认为偷窃不能最大化幸福吗?

假设“错的”一词的描述性内容是“不能最大化幸福”,然后用“大假说”来翻译以上每句话的意思。用你得到的结果来解释为什么句子(1)给人的感觉是“未决的”(open),而(2)和(3)却不会给人“未决”的感觉。

5 M 新问题:考虑如下论证:

(1) 杰克的话都是真的。

(2) 杰克说偷窃是错的。

(3) 偷窃是错的。

这个论证是有效的。因此,如果混合型理论能够用我们在第三节讨论的解释方式,来解释该论证为何具有推理许可属性的话,那么句子(1)和(2)中必然有一个得表达和句子(3)相同的类欲望态度。如果说这是句子(1),那么会有什么优势和成本?如果说是句子(2)呢?

6 M 新问题(接第5题):我们有必要在论证的推理许可属性和另一种属性之间做出区分:只有接受一个论证的前提使你不得不承诺接受其结论时,这一论证才具有推理许可属性;而只有当接受一个论证的前提会在实际上使得继而接受其结论是合理的时,我们才会说该论证具有另一种属性(我们在讨论愿望式思维问题时考虑的便是这种属性)。一个论证可以不具有这另一种属性却具有推理许可属性——如果接受该论证的前提绝对是非理性的话(这是因为,如果接受了该论证的前提,那么一个人就不得不承诺接受其结论,但有时候,接受其结论绝对是非理性的,这时,接受该论证的前提也就绝对是非理性的)。第5题中的论证可能就是这么一个实例——这种论证虽然具有推理许可属性,却不会使一个人继而接受其结论的做法成为合理的。那么,你能解释它为什么可以作为这么一个例子吗?在我们试图解释第5题中的论证为何具有推理许可属性时,这一点会使我们需要做的事情有所不同吗?为什么?

7 M 新问题(接第5题和第6题):对第五题的回答清楚阐释了包含“错的”的句子是否遵循“大假说”。那么,它是支持“大假说”的证据呢,还是反对“大假说”的证据?为什么?

8 M 延伸:在早先的一些章节里,我们了解到一些理由,以支持我们认为,诸如“安妮特认为阿尔是个＊＊＊”这样的信念归属句表达了对R人的轻蔑态度,而不是在报告安妮特持有那种轻蔑态度。那么,“安妮特说阿尔是个＊＊＊”这句话是不是也一样呢?你的证据是什么?

9 M 新问题:在第八章里,我们了解了为道德语句的双价性(bivalence)提供论证的先验非认知主义策略。所谓道德语句的“双价性”,指的就是它们非真即假。然而,如果道德语句表达了不止一种心灵状态——就像混合型理论者所主张的那样,那么我们到底该不该期待它们是双价的就成问题了。请你首先通过讨论诸如“＊＊＊”这样的轻蔑语来例示这一问题,然后思考:如果道德语词遵循

“大假说”(这样就和轻蔑语不同了),那么结果会不会有所不同。

10 M 侧向拓展:我们知道,只有当接受一个论证的前提使你在理性上不得不承诺接受其结论时,该论证才具有推理许可属性。在古典逻辑中,没有前提、以“P 或 ~P”形式的任意句子为结论的论证都是有效的。如果我们的自然语言中存在像“ * * * ”这样的轻蔑语,那么所有在古典逻辑看来有效的论证是不是都具有推理许可属性呢?请解释原因。

11 M 新问题(接第 10 题):试着用第三节里的方法来解释为什么一个不包含前提、以“偷窃是错的或偷窃不是错的”为结论的论证具有推理许可属性。你在这过程中遇到麻烦了吗?为什么?从直觉上讲,这个论证是否应当具有推理许可属性?为什么?

12 M 限制:在第二章第三节,我们讨论了史蒂文森的理论——它具有某些混合型特质——是否仍然可以保留非认知主义的优势。在这一章里,我们则讨论了混合型理论是否可以保留非认知主义的优势。在第二章中,我们论断说,由于在史蒂文森看来,对普通描述性问题的回答不足以算作对道德问题的回答,所以他仍然保留了这些优势。那么,一个以轻蔑语为切近模型的混合型理论(就像我们在这一章里讨论的一样)会不会同意这一点——对普通描述性问题的回答不足以算作对道德问题的回答?为什么?

13 D 延伸:在第三节中,我们认识到有个假设可以使解释推理许可属性成为可能;这个假设即:每个包含“错的”一词的句子都表达同样的态度。而它之所以能帮助我们实现对推理许可属性的解释,是因为它能够预测,一个接受了某一有效论证的前提的人必然已经接受了该论证的结论。在本题以及下面一些练习题中,请你表明为什么对于一个混合型理论者来说,这也是他能够解释推理许可属性的唯一方式。首先,在这道练习题里,请你说明如下一点:如果一个假言三段论的某一前提总是表达与它的结论相同的态度,那么这个前提肯定是条件句前提。在说明它时,请通过两种方式来进行:一是考虑一个以描述 - 道德条件句为其中一个前提的假言三段论;二是表明,对于任何以"P→Q"为条件句前提的假言三段论来说,都存在着另一个假言三段论,其中"P→Q"是其非条件句前提。请解释为什么这样就可以证明我们的论点。

14 D 延伸:回想第一章里的动机问题,并解释为什么如果我们假设一个有效论证的结论所表达的态度等同于若干信念的组合,就会削弱一个支持非认知主义的重要论证。

15 D 延伸(接第 14 题):解释为什么如果我们假设这些信念本身就在理性上承诺了结论所表达的类欲望态度,就会削弱一个支持非认知主义的重要论证。

16 D 延伸(接第 14 题和第 15 题):解释为什么如果我们假设这个论证的前提所表达的类欲望态度承诺了(commit to)其结论所表达的态度,那么混合型理论者所面临的"解释推理许可属性"的问题就和普通、纯粹的表达主义者所面临的一样了。

17 D 延伸(接第 16 题):如果信念和欲望共同承诺了结论所表达的态度,又会如何?这是不是个更有希望的想法?为什么?这个想法具体会怎么展开?

18 D 延伸(接练习题 14 - 17):即便前面这些策略中有一个是可行的,认为每个包含"错的"一词的句子都表达相同类欲望态度的假说还是会将组合语义学所需做的事情极大地简单化。请你解释为什么会这样。

答题参考

10 由于每个不含前提、结论具有"P 或 ~ P"形式的论证在古典逻辑看来都是有效的,我们就可以推出,如果每个在古典逻辑看来有效的论证都具有推理许可属性,那么每个人无论如何都不得不承诺接受每一个"P 或 ~ P"形式的句子。而为什么当"P"包含一个诸如“＊＊＊”的侮辱语时，这就成问题了呢？

参考文献

Boisvert, Daniel (2008). "Expressive - Assertivism." *Pacific Philosophical Quarterly*89: 169 - 203.

Copp, David (2001). "Realist - Expressivism: A Neglected Option for Moral Realism." *Social Philosophy and Policy* 18: 1 - 43.

Ridge, Michael (2007a). "Ecumenical Expressivism: The Best of Both Worlds." In Russ Shafer - Landau, ed., *Oxford Studies in Metaethics*, vol. II.

—— (2007b). "Epistemology for Ecumenical Expressivists." Proceedings of the Aristotelian Society, supplementary volume 81: 83 - 108.

Schroeder, Mark (2009). "Hybrid Expressivism: Virtues and Vices." *Ethics*119(2): 257 - 309.

11

前景与应用

11.1 所学回顾

在前九章中,我们已经看到非认知主义理论一方面有望带来重大的哲学效益,另一方面也面临着棘手的问题。而这些效益和问题都源于非认知主义和真值条件意义理论的差异。真值条件意义理论通过说明语词所关乎的对象来解释语词的意义,通过说明使得语句为真的条件来解释语句的意义。相反,非认知主义理论却认为,知道一个道德语词所关乎的对象对于理解其意义来说既不是必要的也不是充分的,知道使得一个道德语句为真的条件对于理解其意义来说也是既不必要又不充分的。从好的一面看,这样做使得非认知主义理论可以巧妙处理或避开元伦理学的"核心问题",并解释为何道德思想与动机之间存在着特殊的、更密切的关联(与普通非道德思想相较而言)。但从坏的一面看,与真值条件语义学的偏离同时也意味着无缘真值条件语义学所取得的一切巨大成功,比如在适应组合约束方面和解释复杂句语义属性方面的成功。

在前面这些章节里,我们至少探讨了三种不同的非认知主义理论——一是艾耶尔、史蒂文森、黑尔的言语行为理论,二是布莱克本和吉伯德的表达主义理论,三是当代的混合型理论。这些观点相互之间差别很大,但它们都共享非认知主义基本的核心观念:道德语词具有和普通非道德语词不同种类的意义。这些理论的强项在于,它们为了提供对非认知主义持乐观态度的凭据而将以下现象作为自己的切近模型:有些语词肯定能有这些理论归属给道德语词的那种意义。为了做到这点,它们将来自非道德语言的一些例子作为模型。这些从提供乐观态度的凭据出发的论证孕育了富有成效的研究计划,因为一方面,这些论证告诉我们为评估以上非认知主义观点是否可行应该关注什么,从而有效集中了我们的精力;另一方面,它们还指引我们认识到应该对我们的意义理论进行什么样的改善,以与道德语词的意义相适切。

然而我们还看到,正如非认知主义的潜在效益来自哲学的所有核心领域,非认知主义所面临的问题也出自哲学的所有核心领域。我们用好几章的篇幅分别关注了来自心灵哲学、语言哲学、形而上学和认识论的问题,而其中最大的问题可以说来自心灵哲学和语言哲学。

心灵哲学中的问题要求我们解释道德思想的本质。这一任务陷入了三点主要困难。第一个难点是“多态度问题”。实际上,与其说“多态度问题”自身是个问题,还不如说它是对非认知主义解释道德思想本质时所面临的极大任务规模的估计。这是一个庞大的问题,因为非认知主义者非但必须解释道德信念的本质,还必须解释道德希望、道德恐惧、道德欲望等的本质,也就是说,他们必须考虑到实际存在的许许多多态度中的每一种。第二个主要难点是“多重种类问题”。这个问题在于,根据非认知主义,对于以上所举态度中的每一种,实际上至少存在着两种不同种类的态度——比如说,对信念来说有道德信念和普通描述性信念,对希望来说有道德希望和普通描述性希望。

非认知主义者认为,以上这些不同种类的态度在某种意义上是非常不同的态度,但在其他方面它们却极其相似。比如,道德信念和描述性信念共享人际分歧属性和人内分歧属性,有许多共同的现象学特征,且扮演着非常相似的功能性角色。非认知主义者必须解释为什么从根本上讲如此不同的心理状态竟会有如此相似的属性;而由于在非认知主义看来这似乎是一种巧合,这一任务就显得更加棘手了。此外,推理承诺理论的看法——实际上存在着无穷层级的"信念"态度,而不只是道德信念和普通描述性信念这两种——更使得以上巧合看起来无比巨大。最后,非认知主义在阐释道德思想本质方面面临的第三个主要难点是"同词问题"。实际上,"同词问题"是语言哲学中的一项任务——解释我们何以能用一个单一的词语"相信"来谈论如此不同的心理状态。在"多态度问题"的假设下,光是其他问题的宏大规模就足以令人生畏了。

同时,非认知主义在语言哲学中面临的中心问题"弗雷格-吉奇问题"也未能得到令人满意的解决。一方面,我们看到,以高阶态度说明为代表的建设性进路存在严重的缺陷。而另一方面,虽然推理承诺说明在此不会遇到形式上的障碍(它们把责任推到了心灵哲学那边),但这些说明却极其缺乏解释力,而且等于说是在开具它们自己从结构上讲不可能兑现的大量(事实上,是无穷多)支票。不仅如此,我们还了解了为何表达主义者似乎不得不接受推理承诺说明和态度层级的观点——这正是被安文诊断出来的问题:表达主义说明缺乏充分的结构,因而不能给出说明复杂句意义的建设性办法。

以上分别来自心灵哲学和语言哲学的两大系列问题为表达主义和更普遍意义上非认知主义的前景涂上了阴影。如果表达主义者不能解决这些问题,那么表达主义就不可能为真。而如果表达主义不可能为真,那么不管它在自身为真的假设下能取得多好的哲学效益都毫无意义。因此,考虑到表达主义者至今仍然未能完备解决这些问题,我们应当至少对表达主义之为真持谨慎的怀疑态度。

然而,我认为表达主义仍然可以做得更好。实际上,我认为存在一种做法,如果我们采用它,所发展出的表达主义版本就既能从本质上解决否定句难题,又能在极大程度上减小"多重种类问题"和"同词问题"的规模和难度。在稍后的第二节里,我就将勾画这一做法的大致轮廓,并约略说明这种做法何以使表达主义的处境大幅好转。然后,在第三节和第四节中,我们将了解表达主义在元伦理学之外的潜在应用。最后,我们将在第五节展望一般意义上的非认知主义所面临的前景,并以此作结。

11.2 新的方向

"认为草是绿的"意味着对草怀有某种态度。它意味着相信草是绿的,或者简而言之,意味着"相信为绿——草"(believing - green grass)。而对于"相信为绿"这个态度来说,一个重要的事实是该态度具有某种结构。具体说来,这个态度不是一种基元的(primitive)态度,而是可分解为如下两点:一种更普遍的态度——普通描述性信念,以及该信念被赋予的内容——绿。事实上,在我们讨论过的表达主义所面临的中心问题中,大多数问题都可归咎于如下事实(或至少可以说,大多数问题都因如下事实而加重了):表达主义者通常假设"认为偷窃是错的"不具有如上所述的结构。从一般的表达主义观点来看,"认为偷窃是错的"是一种对于偷窃行为的单一、简单的态度,它不可分解为一种更普遍的态度以及为这种普遍性态度赋予的内容。

其实,我们可以从尼可拉斯·安文对"否定句难题"的刻画中窥看到上述结构缺失的成问题之处。你可能还记得,我们在前面第七章讨论过"否定句难题",在那儿,我们区分了如下四个句子,其中n1 至 n3 中的每一个都是在 w 句中某处插入"不/并非"一词后形成的新句子:

w 马克斯认为偷窃是错的。
n1 马克斯不认为偷窃是错的。
n2 马克斯认为偷窃不是错的。
n3 马克斯认为不偷窃是错的。

问题在于,在表达主义对 w 所做的转换句 w * 中,却不存在三个相应的位置以插入“不/并非”一词:

w * 马克斯不赞同偷窃。
n1 * 马克斯并非不赞同偷窃。
n2 * ???
n3 * 马克斯不赞同不偷窃。

而这意味着,正是表达主义者对“马克斯认为偷窃是错的”这句话的处理方式——把一种对待偷窃行为的简单态度归属给马克斯——使得“认为偷窃不是错的”究竟是怎么回事变得难以理解,进而,它也使得“偷窃不是错的”的意义在表达主义的工作框架下变得难以理解。

而所有这些都应归咎于“不赞同”这一态度的结构缺失。相反,如果我们假设“不赞同偷窃”实际上就是持有某种对偷窃行为的复杂态度,后者由一种更普遍的态度和该普遍性态度被赋予的内容构成,那么我们就能得到如下所示的结果:

w ~ 马克斯支持(is for)偷窃应受责备。
n1 ~ 马克斯不支持偷窃应受责备。
n2 ~ 马克斯支持偷窃不应受责备。
n3 ~ 马克斯支持不偷窃应受责备。

很容易看到，这一结果让我们有可能做出跟 n1 至 n3 那里一样的区分，而且直觉看来，这些区分可以追踪 n1、n2、n3 之间的不同之处。

不仅如此，我们还能从以上结果中获取一种非常直接的办法，以基于复杂句各组成部分所表达的心理状态来确定复杂句本身所表达的状态。比如，若"P"表达的是支持 π，那么"～P"表达的就是支持～π。在上面的例句里，我们已经看到当"P"＝"偷窃是错的"时的情况，而要想把这一点扩展到其他的语句也非常简单。例如，考虑"偷窃并非不是错的"这个句子。由于"认为偷窃不是错的"就是在支持偷窃不应受责备，那么根据我们这里的规定，"认为偷窃并非不是错的"就是在支持偷窃并非不应受责备。而又因为"偷窃并非不应受责备"等同于"偷窃应受责备"，[①]所以我们就很容易理解为什么一个人若认为偷窃并非不是错的就不得不承诺接受偷窃是错的了，反之亦然。除了这一优势，以上想法还能允许我们预测和解释为什么道德信念具有人内不一致属性。它不像我们在第七章讨论过的那种推理承诺观点一样，简单地寄望于某种有着合适属性的心理状态确实存在，而是假设"支持"(being for)这种态度是不一致性可传递的(inconsistency－transmitting)，从而使得自己既能告诉我们这些心理状态到底是什么，又能解释为什么这些心理状态具有合适的属性。

实际上，以上点评正是"分枝态度语义学"(biforcated attitude semantics)的核心思想；我在我的书《支持——评表达主义的语义学计划》(*Being for: Evaluating the Semantic Program of Expressivism*)中就发展了这一表达主义语义学框架。概言之，分枝态度语义学向我们展示了由语句表达的心理状态所具有的那种结构，它认为正是该

---

① 原书此处有误。译者已就此去信作者，得到了作者的赞同。译本中已做改正。——译者注

结构使得一种组合语义学成为可能。分枝态度语义学的核心思想在于,在表达主义的一般假设下,规范性谓词所对应的那种态度缺乏合适的结构,而正是这点在主要意义上导致了表达主义所面临的问题。因此,解决问题的方式就是对语句所表达的心理状态到底具有何种结构持一种恰当的看法。遗憾的是,对此中原理的说明将偏离我们当下的目标,不过可以透露的是,这一进路可以很自然地带来“多重种类问题”和“同词问题”的解决——至少对“信念”这一态度来说是如此。所以,分枝态度语义学至少为我们指明了一个有益的方向,它至少有望就本书中最难问题中的一些取得进展。

11.3 应用——认知模态词

为了尝试更好地理解非认知主义以及它的前景,特别是表达主义所面临的问题和前景,我们已经下了不少了功夫。那么,这么做到底值不值得?答案是肯定的。而我之所以对这点如此肯定,原因之一就在于如下考虑:表达主义在元伦理学之外的其他哲学领域有着重要而前景可期的应用。实际上,在我个人看来,比起表达主义在解决元伦理学核心问题方面的应用,它在元伦理学之外的潜在应用其实要有趣得多。我之所以这么说,部分是因为我倾向于认为元伦理学的核心问题另有其他解决方法,部分则是因为来自其他哲学领域的问题极具难度。

让我们首先以被称为“认知模态词”(epistemic modals)的语词为例。这包括诸如“可能”(might)、“肯定”(must)之类的语词(比如,出现在如下句子中的“可能”一词:“马克斯现在可能在卡平特里亚”)。我们必须结合相关的信息背景来理解认知模态词。比如,当一切事实给定时,只有一个地方是马克斯可能在的地方——那便是他实际上所在的地方。但是当信息不完整时,我们就无从知道马克斯目前的确切位置,因此,他可能在卡平特里亚,也可能在文图拉,但我们就是不能给出一个确定的回答。因此,依惯常的看法,认知模态词是一些语境依赖的语词(context - dependent terms),在这一点上,它们就像"我"、"你"、"现在"这些词一样,对它们的解读需要对应某个说出该词的语境(context of utterance)。正如我们在第四章注意到的那样,当不同的人使用"我"这个词时,他们说出的不是一回事。例如,当马克斯说"我很高"时,他说的是马克斯很高,而当玛丽说"我很高"时,她不是在说马克斯很高,而是在说玛丽很高。与之相似,根据关于认知模态词的惯常看法,当一个人说"马克斯可能在卡平特里亚"时,他总是在说,"马克斯在卡平特里亚"与某些特定的信息背景相容;然而在不同的对话中,人们所说的可能是不同的特定信息背景。我们把这种惯常看法称作关于认知模态词的语境主义理论(contextualism)。

关于认知模态词的语境主义与说话者主观主义有很多共同点(后者是一种关于道德语言的理论,我们在第四章谈到表达主义的理论动因时简单讨论过它)。因此之故,这两种理论也有着一些相同的问题。特别地,关于认知模态词的语境主义会预测,正在加利福尼亚和克拉拉交谈的莫德可能会说"马克斯可能在卡平特里亚",而正在纽约和乔治交谈的希尔达可能会说"并非如此:马克斯可能在卡平特里亚",而且两个说话人可能都是在真诚地说出上面的话——因为,"马克斯在卡平特里亚"可能与莫德和克拉拉所掌握的全部信息相容,而与希尔达和乔治所掌握的信息不一致——比如,希尔达和乔治可能刚刚在联合广场遇到了马克斯。但问题是,这个预测很奇怪。如果出于某种原因,希尔达和乔治稍后知道了莫德所说的话,希尔达大可不无道理地说"莫德说的是假的——并非如此:马克斯可能在卡平特里亚"。而且,一个第三方观察者这样描述莫德和希尔达的论断也不无道理:"莫德和希尔达在'马克斯是否可能在卡平特里亚'一事上相互分歧。"但是,如果关于认知模态词的语境主义是对的,那么根本就不存在任何让莫德和希尔达意见生歧的事。以上其实是分歧问题的重演,它跟伦理学中说话者主观主义所面临的问题在本质上是一样的。

这些观察使得一些哲学家相信,对于认知模态词如何与信息背景相关这个话题而言,语境主义是个错误的理论。根据最近一个对该观察的著名回应,莫德和希尔达不是在他们各自的不同对话中谈论不同的事情,而是在谈论同一个事情——即,马克斯是否可能在卡平特里亚——只不过这件事是否为真只是相对的,而非绝对的。只有在相对某些信息背景时它才是真的,而在相对其他背景时它则是假的。根据这种观点,莫德所说的话相对某些信息背景(而非其他)是真的,而希尔达所说的话相对另一些信息背景(而非其他)也是真的;但是无论相对任何给定的信息背景,莫德所说的话和希尔达所说的话都不可能同时为真。这就是他们之所以相互分歧的原因。以上理论被称为关于认知模态词的相对主义理论(relativism)。[1]

然而,关于认知模态词的相对主义却面临着另一个问题。根据这一理论,存在一个莫德赞同而希尔达否认的单一命题,即"马克斯可能在卡平特里亚"。但如果"马克斯可能在卡平特里亚"表达了一个不依赖于语境的单一命题,那么"马克斯可能在卡平特里亚也可能不在卡平特里亚"必然也表达一个不依赖于语境的单一命题——除非"也"和"不"这两个词可以使一个本不依赖于语境的句子变成一个依赖于语境的句子。但是,这样想的结果将违反一个众所周知且非常可信的原则:反思原则(principle of reflection)。[2]

反思原则背后的想法是,如果你知道在未来你将有某个信念,而且你知道在"现在"和"未来的那个时间"之间将要发生的唯一事情就是你会遇到更多的一些信息并理性回应它们,那么对你而言理性的做法就是已然有了那个信念。毕竟,如果你知道对于你即将获得的证据而言,你对它们的理性回应就是持有那种信念,那么这也就意味着你已经有了相关的(间接)证据,你对它们的理性回应便是持有那种信念。这就是高度可信的反思原则背后的基本观念。

但是,设想你目前并不知道马克斯到底在哪里,因此也不确定他是不是在卡平特里亚。直觉地,你会认为他可能在卡平特里亚也可能不在卡平特里亚。但在接下来的几分钟里,你期待马克斯打电话过来告诉你他在哪里。一旦他打电话过来,你就将对他身处何处拥有更多的信息,而你期待自己会理性地回应那些信息。一种可能结果是,马克斯将告诉你他在卡平特里亚,而你将进而相信他在卡平特里亚并否认他可能不在卡平特里亚;另一种可能结果则是,马克斯将告诉你他不在卡平特里亚,而你将进而相信他不在卡平特里亚并否认他可能在卡平特里亚。但无论是哪一种结果,你都将否认他"可能在卡平特里亚也可能不在卡平特里亚"。所以,如果存在一个由"马克斯可能在卡平特里亚也可能不在卡平特里亚"表达的单一命题,而且你虽然现在相信它,但却期待自己在未来(当马克斯告诉你他身处何处之后)不相信它,那么你就触犯了高度可信的反思原则。

所幸,在认知模态词这一问题上,表达主义承诺自己将避开语境主义所面临的分歧问题,同时又不致引发对反思原则的触犯。根据关于认知模态词的表达主义理论,相信马克斯可能在卡平特里亚并非是持有一种以"马克斯在卡平特里亚"为内容的普通描述性信念,而只是对"马克斯在卡平特里亚"这一命题有某种正向水平的信心(a positive level of confidence);同时,"马克斯可能在卡平特里亚"这句话的意义在于它表达了上述那种正向水平的信心,而不在于表达了一个普通的、毫无保留的信念。假如表达主义确实是一种可行的语义理论,那么它就可以成为语境主义和相对主义的诱人替代品。

11.4 应用——"真"与条件句

在元伦理学之外,表达主义的另一个前景可期的应用与有关

“真”的理论有关。我们只需再次考虑“说谎者悖论”这一著名例子,就可以看出为什么关于“真”的真值条件意义理论看起来困难重重了:

> 说谎者的话:“说谎者的话不是真的。”

说谎者自己说自己的话不是真的。但这样一来,我们似乎就不可能为他这句话赋予任何稳定的真值条件了。因为,为了让它成为真的,它必须是假的;而为了让它成为假的,它又必须是真的。所以,似乎我们找不到任何令它为真或为假的条件。然而,这句话却又明显是有意义的;一个人可能很轻易地相信说谎者的话不是真的——尤其是当他没有意识到说谎者说了什么的时候。

由于表达主义是一种关于意义的非描述论,它尝试对语句意义加以解释的方式也不求诸语句成真所需的条件,所以我们有理由期待它成为对“真”一词而言合适的意义理论,以避免上述问题的产生。关于真理的表达主义理论背后的基本观念在于注意到如下这点:一个人如果认为句子 S 的意义是 P,那么他应当承诺对“S 是真的”和“P”持同样的看法——或同时接受两者,或同时否认两者,或同时拒绝两者。换句话说,只要你接受“S 的意义是 P”,那么接受“S 是真的”就与除了接受“P”之外的所有对“P”的态度相分歧,同样地,接受“P”也与除了接受“S 是真的”之外的所有对“S 是真的”的态度相分歧。接下来,表达主义的计划将是说明“S 是真的”所表达的到底是什么心理状态,以至于具有如上所述的属性。其中,推理承诺理论的做法将是简单地做如下假设:“S 是真的”这句话所表达的就是那种具有上述分歧属性的心理状态,而不管这种心理状态到底是什么。

表达主义的另一个潜在的有趣应用是有关条件句的。在这本书里,我们一直简单地假设“如果 A,那么 B”和“并非:A 且非 B”具有相同的意义。然而事实是,这种简化了的假设虽然对很多目的都有用,但当我们把它视为一种关于"如果……那么……"在自然语言(比如英语)中的实际意义的理论时,就会产生问题。

哲学家们已经给出了很多种有趣的论证,以反对把"如果 A,那么 B"的意义等同于"并非:A 且非 B"的论点;他们给出的论证甚至还显示,根本不可能存在任何关于"如果……那么……"的意义的真值条件理论。其中,最有趣的论证之一基于如下观察:你对"如果 A,那么 B"的信心,和你在 A 的条件下对 B 的有条件的信心,这二者是相同的。所谓"你在 A 的条件下对 B 的有条件的信心",指的就是当你完全确信 A 时,你就愿意对 B 持有的那种信心。但是早在二十世纪七十年代,大卫·刘易斯(David Lewis)就在一个影响深远的著名论证里证明了如下论题:不存在任何可能的命题,使得你对该命题的信心与你在 A 的条件下对 B 的有条件的信心相同。所以,从以上论题自然而然得出的一个论断——这也是许多研究如何理解条件句的哲学家们所得出的论断——就是,在尝试说明条件句意义这件事上,真值条件意义理论是一种错误的进路。

与此同时,表达主义则给出了一种非常直接的替代方案。它告诉我们,我们可以通过解释"认为如果 A,那么 B"是怎么回事来解释"如果 A,那么 B"的意义。而上面的观察已经可以告诉我们,"认为如果 A,那么 B"在直觉看来是什么了——它不是对任何一个单一命题怀有某种高度信心,而是在 A 的条件下对 B 有一种有条件的(conditional)高度信心。故而,表达主义的意义理论非常适合用来解释为什么"对条件句'如果 A,那么 B'有一种高度信心"和"在 A 的条件下对 B 有一种有条件的高度信心"是一致的——很简单,因为它们是同一的(identical)。

围绕"真"、"条件句"、"认知模态词",有着众多复杂问题,在这一节和上一节里,我只是浅浅触及了它们的表面。无论如何,我在这里所做的讨论丝毫不足以表明,我们需要一种表达主义的语义理论来对这些问题中的任何一个做出解释。但是,这些问题的确能让我们对表达主义在元伦理学之外的潜在应用怀有至少最基本的希望。而我们越是对这些应用抱有希望,我们距离"为乐观态度提供凭据的论证"就越近,也就越是相信,更努力地尝试解决表达主义所面临的问题是值得的,即便我们目前在此途中遭遇了重重困难。

11.5 前进的方向

如果这本书读起来更像是在喋喋不休地讲述非认知主义理论所面临的开放性问题,而不像是在介绍当非认知主义为真时道德语言的样子,那么至少对非认知主义者的最典型工作来说,这就是它们真实的研究方式。归根结底,无论是最初的非认知主义还是当代的表达主义,驱动它们的根本问题都不是弄明白道德语词有何意义的计划,而是弄明白在一般意义上什么是说明语词意义的最佳方式的计划。驱动各派认知主义的基本观念在于,虽然真值条件语义学在它自身的范围之内(within its own domain)非常成功、大有希望,但如果我们想获得对自然语言(比如英语)中所有语词的完备而合乎实际的理解,那么我们就需要一个用来理解语言学意义的更灵活而普遍的体系。

也正因此,书中为各种非认知主义理论提供乐观态度凭据的论证才会如此频繁地关注那些考验真值条件语义理论之边界的语词和语言结构,而不管这些语词和语言结构与道德语言有无直接关系。例如,艾耶尔本人的讨论让我们注意到像"见鬼"这样的表达式;黑尔为乐观态度提供凭据的论证则集中于语气(尤其是祈使语气)上;而混合型论者的论证则关注轻蔑语和种族侮辱语。同时,史蒂文森和吉伯德让我们开始考虑将意图或计划作为道德思考的模型。本章上两节的讨论则让我们意识到,对表达主义的评估部分在于评估它在其他方面的潜在应用,包括在认知模态词、条件句和真理这些话题上的应用。我们看不出以上所有话题和道德有任何直接关系,它们本身也尚未得到很好的理解;而这既为争议留下了充足空间,又为进展留下了充足地盘。而非认知主义展示给我们的是,无论非认知主义最终被证明是对的还是错的,对所有这些其他方面的话题的更好理解都将使我们能够更好地理解道德语言。换言之,探究所有这些其他方面的话题是更好地理解任何种类的非认知主义理论之前景的一部分。

而这实质上也是早期非认知主义者的先见之明——时至如今,尝试理解所有这些其他种类的语言结构的工作仍如它在二十世纪三十年代和五十年代时那样开放而热烈。如果非要一提的话,我们如今在语言哲学和(语言学意义上的)语义学领域取得的独立进展正在使上述话题领域中更丰硕成果的取得成为可能。一方面,非认知主义从语言哲学和语义学的成果中受益匪浅,而另一方面,非认知主义者的努力也可能会反过来帮助我们更好地理解语言意义的这些别的方面。无疑,双方各自为我们敞开了一个硕果累累的果园,我们可以借任何一方的成果寻求在另一方的进展。

本章概要

在这一章里,我们回顾了本书中非认知主义理论所遇到的几个问题。我们简要了解了表达主义理论何以可能解决我们在第七章讨论过的否定句难题——正是由于这一难题,现存的表达主义理论才不得不在建设性和形式完备性二者之间做出权衡。此外,我们还在真理理论、条件句理论、认知模态词理论那里发现了表达主义的新的潜在应用。

拓展阅读

为了更有成效地理解本章内容,读者可结合本书阅读大卫·卡普兰(David Kaplan)的未发表手稿——《作为用法的意义》("Meaning as Use"),这篇手稿虽具一定难度,但读来会令人深受启发。此外,要想了解对认知模态词和反思原则之间关系的进一步讨论,可参见罗斯和我合作的未发表文章 Ross and Schroeder(2013)。而欲探究关于条件句的非真值条件进路背后有何理论动因,可参阅 Edgington(1986)。最后,读者还可补充阅读 Field(2008),这本书对围绕真理与悖论的技术性问题做了有一定难度的介绍性讨论。

练　习

1 E 理解:对诸如语气、轻蔑语、誓词(swear words)这样的对象的研究为何会有助于对非认知主义前景的评估?

2 E 理解:非认知主义理论如何保证帮助我们更好地理解诸如语气、轻蔑语、誓词这样的对象?

3 M 理解:假设你现在知道自己不在卡平特里亚,因而你不会接受"我可能在卡平特里亚"。但假设你还知道你马上要吃一粒"忘忘丸",它将使你忘掉自己身处何方。当你吃下这颗药丸之后,你预计自己不会再知道自己不在卡平特里亚,因而会接受"我可能在卡平特里亚"。那么,你是否违反了反思原则?为什么呢?这个例子与那些催生了反思原则背后基本观念的例子是相似还是相异?又是什么使得它与那些例子相似或相异呢?

4 M 延伸:考虑这一句式:"如果 S 的意义是 P,那么只有在 P 的条件下,S 才是真的"。你能想出来任何反例吗?一个恰当的反例必须得是什么样子?你觉得下面这个例子怎么样:"如果'说谎者的话'的意义是'说谎者的话'不是真的,那么只有在'说谎者的话'非真的条件下'说谎者的话'才是真的"?上面这个句子是真的吗?即便你认为它不是真的,你是否仍然感到一种来自直觉背后的"引力"在拽着你,使你相信它必须得是真的?

5 M 延伸：下图是马克斯的“信心空间”的示意图（a map of Max’s confidence space）。每一个命题都对应下图的某一区域，而马克斯对该命题的信心则对应于相应区域的面积。同时，马克斯对 ~P 的信心对应于该区域之外余下的矩形的面积，马克斯对 P&Q 的信心对应于 P 对应的区域与 Q 对应的区域重叠部分的面积。例如，图中左边的圆形代表 P 命题，而马克斯对 P 的信心对应该圆形的面积。由于该圆形的面积比整个矩形的面积要小得多，所以马克斯对 P 的信心也就比他对 ~P 的信心弱得多。类似地，他对 Q 的信心弱于他对 ~Q 的信心，对 P 的信心弱于他对 Q 的信心，对 P 与 Q 同真的信心（对应于图中两个圆形的重叠部分）则远远弱于他对 P 或 Q 的信心。

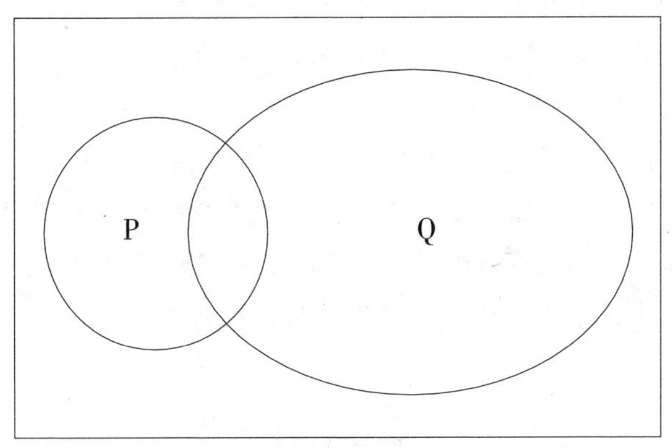

现在，请你根据图中每个区域的面积大小，为它们分别赋予恰当的数值，使得整个矩形的面积加起来为 1。然后，用你给出的数值完成两项计算任务。第一个任务是，找到 ~（P& ~Q）所对应的区域并计算它的总面积。~（P& ~Q）就是对“P→Q”的“实质蕴涵”定义（“material conditional”definition），我们在本书中大部分情况下都默认这一假设。第二个任务是，用 P&Q 所对应区域的面积除以 P 所对应区域的面积。这样得到的结果是在 P 的条件下，对 Q 的有条件的信心，或者说是P的条件概率(conditional confidence or conditional probability of Q，given P)。它表示的是当马克斯完全确信P时，他对Q会有多强的信心。现在，请比较上面两个计算结果。它们是相等还是一大一小？你能通过更改各个区域的面积大小来使以上两个计算结果的大小关系发生倒转吗？为什么？

教　益

3 大多数哲学家一致认为反思原则需加以限制，因为若你预计会在将来一段时间内忘掉某些事情或变得非理性的话，它就不再适用了。不过，本章第三节所给论证中用到的例子并不像这样，因此这个反例看起来并不会对那个论证造成威胁。

5 如果"如果P，那么Q"就意味着"～(P&～Q)"，那么我们就应期待马克斯对"如果P，那么Q"的信心与他对"～(P&～Q)"的信心相同。但如果是这么回事的话，那么正如我们在练习中发现的，马克斯对"如果P，那么Q"的信心就会比当他确信P时对Q的信心要强得多。这样就很奇怪了——这也正是我们说"如果P，那么Q"的意义并不在于"～(P&～Q)"的部分证据。

参考文献

Edgington，Dorothy (1986). "Do Conditionals Have Truth－Conditions?" *Critica*18：3 － 39.

Egan，Andy，John Hawthorne，and Brian Weatherson (2003). "Epistemic Modals in Context." In Gerhard Preyer and Georg Peter，eds.，*Contextualismin Philosophy*：*Knowledge*，*Meaning*，*and Truth*. Oxford：Oxford University Press.

Field，Hartry (2008). *Saving Truth from Paradox*. Oxford：Oxford University Press.

Kaplan, David (unpublished). "Meaning as Use." Unpublished manuscript.

MacFarlane, John (forthcoming). "Epistemic Modals are Assessment - Sensitive." Forth coming in a volume on epistemic modals edited by Andy Egan and Brian Weatherson.

Ross, Jacob, and Mark Schroeder (unpublished). "Reflections on Epistemic Modals." Unpublished draft manuscript, available online at www - rcf. usc. edu/ ~ maschroe/research/Reflections_on_Epistemic_Modals. pdf

van Fraassen, Bas (1984). "Belief and the Will". *Journal of Philosophy* 81:235 - 256.

术 语 表

前件(antecedent)　参见**条件句(conditional)**。

原子的(atomic)　当一个句子是简单的主谓句时,我们就说这个句子是“原子的”。与“原子的”相对的是“分子的”(molecular)。

表达主义的基本策略(basic expressivist maneuver)　为了尝试弄清楚如何解决表达主义面临的某个问题,而探索如何对一种非表达主义的理论提出一个类似的问题。参见第四章。

大假说(Big Hypothesis)　指这么一个假说:信念归属句(belief - ascriptions,即像“琼斯相信……”这样的句子)报告的是它们的主语(即例句中的琼斯)持有由它们的补足语(complement,即例句中的“……”)所表达的任何态度,而信念归属句本身却并不表达那种态度。

关于工具理性的认知主义,CAIR(cognitivism about instrumental reason)　指这么一个论题:意图之间的理性关系和分歧关系可以通过诉诸“意图包含信念”这一假设而得以解释。

交流约束(communicative constraint)　指这么一种观念:关于语句意义的理论需要提供给我们充足的资源,以解释我们如何能用这些语句来交流。

组合约束(compositional constraint)　指这么一种观念:一个意义理论必须解释我们如何能够从理解复杂句各组成部分的意义和这些部分组合在一起的方式出发来理解相应复杂句的意义。

条件句(conditional)　一个“如果……那么……”形式的句子。其中,“如果……”这一部分叫作“前件”(antecedent),而“那么……”这一部分叫作“后件”(consequent)。

合取句(conjunction) 一个用“且”(and)一词相连的句子。

后件(consequent) 参见**条件句(conditional)**。

语境主义(contextualism) 一种理论,根据这种理论,某个句子所表述的内容可以因使用语境的变化而变动。例如,说话者主观主义就是这么一种理论。

核心问题(core questions) 指来自形而上学、认识论、语言哲学、心灵哲学的中心问题,它们是非认知主义背后的理论动因。

描述论/描述主义(descriptivism) 一种理论;根据这种理论,语句的意义可以通过它们所关乎的对象得以解释。

适配方向(direction of fit) 当一种心灵状态的任务是与世界匹配时,我们说它有着将心灵匹配到世界的(mind - to - world)适配方向;相反,当一种心灵状态的任务是使世界与它匹配时,我们说它有着将世界匹配到心灵的(world - to - mind)适配方向。

分歧(disagreement) 人际(interpersonal)分歧是指不同人之间的分歧;人内(intrapersonal)分歧是指当一个人既认为 P 又认为 ~P 时所经受的那种理性上的不一致。

分歧类(disagreement class) 某种心理状态 M 的分歧类(disagreement class)(记作| M |)是指当你处于 M 中时,你所与之分歧的所有心灵状态的集合。

分歧问题(disagreement problem) 这是对说话者主观主义提出的问题。即,说话者主观主义不能解释持有互相冲突的道德看法的人如何真的互相分歧。

析取句(disjunction) 一个用“或”一词相连的句子。

局限于/独立于特定领域的(domain - specific/domain - neutral) 当一个问题是由某个特定主题的特殊性质引发的,我们就说它是局限于特定领域的(domain - specific)。例如,“说谎者悖论”就是局限于真理理论领域的问题,而动机问题则是局限于伦理学领域的问题。相反,当一个问题面向任何主题时,我们就说它是独立于特定领域的(domain - specific)。比如,“核心问题”就造成了独立于特定领域的问题。

泛表达主义(ecumenical expressivism) 即迈克尔·里奇的混合型(hybrid)非认知主义理论。参见第十章。

情感主义(emotivism) 即最早的非认知主义理论,其中包括艾耶尔和史蒂文森的理论。

认知模态词(epistemic modals) 像“可能”(might)和“必须”(must)这样的词。

认识论(epistemology) 对知识和合理信念的研究。

表达 - 断言主义(expressive - assertivism) 即丹尼尔·布瓦维尔的混合型(hybrid)非认知主义理论:参见第十章。

表达主义(expressivism) 一种当代的非认知主义理论;根据该理论,解释句子“P”之意义的正确方式是说明什么是“认为 P”。

形式上完备的(formally adequate) 当一个关于复杂句意义的非认知主义说明能够正确预测哪些论证有效、哪些句子之间存在不一致时,我们就说它是形式上完备的(formally adequate)。

弗雷格 - 吉奇问题(Frege - Geach problem) 探讨如何把复杂句的意义表示为其各组成部分的意义的函数的问题。

吉伯德式语义学(Gibbardish semantics) 艾伦·吉伯德的表达主义理论的一个变体;我们在本书第七章第二节中发展了该理论形式。

高阶态度理论,HOA(Higher - Order Attitude theories) 一些表达主义者在应对弗雷格 - 吉奇问题时提出的理论,如布莱克本在 1984 年提出的理论;根据这种理论,复杂句所表达的心理状态是对其组成部分所表达的态度的态度。

混合性理论(hybrid theories) 混合了非认知主义理论元素和普通真值条件理论元素的理论。

以言行事的行为(illocutionary act) 我们在说出某些话之际施行的行为。参见第二章练习第 4 题。

祈使语气(imperative) 参见语气(mood)。

不一致属性(inconsistency property) 当且仅当一个接受某论证的前提却否认该论证结论的人会遭受人内分歧(intrapersonal disagreement)时,我们才说这个论证具有不一致属性(inconsistency property)。

不一致性可传递(inconsistency - transmitting) 只有在如下情形下,一种态度才是不一致性可传递(inconsistency - transmitting)的:包含此态度的两种状态之间的人内分歧只发生在它们是对不一致的内容持这种态度的时候。

陈述语气(indicative) 参见**语气(mood)**。

归纳法(induction) 所谓用归纳法进行推理,就是基于对许多对象的观察,得到一个推广的结论。例如,基于对许多天鹅的观察(而观察到的所有天鹅都是白色的,没有其他颜色的天鹅)而接受"所有天鹅都是白色的"这一推广的结论。

推理许可属性(inference - licensing property) 只有在如下条件下,一个论证才具有推理许可属性(inference - licensing property):一个人如果接受了该论证的前提就不得不承诺接受其结论。

推理承诺理论(inferential - commitment theories) 是某些表达主义理论;它们基于复杂句所表达的心理状态应当具有的推理承诺属性或分歧属性把这些心理状态拣选出来,以此告诉我们这些心理状态是什么。参见第七章。

动机内在主义(internalism, motivational) 根据动机内在主义(motivational internalism),一个人在做了某个道德判断之后会倾向于拥有相应的动机,以在行动上与此判断保持一致。

人际分歧(interpersonal disagreement) 参见**分歧(disagreement)**。

疑问语气(interrogative) 参见语气(mood)。

人内分歧(intrapersonal disagreement) 参见分歧(disagreement)。

判断内在主义(judgment internalism) 参见动机内在主义(internalism, motivational)。

语言哲学(language, philosophy of) 语言哲学探究语言的本质和结构,它所探究的问题包括但不限于"语词所具有的意义种类"、"语词所实有的意义来自哪里"等问题。

乐观态度的凭据(license for optimism) 非认知主义者常用的一个策略是提出一个论证,以让人们有凭据去乐观地认为他们所面临的某个问题是可解决的。这种论证不会表明相关问题的解决方案是什么,但它们试着说服我们应当期待某些解决方案的存在,也经常会指点我们应向何处寻求这样的解决方案。

以言表意的行为(locutionary act) 说出一个有给定意义的语句的行为。

多态度问题(Many Attitudes problem) 指由于如下事实而产生的问题:关于道德思想的非认知主义说明不仅需要对道德信念做出说明,还需要对道德欲望、道德希望、道德疑惑等等其他种类的态度做出说明。

元伦理学(metaethics) 对形而上学、认识论、语言哲学、心灵哲学的研究——只要它们与有关伦理学的问题有交叉。

形而上学(metaphysics) 对实在之性质的哲学研究——探求何物存在、存在的东西又是什么样子。

心灵哲学(mind, philosophy of) 对心灵的哲学研究。

模态问题(modal problem) 是说话者主观主义(speaker subjectivism)所面临的一个问题。该问题在于,说话者主观主义在包含模态词和/或时态的句子那里会做出错误的预测。

假言三段论(modus ponens) 指任何具有如下形式的论证:

P,如果P那么Q;所以Q。"modus ponens"是拉丁文。

分子的(molecular) 当一个句子是由诸如"非"、"且"、"或"、"如果……那么……"等连词将一个或多个原子(atomic)句组合在一起而构成的,我们就说它是分子的(molecular)。

语气(mood) 自然语言中的语句的一种特征。语气可分为陈述语气(indicative,一般用来做出普通断言)、疑问语气(interrogative,一般用来提问)、祈使语气(imperative,一般用来发出命令或建议)。

摩尔式不一致(Moorean inconsistency) 当你相信某事但同时又相信你不相信它时,你就是摩尔式不一致的。

动机问题(motivation problem) 意在解释人们为什么会有动机在行动中与他们的道德判断保持一致,就像动机内在主义(motivational internalism)所主张的那样。

动机内在主义(motivational internalism) 参见**动机内在主义(internalism, motivational)**。

多重种类问题(Multiple Kinds problem) 这是非认知主义在心灵哲学领域面对的一个问题。它因如下事实而产生:非认知主义者认为存在着多重种类的信念(至少两种,有些观点还认为有无穷多),但它们却出于巧合共享许多相同属性。

否定句(negation) 一个包含"不/非"(not)一词的句子。

否定句难题(negation problem) 是一个向表达主义提出的问题;它要求表达主义者说明含有"不/非"(not)一词的句子所表达的是何种心理状态,并解释为什么既接受"P"又接受"~P"会产生人内分歧。安文的例句n1-n3就例示了这一问题。此外,极为相似的问题也威胁着其他的非认知主义理论。

非认知主义(noncognitivism) 关于道德语言的一族非描述主义理论,它们有望帮助我们解决动机问题以及避开核心问题。

非建设性的(non-constructive) 在如下情形下,我们说一个表达主义理论是非建设性的——如果它只是通过对复杂句所表达的心理状态的确切描述来拣选出这些状态,而不是告诉我们那些状态到底是什么并解释它们为何满足那些确切描述的话。

非描述主义/非描述论(nondescriptivism) 非描述主义理论尝试不通过说明语词所关乎的对象(而用其他的方式)来解释语词的意义。

同词问题(One Word problem) 在心灵哲学领域里,因如下事实而对非认知主义产生的问题:不管是对道德信念还是普通描述性信念,我们使用的都是"信念"一词;不管是对道德希望还是普通描述性希望,我们使用的都是"希望"一词;对于其他各种态度也是如此。

普通描述性信念(ordinary descriptive belief) 指当你相信草是绿的时所持有的那种信念。这种信念有着将心灵匹配到世界的适配方向。而根据非认知主义者的看法,这种信念与道德信念相对,因为道德信念是一种与之不同的心理状态——通常,他们假设道德信念有着将世界匹配到心灵的适配方向。

轻蔑语(pejoratives) 指这么一些词——它们不仅描绘事物的特定样子,还赋予该事物以负面的意义。轻蔑语包括诸如"德国佬"(kraut)和"南蛮子"(wop)这样的种族侮辱语,以及比这些更无礼的其他侮辱语。

吉奇施为主义(performativism, Geachian) 指一种理论;该理论认为,使一个句子有其本应具有的意义的,是该句在那个特殊场合下用以施行的言语行为。

以言取效的行为(perlocutionary act) 以言取效的行为指我们通过说出某些话而达成的事情,但它取决于说出这些话所带来的效果。

实用主义(pragmatics) 研究我们借助交流的一般原则(而不是与特定语词的意义相连的特殊规则)能够交流些什么。

谓词(predicate) 一个形容词或动词词性的词语或短语。每个原子句都是由一个主词(或名词)和一个谓词合起来构成的。

规定主义(prescriptivism) 黑尔的非认知主义理论。

命题(propositions) 命题是信念、欲望、断言以及其他态度的对象,是真假的承担者。

相对主义(relativism) 根据对某些主题的相对主义看法,虽然关于该主题的句子在不同语境下都与相同的命题相连,但是当我们从不同的视角做出评判时,相关命题的真值却有可能发生变化。

语义属性(semantic property) 一个句子的某种语义属性是该句因句中词语的意义而具有的特征。例如,“偷窃不是错的”这个句子有着与“偷窃是错的”不一致的属性,而这是由该句中“不”一词的意义而来的。

语义理论(semantic theory) 说明各个语句有何种意义的理论。

语义学(semantics) 对语言意义的研究。

说话者主观主义(speaker subjectivism) 是一种理论;它认为“偷窃是错的”这句话和“我不赞同偷窃”这句话有着相同种类的意义。

“目标无涉”的情形(target – excluded cases) 在讨论愿望式思维问题时,我们会划分出一类“目标无涉”的情形;在这些情形中,埃德加基于一个论证的前提而最终接受其结论的做法在直觉看来是不理性的。

“目标所涉”的情形(target – included cases) 在讨论愿望式思维问题时,我们会划分出一类“目标所涉”的情形;在这些情形中,埃德加基于一个论证的前提而最终接受其结论的做法在直觉看来是理性的。

证词(testimony) 基于别人的话而获知。

殊型(token) 即一个个例。比如,在“attack”一词中有两个

“t”的殊型。

真值条件语义学(truth - conditional semantics) 根据这种语义理论,解释一个句子的意义的方式就是说明该句在哪些条件下会是真的。

真值条件(truth conditions) 一个句子的真值条件即该句成真所需要的条件。

真值表(truth tables) 一个真值表把某个复杂句成真的条件表示为该句各组成部分的成真条件的函数。

类型(type) 参见**殊型(token)**。虽然“attack”一词中有两个“t”的殊型,但它们都属于同一类型。

范·鲁金问题(van Roojen problem) 是高阶态度的表达主义理论所面临的一个问题。该问题在于,高阶态度理论把过多论证划归为有效的。

愿望式思维(wishful thinking) 因为你想让某件事成真而相信该事。

愿望式思维问题(wishful thinking problem) 即席安·多尔对非认知主义者的如下反驳:非认知主义者不得不承诺,他们认为愿望式思维有时是理性的。

注　释

第一章　元伦理学的问题

1 数据来源 ：http://www.who.int/reproductive－health/publications/fgm/fgm_statement_2008.pdf

这里有来自 WHO 的两组估计数据：一是，每年有三百万非洲女孩面临外阴切除的风险；二是，10% 的外阴切除程序是"Ⅲ型"的。我通过比较这两组数据得出每年参加阴部扣锁的女孩数目约三十万。

2 数据来源：http://www.who.int/reproductive－health/publications/articles/lancetfgm.pdf 第三页，图 1、图 2。

3 数据来源：同上，第三页，图 2。

4 数据来源：http://www.who.int/reproductive－health/publications/fgm/fgm_statement_2008.pdf 第 29 页。

5 信息来源：美国国务院官网：http://www.state.gov/g/wi/rls/rep/crfgm/10047.htm

6 参见（例如）如下文献：de Waal（1996）；Haidt（2001）；Greene et al.（2001）；Greene andHaidt（2002）；Nichols（2004）；Joyce（2006）。

7 参见 http://www.care.org/。

8 参见 http://www.oxfamamerica.org/。

9 虽然这个观点常被称为"休谟式动机理论"，但不是所有人都同意休谟当真相信该观点。

10 "购物车"的类比来自安斯康比（Anscombe，1957，56－57）。

关于休谟式动机理论，另一个重要而经典的讨论由迈克尔·史密斯（Smith）在他 1994 年的《道德问题》一书第四章中给出；我正是从他那里借用了“休谟式动机理论”这个名字。

第二章　非认知主义转向

1 从词源学上看，这个称呼似乎源于奥格登和理查兹 1923 年的文献（Ogden and Richards，1923），在该文献中，他们把某些对语言的用法刻画为“表达感情、表露情绪的（emotive）”。

2 我在正文中对艾耶尔观点的描述是有争议的。欲参与进一步的讨论，请看章末练习第 8 题、第 9 题。

3 见 Stevenson（1944），第 82 页。

4 同上，第 206 页。

5 说艾耶尔和史蒂文森在直接对这个“大观念”做出反应，是有点时代倒错；但我还是认为，把他们的观点理解为这个“大观念”的反对意见，是极有启发性的。

6 另见 Hare（1952，11－12）。

第三章　弗雷格－吉奇问题：1939－1970

1 值得一提的是，非认知主义对“呸！”的处理确实能够无关紧要地满足组合约束，因为“呸！”一词实际上不会在复杂句中出现或起作用。然而，弗雷格－吉奇问题的难处在于，诸如“错”和“应当”这些道德语词确实在复杂句中出现并起作用，而且它们所在的复杂句和非道德语词（如“快”和“大”）可能出现于其中的复杂句在种类上没有任何不同。对于这点，非认知主义者们需要给出解释。

2 作为例子，参见 Strawson（1949）。

3 见 Wittgenstein（2005）。

4 对于我将要介绍的符号（比如“～”），有两种可能方式来看待它们。一种方式是，把它们看作一种人工语言，这时，这些符号的意义依照约定就是真值表可以捕获的。如果我们用这种方式看待它们，那么毫无争议（因为这是依照约定而真的）的是"~"服从真值表，但是有争议性的是"不/并非"的意义是否仅仅是"~"。逻辑学教科书经常采用这种看待方式。然而，我在本书中采用的是另一种方式。依这另一种方式，"~"被约定用做"并非如此"的一种缩写形式，这时，有争议性的就是它的意义是否能被真值表捕获。

5 我从 Karttunen (1977) 那里得到了以下想法：我们可以用这道题中给出的方式将祈使句刻画为施为句。

6 基于信念的条件句在 Dreier (2009) 中得到了讨论。

第四章 表达主义

1 这里的"心理状态"指一种心理状态的"类型"（type）。

第六章 弗雷格 - 吉奇问题：1973 - 1988

1 有必要指出的是，在哲学里几乎所有说法都是有争议的，假言三段论的有效性也遭受过一些哲学家的质疑；作为例子，可参见 McGee (1985)，Lycan (2001)，以及 Kolodny and MacFarlane (unpublished)。然而，考虑到我们的目标，在这本书里我将继续假设假言三段论是有效的。而如果事实证明假言三段论仅在受限的情形之下有效，那么这也将是非认知主义者需要解释的事情。

2 细心的读者会发现"&"和"~"在此处被用作一种不同的连接词。在这种用法下，"[P] & ~ [Q]"拣选出的是由"P"表达且不由"Q"表达的心理状态。而在书中别的地方，"&"和"~"都被用作语句连接词（sentential connectives）①。假如我们要更详细地讨论布

---

① 亦即，在此处，"&"和"~"连接的是心理状态；而在书中大多地方，它们连接的是句子。——译者注

莱克本的高阶态度阐论，在这两种用法之间做出区分就将是非常重要的。

3 我要为练习题中 5 – 8 题背后的想法感谢 Johannes Schmitt。

第七章 弗雷格 – 吉奇问题：1988 – 2006

1 再次澄清这里所用记号的含义：在一个句子两边加上方括号表示该句所表达的心理状态，而在一种心理状态两边加上竖直线则表示该心理状态的分歧类。

第八章 真理与客观性

1 注意这种超验论证并不假定存在任何种类的先验唯心论（transcendental idealism）。也就是说，它并不认为，如果某种想法在理性上是不一致的，那么它就是假的。[①] 我们不需要任何进一步的假设来确保这种先验论证的有效性，并因而为此处论证中出现的“先验转向”提供辩护。相反，这种“先验转向”的合理性仅仅在于如下事实：就相关论证已经呈现的内容来看，否认该论证结论的做法在理性上是不一致的。因此，这种论证中先验的一个步骤更像是从“意识到把钱丢到马桶里是非理性的”到“决定不把钱丢到马桶里”这个过程，而不像是从“意识到 P，以及如果 P 那么 Q”到“得出 Q 这个结论”这个过程。

2 试比较：Kant（1997），Hare（1981），以及 Korsgaard（1996）。

第九章 认识论：愿望式思维

1 请注意，不管是多尔本人还是他的评论者伊诺克和伦曼［见

---

① 原书此处有误。译者已就此去信作者，得到了作者的赞同。译本中已做改下在。——译者注

于 Enoch(2003),Lenman(2003)]都未将这个问题刻画为一个两难困境;相反,他们都假定我所说的两难困境的第二维明显应被规避。

2 多尔自己也曾强调愿望式思维问题有别于弗雷格 - 吉奇问题。除了正文中的分析,我们还可以从另一个角度看出这点。首先,注意到弗雷格 - 吉奇问题对表达主义理论的攻击在任何领域都火力十足——包括关于概率判断(probability judgments)、认知模态词、陈述条件句等等的理论领域。例如,在概率判断这一主题上,一位表达主义者可能会主张,认为 P 的概率是 60% 也就是对 P 有 60% 的信心(credence);在认知模态词这一主题上,一个表达主义者的看法则可能是,认为"杰克可能在西雅图"就是对"杰克在西雅图"有一种正向的信心;类似地,在陈述条件句这一主题上,一个表达主义者可能会认为,当你对"如果我向她表白,她会接受"有百分之 n 的信心时,你也就是在"我向她表白"这个命题的条件下,对"她会接受"这一命题怀有百分之 n 的条件信心(conditional credence)。(若想了解更多表达主义理论在其他领域的观点,可参阅本书第十一章。)

所有这些理论都面临着传统的弗雷格 - 吉奇问题。既然它们都尝试对某些句子做出特殊的理论说明,它们就需要解释在自己的理论下这些句子如何可能组合成复杂句,同时还不失其语义属性——这些语义属性包括在必要时确保有关论证的有效性。因此,弗雷格 - 吉奇问题是表达主义理论面临的一个普遍性问题。然而,这些理论都不会面临愿望式思维问题或者任何类似的问题,因为如下想法是不成问题的:一个主体可以基于对 P 所怀有的 60% 的信心而形成关于 P 的普通描述性信念,可以基于对"杰克在西雅图"的正向信心而形成关于"杰克在西雅图"的普通描述性信念,也可以基于自己对"她会接受"这一命题所怀的完全信心(在"我向她表白"这个命题的条件下)而形成"她会接受"这一普通描述性信念。总而言之,基于其他种类的认知态度——比如信心水平(levels of credence)或条件信心(conditional credence)——而形成某种信念的做法,从直觉看来并不像愿望式思维那样成问题,因此这里就不存在我们所说的两难困境的第二维。这一点进一步支持了我们在正文中强调的观点:愿望式思维问题是表达主义在元伦理学中面临的一个特殊问题,而且它是从认识论中产生的,不是从对语言哲学的考虑中产生的。

3 当埃德加接受 P1 的做法只是基于证词(testimony)而得到辩护时,情况就会变得更复杂些。参考练习 6 -9 题。

4 参见:Lenman(2003),第 272 页。

5 同上,第 269 页(原文中为斜体字)。

6 对伦曼策略的进一步限制源于被认识论者称为"命题辩护"(propositional justification)和"信念辩护"(doxastic justification)的两种辩护之间的重要区分。具体说来,如果你有某些证据,以确保你相信 P 的行为是理性的,那么即使你实际上并不相信 P,或者你仅仅是基于并不真的支持 P 的证据而相信 P,你也拥有一种对相信 P 的"命题辩护"。而另一方面,只有当你基于自己所拥有的支持 P 的证据而确实相信它,或者说在这种意义上理性地相信 P 时,你对 P 的相信才可以说是得到了"信念辩护"。如果我们对伦曼的策略做一种自然的解读,那么我们可以说,它能够解释为什么埃德加在得出结论一事上能得到命题辩护;然而,若要解释为什么埃德加能在接受结论一事上得到信念辩护,还必须满足以下附加条件:埃德加对结论的接受的确依赖于(relies on)伦曼在论证中诉诸的那种更加复杂的推理。然而,即便伦曼在其他方面的断言是正确的,这一附加的断言却更为可疑。

第十章　混合型计策

1 感谢 Ryan Hay 在这道练习题上予我的帮助。

第十一章 前景与应用

1 特别地,参见 Egan et al. (2003) 和 MacFarlane(forthcoming)。

2 关于反思原则,请参阅 van Fraassen(1984)。

3 这道练习题出自 Edgington (1986)。

参考文献

说明:为方便读者查找使用,所有条目都以主题分类法而非依照字母顺序编排。也正因为这样,有些条目会出现多次。在每一个主题下,所列条目的次序以出版时间先后为准。

有关元伦理学的一般性著作

Moore, G. E. (1903). *Principia Ethica*. Cambridge: Cambridge University Press.

Harman, Gilbert (1977). *The Nature of Morality*. Oxford: Oxford University Press.

Mackie, J. L. (1977). *Ethics: Inventing Right and Wrong*. New York: Penguin, especially chapters 1 and 2.

Smith, Michael (1994a). *The Moral Problem*. Oxford: Basil Blackwell.

Darwall, Stephen, Allan Gibbard, and Peter Railton, eds. (1997). *Moral Discourse and Practice: Some Philosophical Approaches*. Oxford: Oxford University Press.

Miller, Alexander (2003). *An Introduction to Contemporary Metaethics*. Cambridge: Polity.

Copp, David, ed. (2006). *The Oxford Handbook of Ethical Theory*. Oxford: Oxford University Press.

Fisher, Andrew, and Simon Kirchin, eds. (2006). *Arguing about Metaethics*. New York: Routledge.

Shafer – Landau, Russ, and Terence Cuneo, eds. (2007). *Foundations of Ethics: An Anthology*. Oxford: Basil Blackwell.

对道德判断的经验研究;对道德判断与元伦理学之间关系的哲学讨论

de Waal, Frans (1996). Good Natured: *The Origins of Right and Wrong in Primates and Other Animals*. Cambridge, MA: Harvard University Press.

Greene, J. D., R. B. Sommerville, L. E. Nystrom, J. M. Darley, and J. D. Cohen (2001). "An fMRI Investigation of Emotional Engagement in Moral Judgment." *Science* 293: 2105 – 2108.

Haidt, Jonathan (2001). "The Emotional Dog and Its Rational Tail: A Social Intuitionist Approach to Moral Judgment.'" *Psychological Review* 108: 814 – 834.

Greene, J. D., and J. Haidt (2002). "How (and Where) Does Moral Judgment Work?" *Trends in Cognitive Sciences* 6: 517 – 523.

Nichols, Shaun (2004). *Sentimental Rules*. Oxford: Oxford University Press.

Joyce, Richard (2006). *The Evolution of Morality*. Cambridge, MA: MIT Press.

历史上有关非认知主义的论文和著作

Ogden, C. K., and I. A. Richards (1923). *The Meaning of Meaning*. New York: Harcourt Brace.

Barnes, W. H. F. (1933). "A Suggestion about Value." *Analysis* 1: 45 – 46.

Broad, C. D. (1933). "Is 'Goodness' the Name of a Simple Non

– Natural Quality?" *Proceedings of the Aristotelian Society* 34: 249 – 268.

Carnap, Rudolf (1935). *Philosophy and Logical Syntax.* Bristol: Thoemmes Press.

Ayer, A. J. (1936). *Language, Truth, and Logic.* New York: Dover.

Stevenson, C. L. (1937). "The Emotive Meaning of Ethical Terms." Reprinted in Stevenson (1963), *Facts and Values.* Westport, CT: Greenwood Press.

Moore, G. E. (1942). "A Reply to My Critics." In Paul Schilpp, ed., *The Philosophy of G. E. Moore.* Evanston: Northwestern University Press.

Stevenson, C. L. (1942). "Moore's Arguments against Certain Forms of Ethical Naturalism." In Paul Schilpp, ed., *The Philosophy of G. E. Moore.* Evanston: Northwestern University Press.

Stevenson, C. L. (1944). *Ethics and Language.* Oxford: Oxford University Press.

Hare, R. M. (1952). *The Language of Morals.* Oxford: Oxford University Press.

Hägerström, Axel (1953). *Inquiries into the Nature of Law and Morals.* Edited by Karl Olivecrona and translated by C. D. Broad. Stockholm: Almqvist and Wiksell.

Edwards, Paul (1955). *The Logic of Moral Discourse.* Glencoe, IL: The Free Press.

Hare, R. M. (1963). *Freedom and Reason.* Oxford: Oxford University Press.

Stevenson, C. L. (1963). *Facts and Values.* Westport, CT: Greenwood Press.

Urmson, J. O. (1968). *The Emotive Theory of Ethics.* New York: Oxford University Press.

Hare, R. M. (1972). *Practical Inferences.* Los Angeles: University of California Press.

Hare, R. M. (1981). *Moral Thinking: Its Levels, Method, and Point.* Oxford: Oxford University Press.

Smart, J. J. C. (1984). *Ethics, Persuasion, and Truth.* Oxford: Oxford University Press.

Satris, Stephen (1987). *Ethical Emotivism.* Dordrecht: Martinus Nijhoff Publishers.

真值条件语义学

Larson, Richard, and Gabriel Segal (1995). *Knowledge of Meaning: An Introduction to Semantic Theory.* Cambridge, MA: MIT Press.

Heim, Irene, and Angelica Kratzer (1998). *Semantics in Generative Grammar.* Oxford: Basil Blackwell.

说话者主观主义以及与之相关的理论

Moore, G. E. (1903). *Principia Ethica.* Cambridge: Cambridge University Press.

Perry, R. B. (1926). *General Theory of Value: Its Meaning and Basic Principles Construed in Terms of Interest.* Cambridge, MA: Harvard University Press.

Stevenson, C. L. (1937). "The Emotive Meaning of Ethical Terms." Reprinted in Stevenson (1963), *Facts and Values.* Westport, CT: Greenwood Press.

Dreier, James (1990). "Internalism and Speaker Relativism."

Ethics 101(1): 6 - 25.

Timmons, Mark (1999). *Morality without Foundations.* Oxford: Oxford University Press.

Finlay, Stephen (2004). "The Conversational Practicality of Value Judgment." *Journal of Ethics* 8: 205 - 223.

表达主义

Blackburn, Simon (1984). *Spreading the Word.* Oxford: Oxford University Press.

Gibbard, Allan (1990). *Wise Choices, Apt Feelings.* Cambridge, MA: Harvard University Press.

Blackburn, Simon (1993). *Essays in Quasi - Realism.* Oxford: Oxford University Press.

Blackburn, Simon (1998). *Ruling Passions.* Oxford: Oxford University Press.

Horgan, Terry, and Mark Timmons (2000). "Nondescriptivist Cognitivism: Framework for a New Metaethic." *Philosophical Papers* 29: 121 - 153.

Gibbard, Allan (2003). *Thinking How to Live.* Cambridge, MA: Harvard University Press.

Horgan, Terry, and Mark Timmons (2006). "Cognitivist Expressivism." In Horgan and Timmons, eds., *Metaethics after Moore.* Oxford: Oxford University Press.

表达关系的本质

Jackson, Frank, and Philip Pettit (1998). "A Problem for Expressivism." *Analysis* 58(4): 239 - 251.

Barker, Stephen (2000). "Is Value Content a Component of Conventional Implicature?" *Analysis* 60(3): 268 - 279.

Copp, David (2001). "Realist - Expressivism: A Neglected Option for Moral Realism." *Social Philosophy and Policy* 18: 1 - 43.

Joyce, Richard (2002). "Expressivism and Motivation Internalism." *Analysis* 62(4): 336 - 344.

Jackson, Frank, and Philip Pettit (2003). "Locke, Expressivism, and Conditionals.'" *Analysis* 63(1): 86 - 92.

Smith, Michael, and Daniel Stoljar (2003). "Is There a Lockean Argument against Expressivism?" *Analysis* 63(1): 76 - 86.

Dreier, James (2004). "Lockean and Logical Truth Conditions." *Analysis* 64(1): 84 - 91.

Finlay, Stephen (2005). "Value and Implicature.'' Philosophers' Imprint 5(4), available online at www. philosophersimprint. org/005004/.

Boisvert, Daniel (2008). "Expressive - Assertivism.'" *Pacific Philosophical Quarterly* 89: 169 - 203.

Schroeder, Mark (2008a). "Expression for Expressivists." *Philosophy and Phenomenological Research* 76(1): 86 - 116.

有关"工具理性"的认知主义观点

Harman, Gilbert (1976). "Practical Reasoning." Reprinted in Harman (1999), *Reasoning, Meaning, and Mind.* Oxford: Oxford University Press.

Davis, Wayne (1984). "A Causal Theory of Intending." *American Philosophical Quarterly* 21: 43 - 54.

Bratman, Michael (1987). *Intention, Plans, and Practical Reason.* Cambridge, MA: Harvard University Press.

Setiya, Kieran (2007). "Cognitivism about Instrumental Reason." *Ethics* 117(4): 649 - 673.

Bratman, Michael (2009). "Intention, Belief, Theoretical, Practical." Forthcoming in Simon Robertson, ed., *Spheres of Reason: New Essays in the Philosophy of Normativity.* Oxford: Oxford University Press.

Ross, Jacob (2008). "How to Be a Cognitivist about Practical Reason." Forthcoming in *Oxford Studies in Metaethics.*

弗雷格 - 吉奇问题

弗雷格与塞尔之前

Acton, H. B. (1936). "The Expletive Theory of Morals." *Analysis* 4: 42 - 45.

Ross, W. D. (1939). *Foundations of Ethics.* Oxford: Clarendon Press, chapter 2.

Hare, R. M. (1952). *The Language of Morals.* Oxford: Oxford University Press, especially chapter 2.

问题的经典表述

Geach, Peter (1958). "Imperative and Deontic Logic." *Analysis* 18: 49 - 56.

Geach, Peter (1960). "Ascriptivism." *Philosophical Review* 69: 221 - 225.

Searle, John (1962). "Meaning and Speech Acts." *Philosophical Review* 71: 423 - 432.

Geach, Peter (1965). "Assertion." *Philosophical Review* 74: 449

– 465.

Searle, John (1969). *Speech Acts: An Essay in the Philosophy of Language.* Cambridge: Cambridge University Press.

Hare, R. M. (1970). "Meaning and Speech Acts." *Philosophical Review* 79(1): 3 – 24.

早期进路与回应

Blackburn, Simon (1973). "Moral Realism." Reprinted in Blackburn (1993), *Essays in Quasi – Realism.* Oxford: Oxford University Press.

Zimmerman, David (1980). "Force and Sense." *Mind* 89: 214 – 233.

Blackburn, Simon (1984). *Spreading the Word.* Oxford: Oxford University Press.

Schueler, G. F. (1988). "Modus Ponens and Moral Realism." *Ethics* 98(3): 492 – 500.

Zangwill, Nick (1992). "Moral Modus Ponens." *Ratio* (*NS*) 5 (2): 177 – 193.

Hale, Bob (1993). "Can There Be a Logic of Attitudes?" In John Haldane and Crispin Wright, eds., *Reality, Representation, and Projection.* New York: Oxford University Press.

van Roojen, Mark (1996). "Expressivism and Irrationality.'" *Philosophical Review* 105(3): 311 – 335.

Sinnott – Armstrong, Walter (2000). "Expressivism and Embedding." *Philosophy and Phenomenological Research* 61(3): 677 – 693.

Kölbel, Max (2002). *Truth without Objectivity.* New York: Routledge.

紧缩论者的回应

Horwich, Paul (1993). "Gibbard's Theory of Norms." *Philosophy and Public Affairs* 22: 67 - 78.

Stoljar, Daniel (1993). "Emotivism and Truth Conditions." *Philosophical Studies* 70: 81 - 101.

Price, Huw (1994). "Semantic Deflationism and the Frege Point." In S. L. Tsohatzidis, ed., *Foundations of Speech Act Theory: Philosophical and Linguistic Perspectives.* London: Routledge.

Dreier, James (1996). "Expressivist Embeddings and Minimalist Truth." *Philosophical Studies* 83(1): 29 - 51.

推理承诺策略

Blackburn, Simon (1988). "Attitudes and Contents." *Ethics* 98 (3): 501 - 517.

Gibbard, Allan (1990). *Wise Choices, Apt Feelings.* Cambridge, MA: Harvard University Press.

Dreier, James (1999). "Transforming Expressivism." *Noös* 33 (4): 558 - 572.

Horgan, Terry, and Mark Timmons (2000). "Nondescriptivist Cognitivism: Framework for a New Metaethic." *Philosophical Papers* 29: 121 - 153.

Björnsson, Gunnar (2001). "Why Emotivists Love Inconsistency." *Philosophical Studies* 104(1): 81 - 108.

Gibbard, Allan (2003). *Thinking How to Live.* Cambridge, MA: Harvard University Press.

Horgan, Terry, and Mark Timmons (2006). "Cognitivist Expressivism." In Horgan and Timmons, eds., *Metaethics after Moore.* Oxford: Oxford University Press.

Schroeder, Mark (2008c). *Being For: Evaluating the Semantic Program of Expressivism.* Oxford: Oxford University Press.

否定句难题

Unwin, Nicholas (1999). "Quasi - Realism, Negation and the Frege - Geach Problem." *Philosophical Quarterly* 49 (196): 337 - 352.

Unwin, Nicholas (2001). "Norms and Negation: A Problem for Gibbard's Logic." *Philosophical Quarterly* 51(202): 60 - 75.

Gibbard, Allan (2003). *Thinking How to Live.* Cambridge, MA: Harvard University Press, chapter 4.

Dreier, James (2006). "Negation for Expressivists: A Collection of Problems with a Suggestion for Their Solution." In Russ Shafer - Landau, ed., *Oxford Studies in Metaethics*, vol. I Oxford: Oxford University Press.

Schroeder, Mark (2008c). *Being For: Evaluating the Semantic Program of Expressivism.* Oxford: Oxford University Press.

Schroeder, Mark (2008d). "How Expressivists Can and Should Solve Their Problem with Negation." *Noûs* 42(4): 573 - 599.

非认知主义与"真"

Blackburn (1984). *Spreading the Word.* Oxford: Oxford University Press.

Horwich, Paul (1990). *Truth.* Oxford: Oxford University Press.

Wright, Crispin (1992). *Truth and Objectivity.* Cambridge, MA: Harvard University Press.

Divers, John, and Alexander Miller (1994). "Why Expressivists about Value Should not Love Minimalism about Truth." *Analysis* 54(1): 12 - 19.

Horwich, Paul (1994). "The Essence of Expressivism." *Analysis* 54(1): 19 - 20.

Jackson, Frank, Graham Oppy, and Michael Smith (1994). "Minimalism and Truth – Aptness." *Mind* 103: 287 - 302.

Smith, Michael (1994b). "Why Expressivists about Value Should Love Minimalism about Truth." *Analysis* 54(1): 1 - 12.

Smith, Michael (1994c). "Minimalism, Truth – Aptitude, and Belief." *Analysis* 54(1): 21 - 26.

Schroeder, Mark (forthcoming a). "How to Be an Expressivist about Truth." Forthcoming in Nikolaj Jang Pedersen and Cory Wright, eds., *New Waves in Truth*.

愿望式思维问题

Dorr, Cian (2002). "Non – Cognitivism and Wishful Thinking." *Noûs* 36(1): 97 - 103.

Enoch, David (2003). "How Noncognitivists Can Avoid Wishful Thinking." *Southern Journal of Philosophy* 41: 527 - 545.

Lenman, James (2003). "Noncognitivism and Wishfulness." *Ethical Theory and Moral Practice* 6: 265 - 274.

Ridge, Michael (2007a). "Ecumenical Expressivism: The Best of Both Worlds." In Russ Shafer – Landau, ed., *Oxford Studies in Metaethics*, vol. II. Oxford: Oxford University Press.

Budolfson, Mark (unpublished). "Non – Cognitivism and Rational Inference." Unpublished paper.

非认知主义面临的其他认识论问题

Gibbard, Allan (2003). *Thinking How to Live.* Cambridge, MA: Harvard UniversityPress, especially chapter 11.

Chrisman, Matthew (2007). "From Epistemic Contextualism to Epistemic Expressivism." *Philosophical Studies* 135(2): 225 - 254.

Lenman, James (2007). "What s Moral Inquiry?" *Proceedings of the Aristotelian Society, supplementary volume* 81: 63 - 81.

Ridge, Michael (2007b). "Epistemology for Ecumenical Expressivists." *Proceedings of the Aristotelian Society*, supplementary volume 81: 83 - 108.

混合型理论

Stevenson, C. L. (1944). *Ethics and Language.* Oxford: Oxford University Press.

Hare, R. M. (1952). *The Language of Morals.* Oxford: Oxford University Press.

Stevenson, C. L. (1963). *Facts and Values.* Westport, CT: Greenwood Press.

Alm, David (2000). "Moral Conditionals, Noncognitivism, and Meaning." *Southern Journal of Philosophy* 38(3): 355 - 377.

Barker, Stephen (2000). "Is Value Content a Component of Conventional Implicature?" *Analysis* 60(3): 268 - 279.

Copp, David (2001). "Realist - Expressivism: A Neglected Option for MoralRealism." *Social Philosophy and Policy* 18: 1 - 43.

Finlay, Stephen (2004). "The Conversational Practicality of Value Judgment." *Journal of Ethics* 8: 205 - 223.

Finlay, Stephen (2005). "Value and Implicature." *Philosophers'*

Imprint 5 (4), availableonline at www. philosophersimprint. org/ 005004/.

van Roojen, Mark (2005). "Expressivism, Supervenience, and Logic." *Ratio*18(2): 190 - 205.

Ridge, Michael (2006). "Ecumenical Expressivism: Finessing Frege." *Ethics*116(2): 302 - 336.

Alm, David (2007). "Noncognitivism and Validity." *Theoria* 73 (2): 121 - 147.

Ridge, Michael (2007a). "Ecumenical Expressivism: The Best of Both Worlds." In Russ Shafer - Landau, ed., *Oxford Studies in Metaethics*, vol. II.

Ridge, Michael (2007b). "Epistemology for Ecumenical Expressivists." *Proceedings of the Aristotelian Society, supplementary volume* 81: 83 - 108.

Boisvert, Daniel (2008). "Expressive - Assertivism." *Pacific Philosophical Quarterly* 89: 169 - 203.

Bar - On, Dorit, and Matthew Chrisman (2009). "Ethical Neo - Expressivism." In Russ Shafer - Landau, ed., *Oxford Studies in Metaethics*, vol. IV. Oxford:Oxford University Press.

Ridge, Michael (2009). "Truth for Ecumenical Expressivists." In David Sobel and Stephen Wall, eds., *Reasons for Action*. Cambridge: Cambridge University Press.

Schroeder, Mark (2009). "Hybrid Expressivism: Virtues and Vices." *Ethics*119(2): 257 - 309.

Finlay, Stephen (2009). "Oughts and Ends." In *Philosophical Studies* 143:315 - 340.

Copp, David (unpublished). "In Defense of Realist Expressivism andConventional Simplicature." Unpublished draft of December 2007.

轻蔑语以及与之相关的语言学论题

Dummett, Michael (1973). *Frege: Philosophy of Language*. London: Duckworth.

Hornsby, Jennifer (2001). "Meaning and Uselessness: How to Think aboutDerogatory Words." In Peter A. French and Howard K. Wettstein, eds., *Figurative Language* (*Midwest Studies in Philosophy*, vol. XXV). Oxford: Basil Blackwell.

Boghossian, Paul (2003). "Blind Reasoning." *Proceedings of the Aristotelian Society*, *supplementary volume* 77: 225 - 248.

Williamson, Timothy (2003). "Blind Reasoning." *Proceedings of the Aristotelian Society*, *supplementary volume* 77, 249 - 293.

Barker, Stephen (2004). *Renewing Meaning*. Oxford: Oxford University Press.

Potts, Christopher (2005). *The Logic of Conventional Implicature*. Oxford: Oxford University Press.

Potts, Christopher (2007). "The Expressive Dimension." *Theoretical Linguistics* 33(2): 165 - 197.

Richard, Mark (2008). *When Truth Gives Out*. Oxford: Oxford University Press, chapter 1.

Hom, Christopher (2008). "The Semantics of Racial Epithets." *In Journal of Philosophy* 105: 416 - 440.

Kaplan, David (unpublished). "Meaning as Use." Unpublished manuscript.

语气、祈使语气、祈使句逻辑

Ross, Alf (1941). "Imperatives and Logic." *Theoria* 7: 53 - 71.

Hare, R. M. (1952). *The Language of Morals.* Oxford: Oxford University Press, chapter 2.

Rescher, Nicholas (1966). *The Logic of Commands.* New York: Dover.

Stenius, Erik (1967). "Mood and Language – Game." *Synthese* 17(1): 254 – 274.

Hare, R. M. (1971). "Wanting: Some Pitfalls." Reprinted in Hare (1972), *Practical Inferences.* Los Angeles: University of California Press.

Hare, R. M. (1972). *Practical Inferences.* Los Angeles: University of California Press.

Karttunen, Lauri (1977). "Syntax and Semantics of Questions." *Linguistics and Philosophy* 1: 3 – 44.

Huntley, Martin (1984). "The Semantics of English Imperatives." *Linguistics and Philosophy* 7(2): 103 – 133.

Smart, J. J. C. (1984). *Ethics, Persuasion, and Truth.* Oxford: Oxford University Press.

Sadock, Jerrold and Arnold Zwicky (1985). "Speech Act Distinctions in Syntax." In Timothy Shopen, ed., *Language Typology and Syntactic Description*, vol. I, Clause Structure. Cambridge: Cambridge University Press.

Searle, John, and Daniel Vanderveken (1985). *Foundations of Illocutionary Logic.* Cambridge: Cambridge University Press.

Harnish, Robert (1994). "Mood, Meaning, and Speech Acts." In S. L. Tsohatzidis, ed., *Foundations of Speech Act Theory: Philosophical and Linguistic Perspectives.* London: Routledge.

Hare, R. M. (1999). "Imperatives, Prescriptions, and Their Logic." In Hare, *Objective Prescriptions and Other Essays.* Oxford: Oxford University Press.

Boisvert, Daniel, and Kirk Ludwig (2006). "Semantics for Nondeclaratives." InB. Smith and E. Lepore, eds., *The Oxford Handbook of the Philosophy of Language*. Oxford: Oxford University Press.

认知模态词、条件句、"真"

认知模态词

Egan, Andy, John Hawthorne, and Brian Weatherson (2003). "EpistemicModals in Context." In Gerhard Preyer and Georg Peter, eds., *Contextualismin Philosophy: Knowledge, Meaning, and Truth*. Oxford: Oxford University Press, 131 - 168.

MacFarlane, John (forthcoming). "Epistemic Modals are Assessment – Sensitive." Forthcoming in a volume on epistemic modals edited by Andy Egan andBrian Weatherson.

Ross, Jacob, and Mark Schroeder (unpublished). "Reflection, Disagreement, and Invariance." Unpublished draft manuscript, available online at www – rcf. usc. edu/ ~ maschroe/research/Reflections_on_Epistemic_Modals. pdf

条件句

Adams, Ernest (1975). *The Logic of Conditionals: An Application of Probability to Deductive Logic*. Dordrecht: Reidel.

Gibbard Allan (1981). "Two Recent Theories of Conditionals." In William Harper, Robert Stalnaker, and Glenn Pearce, eds., *Ifs*. Dordrecht: Reidel.

McGee, Vann (1985). "A Counterexample to Modus Ponens."

Journal of Philosophy 82(9): 462 - 471.

Edgington, Dorothy (1986). "Do Conditionals Have Truth – Conditions?" *Critica*18: 3 - 39.

Edgington, Dorothy (1995). "On Conditionals." *Mind* 104: 235 - 329.

DeRose, Keith, and Richard Grandy (1999). "Conditional Assertions and Biscuit Conditionals." *Noös* 33(3): 405 - 420.

Lycan, William (2001). *Real Conditionals.* Oxford: Oxford University Press.

Bennett, Jonathan (2003). *A Philosophical Guide to Conditionals.* Oxford: Oxford University Press.

Dreier, James (2009). "Practical Conditionals." In David Sobel and Stephen Wall, eds., *Reasons for Action.* Cambridge: Cambridge University Press.

Kolodny, Niko, and John MacFarlane (unpublished). "Ifs and Oughts." Unpublished manuscript.

"真"

Strawson, P. F. (1949). "Truth." *Analysis* 9: 83 - 97.

Horwich, Paul (1990). *Truth.* Oxford: Oxford University Press.

Soames, Scott (1999). *Understanding Truth.* Oxford: Oxford University Press.

Field, Hartry (2008). *Saving Truth from Paradox.* Oxford: Oxford University Press.

本书作者在非认知主义方面的其他工作

Schroeder, Mark (2008a). "Expression for Expressivists." *Phi-*

losophy and Phenomeno logical Research 76(1): 86 - 116.

Schroeder, Mark (2008b). "What Is the Frege - Geach Problem?" *Philosophy Compass* 3/4: 703 - 720.

Schroeder, Mark (2008c). *Being For: Evaluating the Semantic Program of Expressivism.* Oxford: Oxford University Press.

Schroeder, Mark (2008d). "How Expressivists Can and Should Solve Their Problem with Negation." *Noös* 42(4): 573 - 599.

Schroeder, Mark (2009). "Hybrid Expressivism: Virtues and Vices." *Ethics*119(2): 257 - 309.

Schroeder, Mark (forthcoming a). "How to be an Expressivist about Truth." Forthcoming in Nikolaj Jang Pedersen and Cory Wright, eds., *New Waves in Truth.*

Schroeder, Mark (forthcoming b). "How Not to Avoid Wishful Thinking." Forthcoming in Michael Brady, ed., *New Waves in Metaethics.*

Schroeder, Mark (forthcoming c). "The Moral Truth." Forthcoming in MichaelGlanzburg, ed., *The Oxford Handbook to Truth.*

Ross, Jacob, and Mark Schroeder (unpublished). "Reflections on Epistemic Modals." Unpublished draft manuscript, available online at www - rcf. usc. edu/ ~ maschroe/research/Reflections_on_Epistemic_Modals. pdf

译后记

非认知主义是当代元伦理学中非常重要的一族理论。之所以说它是“一族理论”而不是“一种理论”，是因为划归到它名下的观点多多少少各有不同，就像同一个家族中的不同成员一样。学界对它的定义也并不统一，有从“道德判断不能为真或为假”出发来定义的，也有从“道德思想不是信念”出发来定义的，不过大致可以确定的是，典型的非认知主义代表人物包括艾耶尔、布莱克本和吉伯德等，他们都认为道德语词和普通非道德语词有着不同种类的意义。

非认知主义，尤其是这一家族晚辈中的翘楚——表达主义，在当今英美的元伦理学争论中频露身影，风头颇劲。因此，如果读者对伦理学尤其是元伦理学研究有比较严肃的兴趣，自当对这一族理论有所了解。在国内已出版的伦理学书著里，涉及非认知主义的并不多，即使有的书著提到了它，对它加以讨论的篇幅也不长。而眼下这本《伦理学中的非认知主义》，恰能够很好地填补这一空白——作者施罗德对非认知主义和它引发的相关问题做了非常细致的讨论，整本书的写作风格由浅入深、明白晓畅，对普通读者尤其是学生读者非常友好，对专业读者来说也足够有分量。读者不必因书中出现的技术性术语和逻辑符号而畏难却步，因为施罗德总会把它们解释得清楚易懂。而每章后面的拓展阅读和分级练习，更是自学、教学和研究的好帮手。作为译者，若此书中译本的出版能对国内同仁有所帮助，我会非常高兴。

我接手这本书的翻译，始于梅剑华老师的推荐；当我遇到问题向他请教时，他不仅会耐心解答，还会告诉我该读什么资料来加深自己在相关方面的理解。我深深感谢他的帮助和督促。此外,我要感谢吴小安在逻辑学术语方面给我的热忱指点和帮助、陈真老师在专业术语方面给我的可贵建议,以及马克·施罗德教授对我所提问题的详尽答复。我还要感谢这个译本的编辑罗庆老师,以及其他的编辑出版人。感谢他们为这本书的审校和出版付出的才智和辛劳。

我最深的感激要给我的导师叶峰。他逐句校对了译文全稿,非常认真,提出的修改建议也特别好。有时,我们两人对有些词的译法有争议,他总是以平等和开放的态度与我讨论,等待较佳译法的到临。有他的把关,我对这个译本的质量就多了几分自信。当然,由于时间和识见的限制,译文中难免会有疏漏甚至错误的地方,这些错处都由我负责,并请读者多多批评指正。

我还要感谢陪伴我一路行来的赵腾飞,他对我的理解和支持是我心头永恒的阳光。此书得以译成也有他大大的功劳。我愿把这小小的译本献给他。

张　婉
于 2016 年元月